Schriftenreihe
der Zeitschrift Versicherungsrecht (VersR)

Im Einvernehmen mit den anderen
Mitgliedern der Schriftleitung
herausgegeben von

Prof. Dr. Egon Lorenz
Universität Mannheim
Fakultät für Rechtswissenschaft
und Volkswirtschaftslehre

Band 55

Egon Lorenz (Hrsg.)

Karlsruher Forum 2014: Anlegerschutz durch Haftung nach deutschem und europäischem Kapitalmarktrecht

Mit Vorträgen von Katja Langenbucher und
Helmut Heiss und Dokumentation der Diskussion

Bibliografische Information der Deutschen Nationalbibliothek

Die Deutsche Nationalbibliothek verzeichnet diese Publikation in der Deutschen Nationalbibliografie; detaillierte bibliografische Daten sind im Internet über http://dnb.d-nb.de abrufbar.

Zitiervorschlag:
Egon Lorenz (Hrsg.), Karlsruher Forum 2014: Anlegerschutz durch Haftung (VersR-Schriften 55), S.

© 2015   Verlag Versicherungswirtschaft GmbH   Karlsruhe

Das Werk einschließlich aller seiner Teile ist urheberrechtlich geschützt. Jede Verwertung, die nicht ausdrücklich vom Urhebergesetz zugelassen ist, bedarf der vorherigen Zustimmung des Verlags Versicherungswirtschaft GmbH, Karlsruhe. Jegliche unzulässige Nutzung des Werkes berechtigt den Verlag Versicherungswirtschaft GmbH zum Schadenersatz gegen den oder die jeweiligen Nutzer.

Bei jeder autorisierten Nutzung des Werkes ist die folgende Quellenangabe an branchenüblicher Stelle vorzunehmen:

© 2015   Verlag Versicherungswirtschaft GmbH   Karlsruhe

Jegliche Nutzung ohne die Quellenangabe in der vorstehenden Form berechtigt den Verlag Versicherungswirtschaft GmbH zum Schadenersatz gegen den oder die jeweiligen Nutzer.

ISSN 1431-6463
ISBN 978-3-89952-819-0

Inhaltsverzeichnis

Einführung

Prof. Dr. Dr. h. c. mult. Claus-Wilhelm Canaris, München ... 1

Vorträge

Prof. Dr. Katja Langenbucher, Frankfurt am Main
Anlegerschutz durch Haftung nach deutschem und europäischem Kapitalmarktrecht ... 5

Prof. Dr. Helmut Heiss, LL.M. (Chicago), Zürich
Anlegerschutz bei Versicherungsprodukten? ... 41

Aus der Diskussion

Prof. Dr. Gerhard Wagner, LL.M. (University of Chicago), Berlin ... 81
Prof. Dr. Hans-Jürgen Ahrens, Osnabrück ... 86
Prof. Dr. Johannes Köndgen, Bonn ... 87
Prof. Dr. Katja Langenbucher, Frankfurt am Main ... 91
Prof. Dr. Hans Christoph Grigoleit, München ... 95
Prof. Dr. Thomas Lobinger, Heidelberg ... 100
Prof. Dr. Dr. h. c. mult. Claus-Wilhelm Canaris, München ... 102
Prof. Dr. Katja Langenbucher, Frankfurt am Main ... 106
Prof. Dr. Rolf Sack, Mannheim ... 111
Prof. Dr. Nils Jansen, Münster ... 112
Prof. Dr. Katja Langenbucher, Frankfurt am Main ... 114
Prof. Dr. Gerald Spindler, Göttingen ... 115
Prof. Dr. Manfred Wandt, Frankfurt am Main ... 117
Prof. Dr. Oliver Brand, LL.M. (Cambridge), Mannheim ... 119

Prof. Dr. Christian Armbrüster, Berlin	122
Prof. Dr. Katja Langenbucher, Frankfurt am Main	124
Prof. Dr. Helmut Heiss, LL.M. (Chicago), Zürich	125
Prof. Dr. Hans-Jürgen Ahrens, Osnabrück	130
Prof. Dr. Peter Reiff, Trier	131
Martin Lehmann, Richter am BGH, Karlsruhe	134
Prof. Dr. Robert Koch, LL.M. (McGill), Hamburg	138
Prof. Dr. Christoph Brömmelmeyer, Frankfurt (Oder)	138
Dr. Natascha Sasserath-Alberti, GDV, Berlin	140
Prof. Dr. Helmut Heiss, LL.M. (Chicago), Zürich	142
Prof. Dr. Katja Langenbucher, Frankfurt am Main	146
Prof. Dr. Dr. h. c. mult. Claus-Wilhelm Canaris, München	147
Prof. Dr. Dr. h. c. Ewoud Hondius, Utrecht	148
Prof. Dr. Torsten Iversen, Aarhus	152
Dr. Emmanuela Truli, Athen	156

Einführung

Prof. Dr. Dr. h. c. mult. Claus-Wilhelm Canaris, München

I. Zur Begrüßung

Dass dieses Jahr ich es bin, der an Stelle von Herrn *Lorenz* als Erster ans Pult tritt, bedeutet nichts Gutes, wie Sie sich vermutlich denken können. Herr *Lorenz* ist leider durch eine akute Erkrankung seiner Frau, die in die Klinik eingeliefert werden musste, gehindert teilzunehmen, weil er so nah wie irgend möglich bei seiner Frau bleiben möchte. Dafür bittet er um Verständnis und lässt Ihnen allen seine besten Grüße übermitteln. Ich bin mir sicher, dass ich in unser aller Namen spreche, wenn ich diese Grüße auf das herzlichste erwidere und damit die allerbesten Genesungswünsche für seine Gattin verbinde.

Nun aber rücke ich wirklich in die Funktion von Herrn *Lorenz* ein und übernehme die Begrüßung. Diese besteht, wie Sie wissen, in allererster Linie aus Danksagungen. Unser Dank gilt zunächst wie alle Jahre der Karlsruher Lebensversicherung AG, inzwischen in der Firma ergänzt durch Wüstenrot & Württembergische Versicherung AG, in deren Räumen das *Karlsruher Forum* seit eh und je seine Tagung veranstaltet, wofür wir ganz besonders dankbar sind. Meinen Dank adressiere ich ausdrücklich und namentlich an Herrn *Heinen* als Vorsitzenden des Vorstands der Württembergischen Lebensversicherung AG. Dank gilt sodann dem Verlag Versicherungswirtschaft GmbH, der mit dem Ertrag der Zeitschrift *Versicherungsrecht* zu den, wie man heutzutage zu sagen pflegt, „Ermöglichern" unserer Tagung gehört. Nehmen Sie, lieber Herr *Knippenberg*, also sowohl persönlich als auch stellvertretend in gesellschaftsrechtlicher Funktion unseren Dank entgegen.

Ein besonderes Wort des Dankes richte ich sodann an die Richterinnen und Richter, die ausweislich der Teilnehmerliste dieses Jahr in besonders großer Zahl vertreten sind, sowie an eine Reihe von Rechtsanwälten und Syndici, die ebenfalls Mitglieder unseres Auditoriums sind. Ihre Teilnahme ist in meinen Augen ein besonders erfreuliches Zeichen für die überaus fruchtbare Zusammenarbeit von Rechtspraxis und Rechtswissenschaft, welche die deutschsprachige – nicht nur die deutsche, sondern die gesamte deutschsprachige – Rechtskultur auszeichnet, ja in dieser Intensität wohl schon zu einem weltweiten Alleinstellungsmerkmal geworden ist. Stellvertretend begrüße ich namentlich Herrn Vizepräsidenten *Schlick*. Dank gilt ferner den ausländischen Teilnehmern für ihr Kommen, das unserer Tagung einen fruchtbaren internationalen Aspekt geben wird, und von denen wir das eine oder andere lehrreiche Diskussionsreferat – hätte ich jetzt beinahe gesagt, meine ich aber natürlich nicht wörtlich –, den einen oder anderen Diskussionsbeitrag erwarten. Last but not least begrüße ich sehr herzlich meine Kolleginnen und Kollegen aus der Wissenschaft.

Es drängt mich, ein sehr persönliches Wort hinzuzufügen. Voriges Jahr musste ich in letzter Minute oder Stunde meine Teilnahme an diesem Forum absagen und daher zu meinem großen Bedauern auch auf die Diskussionsleitung verzichten, die ich nun schon seit mehr als zehn Jahren ehrenvollerweise hier innehaben darf. Aber mich traf wie der sprichwörtliche Blitz aus heiterem Himmel ein gesundheitlicher Schlag, der nur mit Hilfe der Kunst der Orthopäden – Entschuldigung, der Chirurgen, es war kein orthopädisches Problem, trotz des Stocks, mit dem ich seither herumwandere –, den ich nur mit Hilfe der Chirurgen letztendlich heil überstanden habe. Einmal mehr hat der Mensch seine teilweise Überlegenheit über die Tücken der Natur bewiesen. Und nach vielen Monaten, in denen mich die Chirurgen und andere Ärzte in ihren Händen oder Betten behalten haben, bin ich dann schließlich wieder auf die Beine gekommen. Es ist daher für mich ein Moment besonderer Dankbarkeit und auch besonderer Freude, dass ich heute wieder vor Ihnen stehen darf und die Diskussion leiten werde – getrübt freilich dadurch, dass ich nun auch noch die zweite Funktion, nämlich die von Herrn *Lorenz*, habe übernehmen müssen.

II. Vorbemerkung

Der letzte Teil dieser Einführung besteht üblicherweise in einem Wort an die Referenten. Herr *Lorenz* hat mitunter eine kurze Einführung in die Thematik der Referate gegeben. Das erspare ich Ihnen und mir dieses Mal, weil beide Vortragenden uns vorab eine Übersicht und eine Gliederung von nicht zu überbietender Genauigkeit und zugleich Plausibilität und Konsistenz gegeben haben, die Ihnen vorliegen müsste, so dass ich dem nichts hinzufügen könnte, sondern im Gegenteil in die Gefahr geriete, einen vorweggenommenen Diskussionsbeitrag zu leisten – und nichts ist schlimmer, als wenn der Leiter der Diskussion so etwas tut. Nicht üblich ist beim *Karlsruher Forum* – und das muss ich vor allem unserer Referentin und unserem Referenten sagen –, dass die Vortragenden von dem Tagungsleiter eingeführt oder gar durch eine Laudatio vorgestellt werden. Das droht Ihnen also nicht. Gleichwohl, liebe Frau *Langenbucher*, erlaube ich mir doch, einige ganz persönliche Worte an Sie zu richten, zumal nicht jedermann das wissen kann, was ich jetzt sagen werde: Es ist mir nämlich deshalb eine ganz besondere Freude, dass Sie heute Referentin sind – und übrigens zum ersten Mal Teilnehmerin dieses Forums –, weil Sie meine Schülerin sind. Und es kommt noch eine besondere Pointe hinzu: weil ich es war, der eines Tages zu Ihnen unter vier Augen gesagt hat: „Ach, machen Sie doch mal, würde ich Ihnen raten, ein bisschen weniger Arbeitsrecht und dafür mehr Gesellschaftsrecht, insbesondere Kapitalgesellschaftsrecht". Natürlich hatte ich seither ein unbehagliches Gefühl, denn damit hatte ich zugleich Verantwortung übernommen, und wie ich in der Rückschau sagen darf, haben Sie aus diesem Tipp Glänzendes gemacht und eine herausragende Karriere auch auf dem Gebiet des Gesellschafts- und Kapitalmarktrechts hingelegt. Sie kommen gerade von einem einjährigen Forschungsaufenthalt an der London School of Economics zurück und Sie sind *professeur affiliée* an der SciencesPo, also an der Ecole de Sciences Politiques in Paris. Ich freue mich, dass mein Ratschlag irgendwie nun auch in dieses Referat mündet. Das Bankvertragsrecht war Ihnen ja ohnehin schon durch Ihre Habilitationsschrift bestens vertraut, insoweit anknüpfend an meine eigenen Arbeiten. Dann aber haben Sie sich das andersartige, aber irgendwie doch zugehörige Feld des Kapitalmarkt- und des Gesellschaftsrechts erobert. Dieses Referat knüpft ja an beide Rechtsgebiete an und liegt sozusagen im Zentrum und im Schnittpunkt dieser beiden Materien.

Ich freue mich desgleichen, Herr *Heiss*, dass Sie aus Zürich zu uns gekommen sind. Auch bei Ihnen werde ich nicht etwa Ihr Referat teilweise vorwegnehmen, zumal das Versicherungsrecht nun wirklich kein Heimspiel für mich wäre. Ich begnüge mich daher damit, Ihnen herzlichen Dank für die Übernahme dieses Referats zu sagen. Im Übrigen müssen wir ja offenbar froh sein, dass die Europäische Union, die nach Pressemeldungen unlängst sogar Verhandlungen über ein Abkommen über das Erasmusprogramm mit der Schweiz ausgesetzt haben soll, die Kavallerie in den Ställen gelassen hat und Sie also ungefährdet hier Ihrer Tätigkeit als Vortragender nachgehen können. Ich danke Ihnen beiden nochmals sehr.

Vorträge

Prof. Dr. Katja Langenbucher, Frankfurt am Main

Anlegerschutz durch Haftung nach deutschem und europäischem Kapitalmarktrecht*

Übersicht

I.	Anlegerschutz (durch Haftung)	8
	1. Empirie und Normativität	8
	2. Anlegerleitbilder	9
	a) Marktrational-optimistisch	9
	b) Marktrational-pessimistisch	11
	c) Paternalistisch-bedürftig	11
II.	(Anlegerschutz durch) Haftung	13
	1. Chancen und Herausforderungen der Gewähr von Anlegerschutz durch Haftung	13
	a) Chancen	13
	b) Herausforderungen	14
	2. Instrumente der Gewähr von Anlegerschutz durch Haftung	15
	a) Haftung für Marktinformation	16
	(1) Haftung für standardisierte Marktinformation	16
	(a) Prospekthaftung	17
	(b) Produktinformationen	20
	(c) Angebotsunterlagen	20
	(d) Ad-hoc-Informationen	21

---

* Vortrag, gehalten am 21.2.2014. Die Vortragsform ist beibehalten worden.

	(2) Haftung außerhalb standardisierter Information		22
	(a) Bürgerlich-rechtliche Prospekthaftung im engeren Sinne		22
	(b) Kapitalmarktvertrauenshaftung		23
	(c) Deliktsrechtliche Marktinformationshaftung		23

- b) Haftung für Beratung — 25
  - (1) Standardisierte Haftung für Beratung — 25
    - (a) Das Fehlen einer standardisierten Anspruchsgrundlage — 25
    - (b) (Keine) europarechtliche Verklammerung aufsichtsrechtlicher Standardisierung und bürgerlich-rechtlicher Haftung — 26
    - (c) (Kein) Pflichtengleichlauf zwischen aufsichtsrechtlicher Standardisierung und bürgerlich-rechtlicher Haftung — 27
  - (2) Nicht standardisierte Haftung für Beratung — 28
    - (a) Marktrational-optimistische Bausteine — 28
    - (b) Marktrational-pessimistische Bausteine — 30
    - (c) Paternalistische Bausteine — 31
- c) Strukturelle Schwächen: haftungsbegründende Kausalität — 32
  - (1) Standardisierte Kausalität — 32
  - (2) Nicht standardisierte Kausalität — 33
- d) Strukturelle Schwächen: Haftungsausfüllung — 35
  - (1) Standardisierte Rechtsfolgen — 35
  - (2) Nicht standardisierte Rechtsfolgen — 35

3. Konkurrenz: Anlegerschutz durch aufsichtsbehördlichen Eingriff — 37
   - a) Instrumente — 38
   - b) (Kein) Durchsetzungsvorsprung Privater — 38
   - c) Komplementarität privatrechtlicher Steuerung — 39

Unser Thema ist auf den ersten Blick modern, sozusagen Zeitgeist. Seit der Finanzkrise des Jahres 2008 ist die Frage nach der Gewähr wirkungsvollen Anlegerschutzes mit besonderer Dringlichkeit im öffentlichen Bewusstsein verankert. Sie hat eine wahre Flut von Gerichtsurteilen und akademischen Stellungnahmen, aber auch intensive regulatorische Aktivität bewirkt.

Tritt man einen Schritt zurück, weist der Gegenstand weit über die politischen Launen des Tagesgeschäfts hinaus und verlangt eine Auseinandersetzung mit einer erschreckenden Vielfalt haftungsrechtlicher Grundlagenfragen.[1] Das gilt beispielsweise für die Überlegung, welches Leitbild der Gesetzgeber bei der Kodifikation von Anlegerschutz zugrunde legen sollte – eine Parallelfrage wurde zuletzt für den Verbraucherschutz im Jahre 2011 auf dem Karlsruher Forum behandelt.[2] Hiervon hängt die Folgefrage nach der Reichweite von Aufklärungspflichten ab, ein 2001 hier erörterter Topos.[3] Zwecke, Inhalte und Grenzen von Schadensersatz wurden im Jahr 2006 diskutiert[4] – heute soll dies mit Blick auf die Funktionsfähigkeit der Gewähr gerade haftungsrechtlichen Anlegerschutzes erneut aufgegriffen werden. Besonderheiten der Expertenhaftung wurden in Karlsruhe 1988[5] debattiert – ob Anlageberater Experten sind, ist weniger sicher. Beweiserleichterungen, so der Titel des Forums von 1989,[6] sowie Kausalitätsfragen, hier behandelt 1986,[7] bilden ein zentrales Thema auch des Anlegerschutzes durch Haftung.

Die Fülle an fundamentalen Richtungsentscheidungen und zugleich intrikaten dogmatischen Einzelfragen, die unser Thema aufwirft, zwingt zu einer Auswahl. Grobe Richtschnur hierfür ist zunächst der mir aufgegebene Titel. In einem ersten, knapp gehaltenen Teil wird es um den zu schützenden „Anleger", insbesondere um Anlegertypologien, gehen. Im zweiten, deutlich breiteren Teil steht die Frage der Gewähr von Anlegerschutz gerade „durch Haftung" im Fokus. Ihr werden wir uns in drei Schritten nähern. Es werden erstens die Chancen privatrechtlicher Haftung zur Verwirklichung von Anlegerschutz vorzustellen sein. Zweitens werden wir einen Rundgang durch die dogmatischen Instrumente der Gewähr von Anlegerschutz durch Haftung unternehmen. Abschließend werden wir uns drittens mit dem zentralen konkurrierenden Instrument der Gewähr von Anlegerschutz beschäftigen, dem aufsichtsbehördlichen Eingriff.

---

1 Grundlegend *Hopt*, Gutachten 51. DJT 1976.
2 *H. Roth* in: Lorenz (Hrsg.), Karlsruher Forum 2011, Verlag Versicherungswirtschaft, Karlsruhe 2012.
3 *Dörner* in: Lorenz (Hrsg.), Karlsruher Forum 2000, Verlag Versicherungswirtschaft, Karlsruhe 2001.
4 *G. Wagner* in: Lorenz (Hrsg.), Karlsruher Forum 2006, Verlag Versicherungswirtschaft, Karlsruhe 2006.
5 *Zeuner* in: Klingmüller (Hrsg.), Karlsruher Forum 1988, Verlag Versicherungswirtschaft, Karlsruhe 1988.
6 *Prütting* in: Klingmüller (Hrsg.), Karlsruher Forum 1989, Verlag Versicherungswirtschaft, Karlsruhe 1989.
7 *Gottwald* in: Klingmüller (Hrsg.), Karlsruher Forum 1986, Verlag Versicherungswirtschaft, Karlsruhe 1986.

I. Anlegerschutz (durch Haftung)

1. Empirie und Normativität

Wir wollen mit dem ersten Teil, der mit „Anlegerschutz" überschrieben ist, beginnen. Die Passgenauigkeit von Gesetzgebung und Rechtsprechung hängt typischerweise eng mit der Erfassung der zu regelnden Lebenswirklichkeit zusammen. Daraus ergibt sich das Postulat klarer Formulierung eines Begriffs des „Anlegers", dessen Schutz durch Haftung verwirklicht werden soll. Blickt man auf gesetzgeberische Novellen und Gerichtsentscheidungen der letzten Jahre, entsteht ein einigermaßen ungeordneter Eindruck. So begegnet uns etwa in einem Urteil des OLG Brandenburg der „Anleger" als Kunde „mit kleinem Einkommen und geringem Vermögen", dem die Beteiligung an einem in Form der Publikums-KG organisierten Immobilienfonds vermittelt wird.[8] Eine viel besprochene Entscheidung des BGH betrifft dagegen ein „mittelständisches Unternehmen auf dem Gebiet der Waschraumhygiene", welches beim Kauf eines „CMS Spread Ladder Swap" durch eine promovierte Volkswirtin vertreten wurde.[9] Dem LG Dortmund lag der Fall einer Gemeinde vor, die einen „plain-vanilla-swap" vereinbart hatte.[10]

Ähnlich breit wie die forensische Lebenswirklichkeit präsentieren sich die gesetzgeberischen Annäherungen an den Begriff des „Anlegers".[11] Das KAGB differenziert fein zwischen Privatanlegern, professionellen Anlegern und semiprofessionellen Anlegern.[12] Mit einem einzigen Sammelbegriff des „Anlegers" kommt hingegen Art. 15 der OGAW-Richtlinie[13] aus. Kapitalmarktrechtliche Normen wie etwa die § 21 WpPG, § 20 VermAnlG oder die §§ 37b, 37c WpHG sprechen überhaupt nicht vom „Anleger", sondern berechtigen schlicht den „Erwerber von Wertpapieren". Modellfiguren

---

8 OLG Brandenburg v. 8.2.2012 – 7 U 46/11, NJW 2012, 2449.
9 BGH v. 22.3.2011 – XI ZR 33/10 „Zinswette", VersR 2011, 1183 = NZG 2011, 591.
10 LG Dortmund v. 5.7.2013 – 6 O 205/127, NVwZ 2013, 1362.
11 Zur Uneinheitlichkeit der Anlegerleitbilder auch *Mülbert*, ZHR 177 (2013), 160 (178).
12 Vgl. z. B. § 1 Abs. 19 Nr. 31 bis 33 KAGB. Zum Anwendungsbereich des KAGB *van Kann/Redeker*, DStR 2013, 1483; kritisch: *Emde/Dreibus*, BKR 2013, 89 (90, 95, 102) (zu weit, für teleologische Reduktion); *Loritz/Uffmann*, WM 2013, 2193 (zu eng); *Koch* in: Möllers/Kloyer, Das neue Kapitalanlagegesetzbuch, 2013, S. 111; *Schneider* in: Möllers/Kloyer, Das neue Kapitalanlagegesetzbuch, 2013, S. 79 ff.; *Zetzsche* in: Möllers/Kloyer, Das neue Kapitalanlagegesetzbuch, 2013, S. 131, 135 f.
13 Richtlinie 2009/65/EG des Europäischen Parlaments und des Rates vom 13. Juli 2009 zur Koordinierung der Rechts- und Verwaltungsvorschriften betreffend bestimmte Organismen für gemeinsame Anlagen in Wertpapieren (OGAW), ABlEG vom 17.11.2009, L 302, S. 32.

wie der „verständige Anleger" der Marktmissbrauchsrichtlinie[14] oder der „durchschnittliche Anleger" des Prospektrechts[15] dienen freilich auch dort zur Konkretisierung des geschützten Personenkreises.

Empirische Untersuchungen zur Zusammensetzung der Anlegerpopulation in Deutschland bestätigen die Schwierigkeiten einer trennscharfen Definition des „Anlegers". So gelangen einzelne Studien zu dem mehr oder weniger überraschenden Ergebnis, dass wohlhabende und/oder risikofreudige private Anleger mehr als arme und/oder risikoscheue Anleger investieren.[16] Eine Korrelation lässt sich auch zwischen hohen kognitiven Fähigkeiten und der Partizipation am Kapitalmarkt nachweisen.[17] Empirische Belege findet man außerdem für die geringere Partizipation von Frauen,[18] von in Finanzfragen weniger gut Ausgebildeten[19] oder von misstrauischen Personen[20].

2. Anlegerleitbilder

a) Marktrational-optimistisch

Aus dem empirisch feststellbaren „Sein" lässt sich freilich nicht ohne Weiteres das normativ vorzugswürdige „Sollen" ableiten.[21] Besonderen Widerhall hat in den zurückliegenden Dekaden ein „marktrational-optimistisches"

---

14 Richtlinie 2003/6/EG des Europäischen Parlaments und des Rates vom 28. Januar 2003 über Insider-Geschäfte und Marktmanipulation (Marktmissbrauch), ABlEG vom 12.4.2003, L 96, S. 16; ab dem 3. Juli 2016: Erwägungsgrund (14) der Verordnung (EU) Nr. 596/2014 des Europäischen Parlaments und des Rates vom 14. April 2014 über Marktmissbrauch (Marktmissbrauchsverordnung) und zur Aufhebung der Richtlinie 2003/6/EG des Europäischen Parlaments und des Rates und der Richtlinien 2003/124/EG, 2003/125/EG und 2004/72/EG der Kommission.
15 Richtlinie 2003/71/EG des Europäischen Parlaments und des Rates vom 4. November 2003 betreffend den Prospekt, der beim öffentlichen Angebot von Wertpapieren oder bei deren Zulassung zum Handel zu veröffentlichen ist, und zur Änderung der Richtlinie 2001/34/EG, ABlEG vom 31.12.2003, L 345, S. 64.
16 Etwa *Haliassos/Bertaut*, 105 The Economic Journal (1995), 110.
17 *Benjamin/Brown/Shapiro*, Who is „Behavioral"?, Cognitive Ability and Anomalous Preferences, Mai 2006, http://ssrn.com/abstract=675264; *Christelis/Jappelli/Padula*, Cognitive Abilities and portfolio choice, CFS working paper no. 2008/35; *Grinblatt/Keloharju/Linnmainmaa*, The Journal of Finance 2011, 2121.
18 *Almenberg/Dreber, Gender*, Stock Market Participation and Financial Literacy, Juli 2012, SSE/EFI Working Paper Series No. 737.
19 *Van Rooij/Lusardi/Alessie*, Financial Literacy and Stock Market Participation, CFS Working Paper No. 2007/27.
20 *Guiso/Sapienza/Zingales*, 63 The Journal of Finance (2008), 2557.
21 Zum naturalistischen Fehlschluss *Hume*, A Treatise of Human Nature, 1739, Buch III, Teil I, Kapitel I. Zum Folgenden: *Langenbucher*, ZHR 177 (2013), 679 (680 ff.); zu divergierenden Anlegerleitbildern in der europäischen Rechtsetzung eingehend *Möllers/Poppele*, ZGR 2013, 437 (448 ff.)

Anlegerleitbild gefunden. Anleger werden als rational handelnde, informationssuchende Personen mit stabilen Präferenzen modelliert, die in der Lage sind, Informationen zutreffend zu verarbeiten und deren Grenzen einzuschätzen. Kapitalmärkte bieten ihnen ein attraktives Betätigungsfeld, soweit Informationseffizienz herrscht und Transaktionskosten niedrig sind.[22] Als einen Verwandten dieser Modellfigur darf man den mündigen Verbraucher des europäischen Vertragsrechts begreifen, der den europäischen Binnenmarkt befördert, indem er gut recherchierte, rationale Kaufentscheidungen trifft.[23] Normativen Niederschlag findet dieses Leitbild in der Betonung von Privatautonomie und Vertragsfreiheit und der Fähigkeit, standardisierte Information zu verarbeiten.

Die Zugrundelegung eines marktrational-optimistischen Anlegerleitbilds ist im Gefolge der Finanzkrise zunehmend unter Druck geraten. Viel zitierte Untersuchungen und Laborexperimente zu Verhaltensanomalien von Anlegern betonen Irrationalitäten in der Entscheidungsfindung[24] und die Undurchsichtigkeit gerade von Finanzmärkten[25]. Andere Studien versuchen, das sog. „stock market participation puzzle" aufzulösen, mithin zu erklären,

---

22 *DellaVigna*, 47 Journal of Economic Literature (2009), 315; *Fama*, 25 Journal of Finance (1970), 383 ff.; zum deutschen Recht: *Klöhn*, ZHR 177 (2013), 349 (359 ff.); ders. in: Fleischer/Zimmer, Beitrag der Verhaltensökonomik (Behavioral Economics) zum Handels- und Wirtschaftsrecht, 2011, S. 83 ff.; *Koch*, BKR 2012, 485; grundlegend bereits *Schön* in: FS Canaris, 2007, S. 1191, 1193, 1196 f., 1201 f.
23 Hieraus folgt freilich noch nicht, dass das Anlegerleitbild am Verbraucherleitbild zu orientieren wäre, vgl. *Mülbert*, ZHR 177 (2013), 160 (180). Zur Konturierung des, ebenfalls im Fluss befindlichen, Verbraucherleitbilds: Verbraucherpolitische Strategie der EU (2007–2013), Stärkung der Verbraucher – Verbesserung des Verbraucherwohls – wirksamer Verbraucherschutz, KOM(2007) 99 endgültig vom 13.3.2007, S. 4, 11 (siehe aber schon dort zum „vulnerable consumer" auf S. 3). Grundlegend aus jüngster Zeit *Micklitz*, Gutachten A zum 69. DJT 2012, A 14 ff., A 36 ff.; *Roth* in: Lorenz (Hrsg.), Karlsruher Forum 2011: Verbraucherschutz – Entwicklungen und Grenzen, Verlag Versicherungswirtschaft, Karlsruhe 2012, S. 27 ff.; monographische Grundlagen bei *Dauner-Lieb*, Verbraucherschutz durch Ausbildung eines Sonderprivatrechts für Verbraucher, 1983, S. 62 ff.; *Drexl*, Die wirtschaftliche Selbstbestimmung des Verbrauchers, 1983, S. 26 ff.; *Heiderhoff*, Grundstrukturen des nationalen und europäischen Verbrauchervertragsrechts, 2004, S. 219 ff., 331 ff.; siehe weiter *Gsell*, JZ 2012, 809 (811); zum Verhältnis von Verbraucherschutz und Kapitalanleger *Buck-Heeb*, ZHR 176 (2012), 66; *Wagner*, BKR 2003, 649 (652); zum Verbraucherleitbild der EIOPA-Verordnung *Dreher*, VersR 2013, 401 (410); das Anlegerleitbild des Kapitalmarktrechts mit dem Wettbewerbsrecht kontrastierend *Klöhn*, ZHR 172 (2008), 388 (391 f.).
24 *Erta/Hunt/Iscenko/Brambley*, FCA Occasional Paper No. 1, April 2013. Überblick gerade mit Blick auf Rückwirkungen für den Anlegerschutz bei: *Chater/Huck/Inderst*, Consumer Decision Making in Retail Investment Services: A Behavioural Economics Perspective, 2010, S. 5, 8 ff., 23 ff. Allgemeinere Rezeption der Forschungsrichtung in Deutschland etwa bei: *Eidenmüller*, JZ 2011, 814 (816 f.); *Klöhn*, 10 EBOR (2009), 437 (439 f.); *Langenbucher*, Aktien- und Kapitalmarktrecht, 3. Aufl. 2015, § 1 Rz. 30 ff.; *Möllers/Hailer*, ZBB 2012, 178 (186 f.); *Mülbert*, ZHR 177 (2013), 160 (169 ff.).
25 Europäische Kommission, Das Verbraucherbarometer, SEK(2011) 1271 endgültig, 6. Ausgabe, Oktober 2011, S. 8 („investment, pensions, securities markets" an letzter Stelle mit Blick auf „market performance", „comparability" und „overall satisfaction"; immerhin auf drittletzter Stelle vor Hypotheken, Immobilien und Gebrauchtwagenhandel was „trust" betrifft).

warum die breitgefächerte Direktinvestition aller Anlegergruppen am Finanzmarkt, welche ökonomische Modelle unterstellen, mit der Realität nur in geringem Umfang korrespondiert.[26] Den auf Informationsangebote und Transparenz vertrauenden Initiativen werden die Probleme des „information overload" entgegengehalten.[27]

b) Marktrational-pessimistisch

In Reaktion hierauf finden sich heute zunehmend marktrational-pessimistische Anlegermodelle. Hierhin gehören Theorien, die zwar viele der Grundannahmen über die auf lange Sicht zu erwartende Effizienz von Kapitalmärkten teilen, mit Blick auf die beschriebene Empirie aber weniger optimistisch sind, was die tatsächlich beobachtbare Anlegerentscheidung betrifft.[28] Besonderes Augenmerk wird deshalb auf Intermediäre gelegt, die Marktineffizienzen beheben und Rationalitätsdefizite der Anleger zu überwinden helfen. Die Betonung der Privatautonomie wird durch die Notwendigkeit von Aufklärung und Beratung samt korrespondierender Haftung flankiert.

c) Paternalistisch-bedürftig

Einen bereits im Grundsatz abweichenden Standpunkt nehmen Vertreter paternalistischer Anlegerleitbilder ein. Weder die Effizienz von Kapitalmärkten noch die Rationalität in der Entscheidungsfindung einer hinreichenden Anzahl von Anlegern scheint Anhängern dieser Schulen hinreichend belegt zu sein, um auf dieser Basis normative Schlussfolgerungen ziehen zu können. An die Stelle eigenverantwortlicher Entscheidungsfindung auf effizienten Märkten tritt deren Nachjustierung durch unterschiedliche Regelgeber. Ihr Augenmerk richtet sich auf die Notwendigkeit des Schutzes von Anlegern vor irrationalen Entscheidungen. Die „richtige" Entscheidung wird gesetz-

---

26 Erklärungsversuche etwa bei: *Barberis/Huang/Thaler*, The American Economic Review 2006, 1069 („narrow framing"-Effekte); *Grinblatt/Keloharju/Linnmainmaa*, 66 The Journal of Finance (2011), 2121 (nur Private mit hohem IQ investieren); *Guiso/Sapienza/Zingales*, 63 The Journal of Finance (2008), 2557 (Vertrauensverluste führen zur Abnahme von Investitionen Privater).
27 *Chater/Huck/Inderst* a.a.O. (Fn. 24) S. 51 f., 231; *Eidenmüller*, JZ 2011, 814 (816); *Mülbert*, ZHR 177 (2013), 160 (187); *Möllers/Kernchen*, ZGR 2011, 1 ff.; *Koch*, BKR 2012, 485 (486); *Schön* in: FS Canaris, 2007, S. 1191, 1211; *Stahl*, Information Overload am Kapitalmarkt, 2012.
28 Siehe beispielsweise *Klöhn*, 10 EBOR (2009), 437 (438 f.); *Möllers/Poppele*, ZGR 2013, 437 (447 ff., 456 ff.) (homo oeconomicus „light"); *Möllers* in: FS Hopt, 2010, S. 2247 ff.; *Moloney*, How to protect investors, 2010, S. 30 ff., 53 ff.; dies., 63 CLP (2010), 375 (391 ff.); mit etwas anderer Ausrichtung dies., 13 EBOR (2012), 169 (172 ff.); *Mülbert*, ZHR 177 (2013), 160 (181); auch *Schnauder*, JZ 2013, 120 (128 f.); am Beispiel des Prospektrechts *Kalss*, ZBB 2013, 126 (128 f.); siehe auch *Bydlinski*, Bankarchiv 2013, 463; ders., Bankarchiv 2012, 797.

geberisch oder behördlich vorgegeben, den Anleger lenken Default-Regeln[29] und Opt-out-Lösungen, aber auch zwingendes Recht und Produktverbote.[30]

Die Frage, inwieweit Anlegerschutz durch Haftung gewährleistet werden kann, hängt mit dem zugrunde gelegten Anlegerleitbild eng zusammen. Wer unter Anlegerschutz die Sicherung hinreichender Informationen für eine eigenverantwortlich zu treffende Investitionsentscheidung des rational agierenden, von einer unsichtbaren Hand in die richtige Richtung geleiteten Anlegers versteht,[31] strebt einen anderen Zustand an, als derjenige, der eine umfassende Sicherung des bedürftigen Anlegers gegen die zufällige oder die planmäßige Nutzung von Informationsasymmetrien und Verhaltensanomalien durch die Marktgegenseite sucht. Dem Gesetzgeber wird man (noch) nicht die Verfolgung eines festgefügten, bereichsübergreifenden Anlegerleitbilds unterstellen können. Sowohl den europäischen als auch den deutschen Gesetzgeber dürften aber erheblich mehr Sympathien für ein marktrational-optimistisches Anlegerleitbild als für einen paternalistisch-bedürftigen Anleger leiten.[32] Mit den Verwerfungen der Finanzkrise hat diese Positionierung etwas an Schärfe verloren. Zunehmend werden alternative legislative Instrumente, etwa das Fernhalten bestimmter Anlegerklassen aus als risikoreich begriffenen Produkten[33] oder auch behördliche Verbote bestimmter Finanzprodukte erprobt.[34] In dieser gesetzgeberischen Umbruchsituation darf man sich einigen Ertrag von einer juristisch-handwerklich geprägten Herangehensweise versprechen. Unabhängig von der Parteinahme für ein bestimmtes Anlegerleitbild lohnt es nämlich, vor der Stellungnahme in der noch andauernden rechtspolitischen Diskussion die Leistungsfähigkeit unterschiedlicher Instrumente zur Verwirklichung von Anlegerschutz auszumessen.

Dieser Gedanke führt uns zum zweiten Teil, der Frage, inwieweit sich die Gewähr von Anlegerschutz gerade durch Haftung empfiehlt.

---

29 In diese Richtung der Vorschlag von *Mülbert*, ZHR 177 (2013), 160 (208 f.).
30 *Thaler/Sunstein*, 93 The American Review (2003), 175; dies., 70 U. Chi, L. Rev. (2003), 1159; dies., Nudges, 2. Aufl. 2009, S. 4 f.; *Klöhn*, WM 2012, 97 (98 f.) (deshalb Regulierung von Werbung auf Kapitalmärkten befürwortend); *Möllers/Poppele*, ZGR 2013, 437 (462 ff., 465 f.) (für Einführung eines Schriftformerfordernisses, positiv auch gegenüber Produktverboten sowie Qualitätskontrollen); kritischer gegenüber Paternalismus *Eidenmüller*, JZ 2011, 814; kritisch auch *Dreher*, VersR 2013, 401 (410); *Grigoleit*, ZHR 177 (2013), 264 (302 ff.) (Produktverbote ablehnend); *Mülbert*, ZHR 177 (2013), 160 (174, 198 ff.); einzelne paternalistische Argumente finden sich bei *Buck-Heeb*, ZHR 176 (2012), 66 (92); *Grundmann*, WM 2012, 1745 (1747).
31 Beispielhaft: *Emde/Dreibus*, BKR 2013, 89 (102) (Überregulierung durch das KAGB beklagend).
32 Beispiele bei *Möllers/Poppele*, ZGR 2013, 437 (445 f.).
33 Kritisch mit Blick auf den Paternalismusvorwurf und hieraus folgende reduzierte Ertragschancen von Investoren: *Emde/Dreibus*, BKR 2013, 89 (100) (zu den Neuregelungen des KAGB).
34 *Langenbucher*, ZHR 177 (2013), 679 (701).

II. (Anlegerschutz durch) Haftung

1. Chancen und Herausforderungen der Gewähr von Anlegerschutz durch Haftung

Die Vorteile privater Normdurchsetzung[35], des „private enforcement", werden seit vielen Jahren diskutiert; auch an Versuchen, diese Diskussion für den Anlegerschutz fruchtbar zu machen, herrscht kein Mangel.[36] Was darf man sich von privater Normdurchsetzung durch Anleger auf der Grundlage von Schadensersatzansprüchen gegen Emittenten oder Finanzintermediäre versprechen?

a) Chancen

Auf den ersten Blick handelt es sich um eine elegante Lösung. Für den privaten Akteur entsteht ein attraktiver Handlungsanreiz: Erstreitet er ein Urteil gegen den Finanzmarktschädiger, wird er kompensiert, mitunter sogar überkompensiert. Letzteres kann sich als Nebenfolge schadensersatzrechtlicher Abwicklung ergeben. Wird nämlich die Rückabwicklung eines Geschäfts gestattet, wird regelmäßig auch die Überwälzung des Marktrisikos in Kauf genommen.[37] Bisweilen liegt einer Überkompensation auch die bewusste gesetzgeberische Entscheidung zugrunde, Strafschadensersatz[38] oder Gewinnabschöpfung[39] zu ermöglichen, um auf diese Weise zu privater Normdurchsetzung zu ermutigen.

Die Entlastung staatlicher Behörden durch private Normdurchsetzung soll ganz unterschiedliche Vorteile haben: Neben der traditionellen haftungsrechtlichen Kompensationsfunktion wird insbesondere die Steuerungsfunktion von Haftung ins Feld geführt.[40] Private Akteure sollen einen höheren

---

35 Monographisch jüngst *Poelzig*, Normdurchsetzung durch Privatrecht, 2012; hierzu *Langenbucher*, ZVglRWiss (113) 2014, 95.
36 *Poelzig* a.a.O. (Fn. 35) S. 208 ff.; außerdem *Klöhn* in: Kalss/Fleischer/Vogt, Gesellschafts- und Kapitalmarktrecht in Deutschland, Österreich und der Schweiz, 2013, S. 229.
37 Zur „Wahlfeststellung" des BGH s. unten unter II. 2. d) (2) („Nicht standardisierte Rechtsfolgen").
38 *Poelzig* a.a.O. (Fn. 35) S. 51 ff.
39 *Poelzig* a.a.O. (Fn. 35) S. 116 ff., 185 ff., 231 f. (de lege ferenda), 494 ff.
40 In Deutschland kommt das nur begrenzte Mandat der BaFin mit Blick auf Verbraucherschutz hinzu, vgl. hierzu *Dreher*, VersR 2013, 401 (404) (für Versicherungsaufsicht); zum neu eingerichteten Verbraucherbeirat: http://www.bafin.de/DE/DieBaFin/GrundlagenOrganisation/Gremien/Verbraucherbeirat/verbraucherbeirat_node.html.

Anreiz zur Verfolgung schädigenden Verhaltens haben,[41] sie sollen schneller, flexibler und kosteneffizienter arbeiten. Man porträtiert sie als besser informiert und sachlich kompetenter als die staatliche Behörde. Hingewiesen wird auch auf den natürlichen Interessengegensatz zwischen privatem Akteur und beklagtem Finanzmarktschädiger. Dieser soll dazu führen, dass unerwünschte Einflussnahme der regulierten Industrie auf Standardsetzer, das sogenannte „regulatory capture", erschwert wird.[42]

Nicht alle diese Aspekte scheinen mir auf die Situation privater Normdurchsetzung durch Anleger am Kapitalmarkt ohne Weiteres zu passen. Schnelles und kosteneffizientes Arbeiten sowie Kompetenzvorsprünge Privater gegenüber Behörden mag man bei institutionellen Anlegern eher vermuten als bei Retail-Investoren. Letztere sind hierfür auf die Unterstützung durch Berater, insbesondere Rechtsanwälte, angewiesen. Ob Klägeranwälten ein struktureller Kompetenzvorsprung gegenüber Behörden zukommt, erscheint ungewiss. Festhalten mag man allenfalls eine Art „Entdeckervorsprung", soweit der Behörde die Aufgabe erleichtert wird, Rechtsverstöße überhaupt zu ermitteln.[43]

b) Herausforderungen

Besondere Herausforderungen privater Normdurchsetzung treten hinzu.[44] So erscheint die Sanktionierung häufig von Zufälligkeiten abzuhängen. Streubesitzaktionäre leiden bekanntlich an Kollektivhandlungsproblemen, insbesondere „rationaler Apathie", also der Sinnhaftigkeit individueller Untätigkeit bei gleichzeitig erfolgversprechendem Vorgehen als Gruppe, zu der es wegen zu hoher Koordinierungskosten im Regelfall nicht kommt. Hinzu treten Trittbrettfahrerprobleme, etwa der Versuch Einzelner abzuwarten, ob gerichtliches Vorgehen Anderer Erfolg hat, und nur dann im Nachhinein „aufzuspringen". In dieser Situation geben nicht selten Erwägungen den Ausschlag, die aus der Sicht des öffentlichen Vollzugsinteresses sachwidrig sind. Private Normdurchsetzung lohnt beispielsweise nur dann, wenn der

---

41 In den USA geht man davon aus, dass über die Hälfte der monetären Sanktionen auf Klagen Privater zurückgeht, *Cox/Thomas*, 53 Duke L. J. (2003), 737 (777).
42 „Private attorney general", hierzu etwa *Buxbaum*, 26 Yale J. Int'l L. (2001), 219; ders. in: FS Hopt, 2010, S. 1671; *Coffee*, 42 Md. L. Rev. (1983), 215; *Hopt* in: Kalss/Torggler, Kapitalmarkthaftung und Gesellschaftsrecht, 2013, S. 55, 65 ff.; *Langenbucher/Kaprinis*, FS des Fachbereichs Rechtswissenschaft aus Anlass des 100jährigen Jubiläums der Goethe-Universität, 2014, 483 ff.; *Poelzig* a.a.O. (Fn. 35) S. 54 f.; für hieraus folgenden Vertrauensvorsprung auf Kapitalmärkten *Grace*, 15 J. Transnat'l L. & Pol'Y (2006), 281 (289).
43 Ähnlich *Klöhn* in: Kalss/Fleischer/Vogt a.a.O. (Fn. 36) S. 229, 243 f.
44 *Jackson/Roe*, 93 Journal of Financial Economics (2009), 207. Aus dem deutschen Schrifttum: *Klöhn* in: Kalss/Fleischer/Vogt a.a.O. (Fn. 36) S. 229, 246 f.; *Langenbucher/Kaprinis* a.a.O. (Fn. 42).

einklagbare Schaden hoch genug, die Sachlage unproblematisch beweisbar und anwaltliches Vertretungsinteresse vorhanden ist.

Vor allem in der US-amerikanischen Literatur hat man zusätzlich ein mit den „räuberischen Aktionären" verwandtes Phänomen ausgemacht.[45] Man befürchtet das Entstehen einer Gruppe „räuberischer Anleger", die Emittenten mit hohen Schadensersatzforderungen sowie negativer Presseberichterstattung drohen und dabei auf die Zahlung einer Abfindung noch im Vorfeld gerichtlicher Klärung wetten. Dieses Verhalten geht zulasten von Aktionären und anderen Gläubigern. Zudem kann die Abschreckungswirkung über das optimale Maß hinausgehen, so dass es zu einer sogenannten „overdeterrence" der Emittenten kommt, die wiederum von den Zufälligkeiten eines „günstigen Falles" abhängt. Zugleich befürchtet man eine „underdeterrence" der Organmitglieder, die nach einem Vergleich im Regelfall nicht mehr in Anspruch genommen werden.

Zuletzt ist eine gewisse Eindimensionalität privater Normdurchsetzung zu beklagen. In Abweichung vom breiten Spektrum ganz unterschiedlicher behördlicher Eingriffsinstrumente[46] beschränkt sich die private Normdurchsetzung auf Schadensersatz nach Art einer Alles-oder-nichts-Lösung. Diese hängt wiederum von der Möglichkeit einer schadensersatzrechtlichen Lösung ab. Voraussetzung für die erfolgreiche Sanktionierung durch Private ist damit nicht nur die rechnerische Ermittlung eines Vermögensnachteils, sondern auch die Erfüllung zahlreicher haftungsbegründender und haftungsausfüllender Voraussetzungen.

2. Instrumente der Gewähr von Anlegerschutz durch Haftung

Damit sind wir bei der Frage nach der Leistungsfähigkeit des dogmatischen Instrumentariums des deutschen Kapitalmarkthaftungsrechts angelangt. Vorweg muss ich Sie mit einer Auslassung enttäuschen. Zahlreiche Kollektivhandlungsprobleme werden im deutschen Haftungsrecht bekanntlich prozedural durch das „KapMuG", das Kapitalanlegermusterverfahrensgesetz,

---

45 „Rent-seeking", hierzu *Grundfest*, 108 Harv. L. Rev. (1995), 727, 742–43.
46 Darstellung des Spektrums der BaFin bei: *Gurlit*, ZHR 177 (2013), 862; siehe auch *Bußalb* in: Möllers/Kloyer a.a.O. (Fn. 12) S. 221.

adressiert.[47] Ergänzend tritt das Gesetz über Unterlassungsklagen hinzu.[48] Mit Blick auf das zur Verfügung stehende Zeitbudget muss ich es bei diesem schlichten Hinweis belassen.

Stattdessen werden wir uns im Folgenden in drei Schritten einen Überblick über die Instrumente der Gewähr von Anlegerschutz durch Haftung verschaffen.

a) Haftung für Marktinformation

(1) Haftung für standardisierte Marktinformation

Dabei geht es erstens, wie eingangs erwähnt, um die Haftung für „Marktinformation". Das betrifft zunächst eine Reihe spezialgesetzlicher Anspruchsgrundlagen, wenn bei der Herausgabe standardisierter Information Fehler unterlaufen. Sodann ist nach der Haftung außerhalb standardisierter Marktinformation zu fragen. Zweitens werden wir uns mit der Haftung für Beratung auseinandersetzen. Auch hier werden wir nach gesetzlich standardisierten Beratungsvorgaben, sodann nach der Haftung außerhalb standardisierter Beratungsvorgaben fragen. Die Vergewisserung über einige strukturelle Schwächen der Gewähr von Anlegerschutz durch Haftung schließt drittens den Rundgang ab.

Die Frage, inwieweit Fehlinformationen am Kapitalmarkt Schadensersatzansprüche individueller Anleger nach sich ziehen, darf man schon zu den Klassikern des Kapitalmarkt- und des Anlegerschutzrechts zählen. Sie wird so oder ähnlich nicht nur in den Mitgliedstaaten der Europäischen Union, sondern auch in den USA diskutiert. Dabei berühren sich zwei ganz unterschiedliche Grundtendenzen.[49] Das Börsen- und Kapitalmarktrecht ist in Deutschland traditionell aufsichtsrechtlich geprägt. Sein Ziel ist die Gewährleistung gut funktionierender Märkte. Beteiligte Akteure sind Emittenten und diese kontrollierende Behörden. Anlegern stehen reflexartig bestimmte Schadensersatzansprüche zu, das Augenmerk dieses Ansatzes bleibt aber der überindividuell begriffene Markt.[50] Daraus ergibt sich eine Prima-facie-Vermutung für die rein objektive Schutzrichtung einschlägiger Rechtsnormen. Das legt für den Regelfall die Ablehnung haftungsbegründender

---

47 Hierzu *Hess* in: KölnKomm-KapMuG, Einl. Rz. 1 ff.; ders., ZIP 2005, 1713; *Möllers*, JZ 2005, 75; *Möllers/Weichert*, NJW 2005, 2737; *Wagner*, CMLR 2014, 165 (188 ff.).
48 Hierzu *Köhler* in: Köhler/Bornkamm-UWG, Einf. UKlaG Rz. 1 ff.; *Schmidt*, NJW 2002, 25.
49 *Hopt*, WM 2009, 1873 (1874); *Mülbert*, ZHR 177 (2013), 160 (171 ff.).
50 Aus jüngerer Zeit etwa *Hellgardt*, DB 2012, 673 (677).

Beziehungen zwischen Emittenten und Anlegern sowie die Fernwirkung aufsichtsrechtlicher Normen auf vertragliche Beziehungen etwa zwischen Anleger und Berater nahe. Genau anders herum wertet die auf Zweipersonenbeziehungen der Akteure fokussierende privatrechtliche Sicht. Verletzt ein Wertpapieremittent oder ein Finanzberater Verhaltensvorgaben, so ist vor diesem Hintergrund zunächst einmal nicht einzusehen, warum er hierfür nicht haftungsrechtlich zur Verantwortung zu ziehen sein sollte. Lässt sich ein wenigstens vertragsähnliches Verhältnis nicht begründen, sind aufsichtsrechtliche Normen als individualschützende Normen zu interpretieren. Was aufsichtsrechtlich untersagt ist, so wird argumentiert, kann nicht privatrechtlich ohne Sanktion bleiben.[51]

(a) Prospekthaftung

Wir wollen zunächst einen Rundgang durch diejenigen Anspruchsgrundlagen unternehmen, welche den Produktanbieter als Schuldner einer Haftung für standardisierte Information begreifen. Prominentestes Beispiel hierfür ist die Prospekthaftung.[52] Wer Wertpapiere über eine Börse anbietet, muss bekanntlich einen Prospekt veröffentlichen.[53] Dasselbe gilt für das öffentliche Angebot von Wertpapieren im Inland.[54] Diese Vorschriften liest die ganz herrschende Meinung zwar nicht als Verbotsgesetz, etwa mit der Folge, dass ohne Prospekt abgeschlossene Kaufverträge nichtig wären.[55] Die Nichtveröffentlichung eines Angebotsprospekts sanktioniert der Gesetzgeber aber nach § 24 Abs. 1 S. 1 WpPG mit einem Schadensersatzanspruch, der sich auf Rückabwicklung des Vermögensanlagegeschäfts richtet.[56] Fehlerhafte Börsenzulassungsprospekte verpflichten nach § 21 Abs. 1 S. 1 WpPG und Prospekte für nicht börs-

---

51 Jüngst etwa *Harnos*, BKR 2014, 1 (4 ff.).
52 Eine Haftungsnorm ist im europäischen Recht (nur) im Umfang des Art. 6 der Prospektrichtlinie, a.a.O. (Fn. 15), vorgegeben (Schuldner soll der Emittent oder dessen Verwaltungs-, Management- bzw. Aufsichtsstelle, der Anbieter, die Person, die die Zulassung zum Handel beantragt, oder der Garantiegeber sein; keine vereinheitlichte Prospekthaftung mit Blick auf unrichtige Prospektangaben), vgl. hierzu den vergleichenden Bericht der ESMA: Comparison of liability regimes in Member States in relation to the Prospectus Directive, 30.5.2013, ESMA/2013/619 und *Hopt*, WM 2013, 101 (111). Im Vereinigten Königreich erwägt man derzeit die Verankerung einer ausdrücklichen Pflicht, einen korrekten Prospekt vorzubereiten, vgl. FCA Consultation Paper CP 14/2, Januar 2014, Rz. 6.6–6.8; zum österreichischen Recht *Kalss*, ZBB 2013, 126 (131); dies. in: Kalss/Torggler a.a.O. (Fn. 42) S. 124, 142 ff.
53 §§ 3 Abs. 4 WpPG, 32 Abs. 3 Nr. 2 BörsG.
54 § 3 Abs. 1 WpPG.
55 *Heidelbach* in: Schwark/Zimmer-KMRK, § 3 WpPG Rz. 35.
56 Zu einer fortbestehenden Regelungslücke mit Blick auf den Börsenzulassungsprospekt, wenn die BaFin zu Unrecht zugelassen hat: *Leuering*, NJW 2012, 1905 (1907).

lich gehandelte Papiere nach den §§ 22 Abs. 1 S. 1, 21 WpPG ebenfalls zur Übernahme der Wertpapiere gegen Erstattung des Erwerbspreises. Der Maßstab für die Fehlerhaftigkeit eines Prospekts hängt auf das engste mit dem zugrunde gelegten Anlegerleitbild zusammen. Wer den Anleger als marktrational und mündig begreift, wird ihm zutrauen, einen in Fachsprache abgefassten Prospekt korrekt einzuordnen beziehungsweise ihm zumuten, sich Expertenrat einzuholen. Hinzu kommt, dass unter Zugrundelegung der Effizienzhypothese professionelle Arbitrageure den Preis ohnehin häufig an die „richtige" Stelle bewegen. Wer ein paternalistisch-bedürftiges Anlegerleitbild zugrunde legt, muss auch die Anforderungen in einem Prospekt am unkundigen Investor ausrichten.

Der BGH geht bei der Beurteilung von Börsenzulassungsprospekten bekanntlich von einem Modellanleger aus, der „es zwar versteht, eine Bilanz zu lesen, aber nicht unbedingt mit der in eingeweihten Kreisen gebräuchlichen Schlüsselsprache vertraut zu sein braucht"[57]. Ob diese in der Literatur vielfach kritisierte, einigermaßen hoch ansetzende Kompetenzschwelle mit dem Anlegerleitbild der Prospektrichtlinie[58] in Einklang steht, bezweifeln viele.[59] Diese verlangt in Art. 5 Abs. 1 S. 2 Informationen „in leicht zu analysierender und verständlicher Form", eine Vorgabe, die § 5 Abs. 1 S. 1 WpPG umsetzt. Erwägungsgrund (21) der Richtlinie geht von regelmäßig nicht mehr als 2500 Wörtern aus. Erwägungsgrund (16) weist auf die Notwendigkeit hin, „den unterschiedlichen Schutzanforderungen für die verschiedenen Anlegerkategorien und ihrem jeweiligen Sachverstand Rechnung zu tragen". Eindimensional die Fähigkeit zum Lesen einer Bilanz vorauszusetzen, dürfte dem nicht entsprechen. Gleichwohl lässt sich nicht sagen, dass der Prospektrichtlinie ein paternalistisch-bedürftiges Anlegerleitbild zugrunde liegt. Anlegerschutz soll nach Erwägungsgrund (18) mittels zweier Instrumente verwirklicht werden: vollständige Information und Wohlverhaltensregeln für Wertpapierdienstleistungsunternehmen. Paternalistische Instrumente, etwa Default-Regeln oder Verbote, erwähnt die Richtlinie nicht. Stattdessen soll, wohl in Einklang mit einem marktrational-pessimistischen Anlegerleitbild, die Information des Anlegers mit der Möglichkeit, Beratung bei einem Finanzintermediär einzuholen, kombiniert werden. Wer ein börsennotiertes Wertpapier erwirbt, so dürfte sich dieser Grundgedanke zusammenfassen lassen, dem ist zuzumuten, sich nicht nur für den technischen Erwerb, sondern auch für die Beratung in der Anlagesituation fachkundig unterstützen zu lassen.

---

[57] BGH v. 12.7.1982 – II ZR 175/81 „Beton- und Monierbau", NJW 1982, 2823; bestätigt in BGH v. 18.9.2012 – XI ZR 344/11, NZG 2012, 1262.
[58] Siehe Fn. 15.
[59] Jüngst etwa *Mülbert*, ZHR 177 (2013), 160 (179).

Sachlich mit der Haftung für Börsenprospekte vergleichbar sind zwei weitere Anspruchsgrundlagen. Seit dem 22. Juli 2013 schließt das Kapitalanlagegesetzbuch, der Nachfolger des Investmentgesetzes,[60] Lücken mit Blick auf Investmentvermögen. § 306 KAGB statuiert die Prospekthaftung für einen unrichtigen oder unvollständigen Verkaufsprospekt für ein Publikumsinvestmentvermögen.[61]

Handelt es sich bei der angebotenen Vermögensanlage weder um verbriefte Wertpapiere noch um Anteile an Investmentvermögen, kann eine Vermögensanlage im Sinne des § 1 Abs. 1 VermAnlG vorliegen.[62] Auch hierfür ordnet § 20 VermAnlG eine Schadensersatzhaftung für den fehlerhaften Verkaufsprospekt an, § 21 desselben Gesetzes eine Haftung für den fehlenden Verkaufsprospekt.[63]

Für die Angebotsprospekthaftung außerhalb der Börse hat der BGH sein Anlegerleitbild kürzlich modifiziert.[64] Entscheidend sei „das Verständnis der mit dem Prospekt angesprochenen Interessenten". „Wendet sich der Emittent ausdrücklich auch an das unkundige und börsenunerfahrene Publikum", so das Gericht, „kann von dem durchschnittlich angesprochenen (Klein-) Anleger nicht erwartet werden, dass er eine Bilanz lesen kann. Der Empfängerhorizont bestimmt sich daher in diesen Fällen nach den Fähigkeiten und Erkenntnismöglichkeiten eines durchschnittlichen (Klein-)Anlegers, der sich allein anhand der Prospektangaben über die Kapitalanlage informiert und über keinerlei Spezialkenntnisse verfügt."[65] Die Kombination eines paternalistisch-bedürftigen Anlegerleitbilds mit der Unterstellung, dieser „unkundige Kleinanleger" werde sich „allein anhand der Prospektangaben" informieren, überzeugt freilich weder empirisch noch normativ.

---

60 BGBl 2013 I, S. 1981 vom 10. Juli 2013 (AIFM-UmsG); eingehend *Schnauder*, NJW 2013, 3207.
61 Hierzu *Möllers* in: Möllers/Kloyer a.a.O. (Fn. 12) S. 247, 250 ff.
62 Einführend *Friedrichsen/Weisner*, ZIP 2012, 756; *Hanten/Reinholz*, ZBB 2012, 36; *Mattil*, DB 2011, 2533; *Zingel/Varadinek*, BKR 2012, 177.
63 *Hanten/Reinholz*, ZBB 2012, 36 (46); zur Übertragbarkeit (und zu Lücken) in Crowdinvesting: *Meschkowski/Wilhelmi*, BB 2013, 1411.
64 Die Entscheidung betrifft Inhaberschuldverschreibungen auf der Basis eines Verkaufsprospekts nach dem inzwischen außer Kraft getretenen Verkaufsprospektgesetz: BGH v. 18.9.2012 – XI ZR 344/11, NZG 2012, 1262 m. zust. Anm. *Buck-Heeb*, LMK 2013, 341712; *Voss*, GWR 2012, 540; siehe auch BGH v. 5.7.1993 – II ZR 194/92, BGHZ 123, 106110 = VersR 1993, 1410 = NJW 1993, 2865.
65 BGH v. 18.9.2012 – XI ZR 344/11, NZG 2012, 1262 (1265) Rz. 25.

(b) Produktinformationen

Der Versuch, verschiedene Anlegerkategorien differenziert zu erfassen, verbirgt sich auch hinter gesetzgeberischen Bemühungen, dem „information overload" mithilfe von „key investor documents", Beipackzetteln oder „Informationsblättern" Herr zu werden.[66] Diese Initiativen zielen sämtlich auf die Gewähr einer kurzen und knappen Produktinformation, in welcher zum einen die wesentlichen Merkmale und Risiken erläutert werden und zum anderen die Vergleichbarkeit mit konkurrierenden Produkten erleichtert wird.

Im deutschen Recht verlangt § 5 Abs. 1 S. 1 WpPG eine Prospektzusammenfassung, die Schlüsselinformationen nach Abs. 2a sowie Warnhinweise nach Abs. 2b enthält. Ähnlich setzt § 164 KAGB für offene Publikumsinvestmentvermögen die Zusammenstellung der „wesentlichen Anlegerinformationen" voraus. § 13 VermAnlG fordert die Erstellung eines Vermögensanlagen-Informationsblatts.[67] Eine gesetzgeberische Stellungnahme für den paternalistisch-bedürftigen Anleger wird man auch hierin nicht erblicken können. Für die fehlerhafte Prospektzusammenfassung wird zwar im Grundsatz gehaftet. Allerdings setzt der Anspruch nach allen drei Gesetzeswerken voraus, dass die Zusammenfassung „irreführend, unrichtig oder widersprüchlich ist, wenn sie zusammen mit den anderen Teilen des Prospekts gelesen wird" oder sie in Zusammenschau mit dem Prospekt die erforderlichen Schlüsselinformationen nicht enthält.[68] Der Anleger wird mithin als mündig genug eingeordnet, die knappe Zusammenfassung als nur mehr oder weniger verlässliche Information zu begreifen und sich in der einen oder anderen Weise weiter kundig zu machen.

(c) Angebotsunterlagen

Prospekte und Produktinformationen bereiten die Investitionsentscheidung eines Anlegers vor. Ihr Spiegelbild im Übernahmerecht ist die Angebotsunterlage. Gibt der Bieter ein öffentliches Angebot zum Erwerb von Wertpapieren ab, hat er nach § 11 Abs. 1 WpÜG eine Angebotsunterlage zu erstellen, die den Aktionär richtig und vollständig über das Angebot informiert. Betrifft der Prospekt den Zeitraum vor einer Investitionsentscheidung, nimmt die Ange-

---

66 Übersicht bei *Podewils*, ZBB 2011, 169; *Seitz/Juhnke/Seibold*, BKR 2013, 1; positive Würdigung etwa bei Stellungnahme des DAV, NZG 2013, 50.
67 Hierzu *Bußalb/Vogel*, WM 2012, 1416 (1421 f.); *Casper*, BB 2011, 1 („Die erste Seite"); krit. *Friedrichsen/Weisner*, ZIP 2012, 756 (758); zur Reaktivierung einer „Ampellösung" für Finanzprodukte: http://www.zeit.de/wirtschaft/geldanlage/2014-02/prokon-bafin-anlegerschutz-finanzprodukte.
68 §§ 21, 22 WpPG, 306 KAGB, 22 VermAnlG.

botsunterlage im Grundsatz dieselbe Funktion vor einer Desinvestitionsentscheidung wahr. Besonders deutlich tritt die Spiegelbildlichkeit der Information bei einem Barangebot hervor: Der Aktionär veräußert seine Aktie an den Bieter, er erhält hierfür Geld, es liegt eine Desinvestitionsentscheidung vor.

Handelt es sich hingegen um ein Tauschangebot, erhält der Aktionär der Zielgesellschaft nicht Geld, sondern Aktien einer anderen Gesellschaft. Die Entscheidung, vor welcher der Anleger steht, enthält damit zugleich Elemente einer Investitions- und einer Desinvestitionsentscheidung. Konsequent verlangt § 2 Nr. 2 WpÜG-Angebotsverordnung die Beachtung der Anforderungen des § 7 WpPG bei der Erstellung der Angebotsunterlage. Handelt es sich bei der Gegenleistung des Tauschangebots um Vermögensanlagen, sind die Informationspflichten des Vermögensanlagengesetzes zu beachten. Eine Parallele zwischen dem Prospekt und der Angebotsunterlage zeigt sich zuletzt in § 12 WpÜG mit der Anordnung einer Schadensersatzhaftung für die fehlerhafte oder unrichtige übernahmerechtliche Angebotsunterlage, die im Wesentlichen die Voraussetzungen der Prospekthaftung übernimmt.[69]

(d) Ad-hoc-Informationen

Investitionsentscheidungen und Desinvestitionsentscheidungen werden durch anlassbezogene Publizität, etwa eine Gewinnwarnung oder umgekehrt die Ankündigung eines profitablen Großauftrags, beeinflusst. Diese Form der Kommunikation von Emittenten und Investoren hat der Gesetzgeber ebenfalls standardisiert. § 15 WpHG verlangt die unverzügliche Veröffentlichung von Insiderinformationen im Rahmen einer Ad-hoc-Meldung. Wird eine unwahre Ad-hoc-Information veröffentlicht oder eine gebotene Meldung unterlassen, gewährt das deutsche Recht einen Schadensersatzanspruch: Die §§ 37b, 37c WpHG erlauben dem Anleger, der „zu teuer gekauft" oder „zu billig verkauft" hat, seinen Schaden zu liquidieren.

Ob die veröffentlichte Ad-hoc-Information „unwahr" ist, hängt in ähnlicher Weise wie bei der eben beschriebenen Prospekthaftung mit der Kompetenz des zugrunde gelegten Modellanlegers zusammen. Die Pflicht zur Veröffentlichung einer Ad-hoc-Meldung setzt eine Insiderinformation voraus und damit nach § 13 Abs. 1 S. 1 WpHG deren Kursrelevanz. Ob Kursrelevanz vorliegt, ist nach S. 2 dieser Norm aus der Perspektive des „verständigen Anlegers" zu beurteilen. Wer marktrational-optimistisch argumentiert, wird

---

[69] Zur Haftung für die fehlerhafte Stellungnahme nach § 27 WpÜG, auf der Schnittstelle von WpÜG und Prospektrecht, *Ebke* in: FS Hommelhoff, 2012, S. 161, 171 f.

diesen als „alter ego" der Kapitalmarkteffizienz einordnen.[70] Überraschend anders hat sich kürzlich der BGH positioniert, der „auch irrationale Reaktionen anderer Marktteilnehmer" beachten will.[71]

(2) Haftung außerhalb standardisierter Information

Der Rundgang, den wir soeben unternommen haben, hat uns durch verschiedene gesetzlich normierte Anspruchsgrundlagen geführt, die Fehler bei der Erfüllung standardisierter Informationspflichten haftungsrechtlich sanktionieren. Regelmäßig ist über deren Ergänzung durch bürgerlich-rechtliche Haftungsgrundsätze zu entscheiden. Diese werfen ein für die Haftung für Marktinformation charakteristisches Problem auf: Anlageentscheidungen am Kapitalmarkt werden nur selten im direkten Kontakt von Emittent und Investor getroffen. Vermittelnd tritt üblicherweise ein Finanzintermediär auf.[72] Die Frage, ob sich gleichwohl eine relevante Haftungsbeziehung zwischen Emittent und Anleger begründen lässt, erinnert an einen Klassiker des deutschen Haftungsrechts, nämlich die Kontrastierung vertrauensrechtlicher Ansätze mit deliktsrechtlichen Überlegungen.

(a) Bürgerlich-rechtliche Prospekthaftung im engeren Sinne

Paradigmatisch für eine Art „Kapitalmarktvertrauenshaftung" ist die sogenannte „bürgerlich-rechtliche Prospekthaftung im engeren Sinne". Dieser richterrechtlich entwickelten Anspruchsgrundlage kommt traditionell eine Lückenfüllerfunktion für Angebotsunterlagen zu, mit denen nicht regulierte Vermögensanlagen auf dem „grauen Kapitalmarkt" vertrieben werden. Sie erfasst typisierte Vertrauenstatbestände von Anlegern, die sich auf Angaben der „Prospektverantwortlichen" in einer nicht gesetzlich vorgeformten Angebotsunterlage verlassen haben.[73] Heute ist das richterrechtlich entwickelte Institut nach überwiegender Ansicht unanwendbar, soweit ein spezialgesetzlich geregelter Tatbestand eingreift.[74] Bedeutung hat diese Frage nicht zuletzt mit Blick auf den Haftungsmaßstab. Die bürgerlich-rechtliche Pros-

---

70 *Klöhn*, ZHR 177 (2013), 349 (366 ff.).
71 BGH v. 13.12.2011 – XI ZR 51/10 „IKB", NZG 2012, 263 (267) Rz. 44.
72 *Langenbucher* in: FS Karsten Schmidt, 2009, S. 1053, 1054.
73 Haftungsschuldner ist nicht die Gesellschaft, MünchKomm-*Grunewald* § 161 HGB Rz. 195; *Schnauder*, NJW 2013, 3207.
74 § 47 Abs. 2 BörsG a. F.; RegBegr. zum Dritten Finanzmarktförderungsgesetz, BT-Drucks. 13/8933, S. 54, 81; *Groß*, Kapitalmarktrecht, 2012, § 25 WpPG Rz. 4 f.; *Suchomel*, NJW 2013, 1126 ff.; diff. *Möllers* in: Möllers/Kloyer a.a.O. (Fn. 12) S. 247, 253 f.

pekthaftung im engeren Sinn setzt nur einfache Fahrlässigkeit voraus.[75] Der Gesetzgeber hat sich demgegenüber für eine Prospekthaftung bei Kenntnis oder grob fahrlässiger Unkenntnis eines Prospektfehlers entschieden.

(b) Kapitalmarktvertrauenshaftung

Für die richterrechtliche Konkretisierung und damit für die Frage, ob sich das Institut zu einer allgemeinen „Kapitalmarktvertrauenshaftung" ausbauen lässt, bleibt die Behandlung prospektähnlicher werbender Materialien sowie darüber hinaus sämtlicher Veröffentlichungen, mit denen der Markt angesprochen wird.[76] Der BGH hatte bekanntlich in seinem Urteil „Rupert Scholz" jüngst über die Behandlung einer „Produktinformation" sowie eines zusammen mit dem – selbst nicht regulierten – Prospekt vertriebenen Presseartikels zu entscheiden. Das Gericht ordnete beide Informationsträger im Wege einer „Gesamtbetrachtung" als Prospekt im bürgerlich-rechtlichen Sinne ein.[77] Hätte es sich um einen gesetzlich geregelten Prospekt gehandelt, wäre dieser Weg naturgemäß versperrt gewesen. Ob eine vertrauensrechtliche Haftung für Werbeaussagen und ähnliche Formen der Kommunikation auch neben gesetzlich vorgegebenen Prospekten in Betracht kommt, ist derzeit noch nicht endgültig entschieden.

(c) Deliktsrechtliche Marktinformationshaftung

Gegen die Abrundung gesetzlicher Haftungsnormen durch einen Rückgriff auf allgemeines Privatrecht spricht die jüngste IKB-Entscheidung des BGH zur deliktsrechtlichen Marktinformationshaftung.[78] Dabei ging es nicht um die Beurteilung prospektähnlicher Aussagen, sondern um eine Presseerklärung, mit welcher „aufgekommene Gerüchte ausgeräumt und die nervöse Marktstimmung beruhigt"[79] werden sollten. Mit Blick auf die Herausgabe dieser Presseerklärung wurde der Vorstandsvorsitzende wegen Marktmanipulation rechtskräftig verurteilt. § 37c WpHG war für später erhobene Schadensersatzklagen nicht einschlägig, weil die Presseerklärung schon ihrer äußeren Form nach nicht als Ad-hoc-Meldung einzuordnen war. Einer Analogie stand der ausdrückliche Wille des Gesetzgebers entgegen.[80] Folglich war über die

---

75 Bankrechtshandbuch-*Siol*, § 45 Rz. 64; krit. *Hopt*, WM 2013, 101 (103).
76 Demgegenüber offen: *Hopt*, WM 2013, 101 (106).
77 BGH v. 17.11.2011 – III ZR 103/10, VersR 2012, 242 = NJW 2012, 758 (759 f.) Rz. 23; zust. *Klöhn*, WM 2012, 98 (101 f.).
78 BGH v. 13.12.2011 – XI ZR 51/10 „IKB", NZG 2012, 263.
79 BGH v. 13.12.2011 – XI ZR 51/10 „IKB", NZG 2012, 263.
80 BT-Drucks. 14/8017, S. 94; zum – zurückgezogenen – „KapInHaG" NZG 2004, 1042.

Schutzgesetzeigenschaft des § 20a WpHG bezüglich des Verbots der Marktmanipulation und damit über die Reichweite deliktsrechtlicher Kapitalmarkthaftung zu entscheiden. Die Schaffung eines individuellen Schadensersatzanspruchs, so bekanntlich die Formel der Rechtsprechung, müsse „sinnvoll und im Lichte des haftungsrechtlichen Gesamtzusammenhangs tragbar"[81] sein. Der BGH hat diese Voraussetzung verneint und sich der herrschenden, aufsichtsrechtlich geprägten Einordnung des § 20a WpHG angeschlossen. Dafür wird das auf Marktintegrität ausgerichtete Gesetzeswerk ins Feld geführt, überdies sei auch in der Richtlinie Individualschutz jedenfalls nicht vorgegeben.[82] Die Schwelle für das Eingreifen einer „Informationsdeliktshaftung" aus den §§ 826, 31 BGB hielt der XI. Senat im entschiedenen Fall für nicht erreicht.[83] Schadensersatz gewährte das Gericht freilich im Ergebnis doch. Zwar sei hierfür nicht an der unzutreffenden Presseerklärung anzusetzen. Die Bank habe aber die gebotene Veröffentlichung einer Ad-hoc-Meldung unterlassen und sei deshalb nach § 37b WpHG haftbar.

Insgesamt wird man noch nicht von einem klar konturierten richterlichen Haftungskonzept für eine Kapitalmarktinformation sprechen können. Eine Tendenzaussage ist aber möglich. Im Grundsatz wird es als Aufgabe des Gesetzgebers begriffen, spezialgesetzliche Anspruchsgrundlagen auszuformen. Sowohl einer Kapitalmarktvertrauenshaftung als auch deliktsrechtlichen Ansätzen kommt eine begrenzte Lückenfüllerfunktion zu. Diese Tendenz tritt für die Ablehnung deliktsrechtlicher Anspruchsgrundlagen im „IKB-Urteil" besonders deutlich hervor.[84]

---

81 BGH v. 13.12.2011 – XI ZR 51/10 „IKB", NZG 2012, 263 (265) Rz. 23.
82 BGH v. 13.12.2011 – XI ZR 51/10 „IKB", NZG 2012, 263 (265) Rz. 24 ff.; zust. *Bachmann*, JZ 2012, 578, 57; *Bernuth/Wagner/Kremer*, WM 2012, 831 (833); *Schmolke*, ZBB 2012, 165 (169); *Spindler*, NZG 2012, 575 (576); ohne Wertung *Nieding*, jurisPR-BKR 09 2012; allg. gegen Schutzgesetzeigenschaft von WpHG-Normen auch *Grigoleit*, ZHR 177 (2013), 264 (279 f.); krit. hingegen *Hellgardt*, DB 2012, 673 (678); *Hopt*, WM 2013, 101 (105); zum österreichischen Recht *Kalss*, ZBB 2013, 126 (131) (für Schutzgesetzeigenschaft).
83 Krit. *Hellgardt*, DB 2012, 673 (674); diff. *Bachmann*, JZ 2012, 578 (579, 581).
84 In diese Richtung auch *Spindler*, NZG 2012, 575, 576. Darin liegt ein signifikanter Unterschied vom US-amerikanischen Recht, welches verschiedene Anspruchsgrundlagen für eine „private action" kennt. Section 10(b) SEA kodifiziert nur einen Verbotstatbestand, auf welchen ein richterrechtliches „private right of action" aufsetzt. Es setzt freilich „reliance" sowie „scienter" (d. h. Vorsatz, nach Ansicht mancher Gerichte auch „recklessness") voraus. Inwieweit es sich hierbei um eine geglückte Rechtsfindung handelt, ist im Umfeld des Halliburton-Urteils erneut streitig geworden, vgl. etwa Amicus Brief No. 13-317, 11. Oktober 2013, S. 7. Eine gesetzliche Anspruchsgrundlage enthält immerhin Section 18(a) SEA für „false or misleading statements". Dort wird Vertrauen auf die Falschinformation, Unkenntnis des Klägers von der Unrichtigkeit der Information und Preisbeeinflussung durch die Falschinformation vorausgesetzt. Section 11 betrifft bestimmte öffentliche Angebote; Section 12 den Verkauf von „unregistered securities", die Vorschrift setzt allerdings „privity" voraus. Einführend *Hannich*, WM 2013, 449, 450 f. Zum englischen Recht: *Hopt*, WM 2013, 101 (105).

Bevor wir den zweiten dogmatischen Instrumentenkasten, die Haftung für Beratung, in den Blick nehmen, darf ich eine weitere Auslassung begründen. Man wird zwar nicht umhin können, die Außenhaftung der Organe des Emittenten für Fehlinformationen am Kapitalmarkt sachlich zum heutigen Thema zu zählen.[85] Mit Blick auf die Fülle gesellschaftsrechtlicher Spezialfragen muss aber auch die Vertiefung dieser Frage der Einhaltung des Zeitbudgets weichen.

b) Haftung für Beratung

Die Haftung für Marktinformation ist durch gesetzliche Standardisierung und abnehmende Bedeutung privatrechtlicher Haftungsgrundlagen gekennzeichnet. Genau anders herum verhält es sich mit Blick auf die Haftung für Beratung. Das leuchtet auf den ersten Blick ein, weil sich bei dieser kein Finanzintermediär zwischen die beteiligten Parteien schiebt, die Begründung einer Haftungsbeziehung mithin besser gelingen kann. Bei näherem Hinsehen ist die Leistungsfähigkeit des privatrechtlichen Haftungsinstrumentariums gleichwohl noch keineswegs gesichert. Die bereits bei der Haftung für Marktinformation hervorgetretenen Unsicherheiten bezüglich des relevanten Anlegerleitbilds führen in der Beratungssituation zu noch schwierigeren Abgrenzungsfragen.

(1) Standardisierte Haftung für Beratung

(a) Das Fehlen einer standardisierten Anspruchsgrundlage

Wendet man den Blick zunächst auf die gesetzlich detailliert geregelte, standardisierte Beratung, fällt der Kontrast zwischen der intensiven Regulierung von Wohlverhaltenspflichten und dem Fehlen einer gerade auf Beratungsfehler zugeschnittenen Anspruchsgrundlage ins Auge. Die §§ 31 ff. WpHG enthalten bereits de lege lata ein fein ausdifferenziertes System gesetzlicher Verhaltens- und Organisationspflichten für Wertpapierdienstleistungsunternehmen. Mit der Umsetzung der MiFiD-II-Richtlinie treten weitere Anforderungen hinzu. Sanktioniert werden Verstöße nur durch aufsichtsbehördlichen Eingriff. So enthält etwa § 4 WpHG verschiedene Anordnungsbefugnisse der BaFin, § 39 WpHG sieht einen umfangreichen Bußgeldkatalog vor und § 40b WpHG gestattet sogenannte „naming and shaming"-Maßnahmen.

---

85 Hierzu *Hopt*, WM 2013, 101 (108 f.).

Aus der Abwesenheit einer eigenständigen Anspruchsgrundlage leiten Rechtsprechung und wohl herrschende Meinung die haftungsrechtliche Irrelevanz der standardisierten Vorgaben des WpHG ab. Das steht in Einklang mit der weiter oben beschriebenen aufsichtsrechtlich geprägten Sichtweise. Die Vorgaben des Wertpapierhandelsgesetzes sind hiernach weder Verbotsgesetze im Sinne des § 134 BGB[86] noch Schutzgesetze im Sinne des § 823 Abs. 2 BGB.[87] Ihre Nichtbeachtung stellt als solche keine Pflichtverletzung im Rahmen eines bestehenden vertraglichen oder vertragsähnlichen Verhältnisses dar.[88]

(b) (Keine) europarechtliche Verklammerung aufsichtsrechtlicher Standardisierung und bürgerlich-rechtlicher Haftung

Dem hat man die These einer europarechtlich vorgegebenen Verklammerung gesetzlicher Verhaltensstandardisierung und privatrechtlicher Haftung entgegengehalten.[89] Die richtlinienkonforme Auslegung der Verhaltensvorgaben der MiFID, so wird argumentiert, zwinge zu einem Pflichtengleichlauf im privatrechtlichen Haftungsstandard. In der Literatur ist diese Haltung umstritten geblieben.[90] Klärend dürfte die EuGH-Entscheidung vom Mai 2013 wirken, in welcher das Gericht die Festlegung vertraglicher Folgen eines Richtlinienverstoßes der Kompetenz der Mitgliedstaaten überantwortet hat, solange die Grundsätze der Äquivalenz und der Effektivität gewahrt

---

86 *Koch* in: Schwark/Zimmer-KMRK, § 31d WpHG Rz. 114 f.; *Fuchs* in: Fuchs-WpHG, Vor §§ 31 bis 37a Rz. 76; a. A. (für Verbotsgesetzcharakter) *Assmann*, ZBB 2008, 21; *Mülbert*, ZHR 172 (2008), 201.
87 Für die vor dem 31.10.2007 geltende Fassung: BGH v. 19.12.2006 – XI ZR 56/05, BGHZ 170, 226 Rz. 18 = VersR 2007, 953 = NJW 2007, 1876; für die nach dem 31.10.2007 geltende Fassung: BGH v. 27.9.2011 – XI ZR 182/10, BGHZ 191, 119 Rz. 47 = NJW 2012, 66; a. A. *Spindler* in: Langenbucher/Bliesener/Spindler, 2013, 33. Kapitel Rz. 63 ff.; differenzierend *Fuchs* in: Fuchs-WpHG, Vor §§ 31 bis 37a Rz. 78.
88 BGH v. 17.9.2013 – XI ZR 332/12, NZG 2013, 1226 (1227 f.) Rz. 15 f.
89 In diesem Sinne (d. h. für einen europarechtlich vorgegebenen Mindeststandard): *Emmerich* in: MünchKomm-BGB § 311 Rz. 116; *Schwark* in: Schwark/Zimmer-KMRK, Vor §§ 31 ff. WpHG Rz. 15 f.; wohl auch *Grundmann*, WM 2012, 1745 (1752 f.); *Klöhn*, ZIP 2011, 2244 (2246); mit Blick auf die Schutzgesetzeigenschaft des § 20a WpHG ebenso *Hellgardt*, AG 2012, 154 (161 f.). Für eine Maximalharmonisierung (zivilrechtliche Sanktionen dürfen nicht über europarechtlichen Standard hinausschießen) hingegen: *Mülbert*, WM 2007, 1149 (1157); ders., ZHR 172 (2008), 169 (183 ff.); für Vollharmonisierung: *Herresthal*, ZBB 2012, 89 (94 ff.); ders., WM 2012, 2261 (2263 ff.). Diff. *Roth*, ZBB 2012, 429 (436 ff.); diff. auch *Veil/Lerch*, WM 2012, 1605 (1611); *Veil*, ZBB 2008, 34 (36) und *Köndgen*, NJW 1996, 558 (569) („Doppelnatur").
90 Sowohl Maximalharmonisierung als auch zivilrechtliche Mindesthaftung ablehnend: *Grigoleit*, Bankrechtstag 2012, S. 25, 37 f.; ders., ZHR 177 (2013), 264 (271 ff.); *Habersack*, Bankrechtstag 2010, S. 1, 11 f.; (nur) gegen Maximalharmonisierung *Schwark* in: Schwark/Zimmer-KMRK, Vor §§ 21 ff. Rz. 16; *Veil*, ZBB 2008, 34 (41 f.).

werden.[91] Mit dem BGH wird man nicht annehmen können, dass nur ein Gleichklang von Aufsichtsrecht und Zivilrecht eine hinreichende Sanktion im Sinne des europarechtlichen Effektivitätsprinzips oder des Äquivalenzgebots darstellt.[92] Dann widerspricht es aber dem Regelungsinstrument der Richtlinie, die Wahl geeigneter Umsetzung durch die Einforderung eines strengen Gleichlaufs von öffentlicher und privater Normdurchsetzung einzuschränken.

Für das hier verfolgte Leitthema der Leistungsfähigkeit des deutschen Haftungsinstrumentariums folgt hieraus eine wichtige Schlussfolgerung. Wegen der beschriebenen Zielrichtung des WpHG sowie der MiFID sind zahlreiche Regelverstöße jedenfalls dann der privaten Normdurchsetzung nicht zugänglich, wenn der zivilrechtlich zu beachtende Pflichtenstandard an den aufsichtsrechtlichen nicht heranreicht.

(c) (Kein) Pflichtengleichlauf zwischen aufsichtsrechtlicher Standardisierung und bürgerlich-rechtlicher Haftung

Ob diese Situation überhaupt eintreten kann oder nicht vielmehr von einer sogenannten „Ausstrahlungswirkung" aufsichtsrechtlicher Vorgaben auf die bürgerlich-rechtliche Haftung ausgegangen werden muss, ist auch unter denjenigen Stimmen umstritten, die eine europarechtliche Verklammerung ablehnen.[93]

Der BGH tritt einem solchen Pflichtengleichlauf in seiner jüngsten Lehmann-Entscheidung ausdrücklich entgegen. Markant wird dort formuliert, „die Verhaltens-, Organisations- und Transparenzpflichten der §§ 31 ff. WpHG [...] sind ausschließlich öffentlich-rechtlicher Natur und wirken deshalb auf das zivilrechtliche Schuldverhältnis [...] nicht ein".[94] Auch eine Schutzgesetzeigenschaft komme nicht in Betracht.[95] In diesem Zusammenhang ver-

---

91 EuGH v. 30.5.2013 – C-604/11 (Genil 48SL u. a./Bankinter SA u. a.) NZG 2013, 786 Rz. 57, 58 mit Anm. *Lieder*, LMK 2013, 349404; *Möllers/Poppele*, ZGR 2013, 437 (469); an einer Einwirkung auf das Vertragsrecht festhaltend hingegen *Herresthal*, ZIP 2013, 1417 (1420 f.).
92 BGH v. 17.9.2013 – XI ZR 332/12, NZG 2013, 1226 Rz. 29 ff.; hierzu *Wiechers*, WM 2014, 145 f.
93 Für einen Pflichtgleichlauf von Aufsichtsrecht und Privatrecht etwa *Krüger*, NJW 2013, 1845 (1847); diff. *Köndgen*, JZ 2012, 260; offen *Möllers/Poppele*, ZGR 2013, 437 (469 f.).
94 BGH v. 17.9.2013 – XI ZR 332/12, NZG 2013, 1226 (1227 f.) Rz. 16; hierzu *Wiechers*, WM 2014, 145 (146).
95 BGH v. 17.9.2013 – XI ZR 332/12, NZG 2013, 1226 (1228) Rz. 21; offene Formulierung etwa noch in BGH v. 19.12.2006 – XI ZR 56/05, VersR 2007, 953–955 = NJW 2007, 1876 (1878) Rz. 18 („keine eigenständige, über die zivilrechtlichen Aufklärungs- und Beratungspflichten hinausgehende schadensersatzrechtliche Bedeutung").

weist das Gericht auf die Zuständigkeit der BaFin zur aufsichtsrechtlichen Sanktionierung sowie auf § 4 Abs. 4 FinDAG, wonach die Behörde ihre Zuständigkeiten ausschließlich im öffentlichen Interesse wahrnimmt.[96] Für die Frage, inwieweit private Normdurchsetzung die behördliche Zuständigkeit ergänzen kann, wird man dem zwar nichts entnehmen können. Gewicht hat aber der Rekurs auf die Gesetzesmaterialien,[97] wonach eben diese Ergänzung nicht intendiert war.[98] Darüber dürfte man sich de lege lata kaum hinwegsetzen können.[99]

(2) Nicht standardisierte Haftung für Beratung

Damit sind wir bei der Frage nicht gesetzlich standardisierter Haftung für Vermittlung und Beratung angelangt. Ein Ausschnitt aus diesem Fragenkreis begegnet uns als „bürgerlich-rechtliche Prospekthaftung im weiteren Sinne", die an der Inanspruchnahme von Vertrauen auf die Stellungnahme eines Experten ansetzt.[100] Mit der Zunahme von Klagen enttäuschter Anleger in den vergangenen Jahren ist daneben ein fein ausdifferenziertes System für die Beurteilung des Pflichtenstandards in einer Anlageberatungssituation entstanden, welches im Grundsätzlichen aber auch in vielen Detailfragen umstritten ist. Es überrascht nicht, dass dabei die Parteinahme für die eine oder die andere Sicht eng mit dem jeweils zugrunde gelegten Anlegerleitbild zusammenhängt.[101]

(a) Marktrational-optimistische Bausteine

Wer marktrational-optimistisch argumentiert, wird vom Anleger ein Grundmaß an Risikobewusstsein, Marktkenntnis und Informationsbereitschaft einfordern. Leitbild dieser Sicht ist der auf Augenhöhe ausgehandelte Kaufvertrag als Festpreisgeschäft, dem ein natürlicher Interessengegensatz zwischen Anleger und Produktverkäufer zu eigen ist. Zu den dogmatischen Bausteinen dieses Ansatzes zählt etwa die Prämisse des BGH, die beratende Bank habe nicht darüber aufzuklären, dass sie mit dem Vertrieb ihrer Produkte Geld verdient. Für den Kunden sei es, so das Gericht, „bei der gebotenen normativ-objektiven Betrachtungsweise offensichtlich, dass die Bank

---

96 BGH v. 17.9.2013 – XI ZR 332/12, NZG 2013, 1226 (1228) Rz. 19.
97 BGH v. 17.9.2013 – XI ZR 332/12, NZG 2013, 1226 (1228) Rz. 18.
98 BT-Drucks. 16/4028, S. 53, 65; 16/4899 S. 12.
99 Im Ergebnis ebenso Grigoleit, Bankrechtstag 2012, S. 25, 39; ders., ZHR 177 (2013), 264 (278 f.); krit. etwa *Harnos*, BKR 2014, 1 (4); *Schmidt* in: FS Schwark, 2009, S. 753, 766 ff.
100 BGH v. 22.3.1979 – VII ZR 259/77, BGHZ 74, 103 = NJW 1979, 1449.
101 Für ein „bewegliches System" der Pflichtenkonkretisierung *Grigoleit*, Bankrechtstag 2012, S. 25, 55 f.

eigene (Gewinn-)Interessen verfolgt"[102]. „Ein Umstand, der [...] im Rahmen des Kaufvertrags offensichtlich ist, lässt innerhalb des Beratungsvertrags seine Schutzwürdigkeit entfallen".[103] Als weiteren Baustein dieses Leitbilds mag man die Ablehnung einer Aufklärungspflicht über das Nichteingreifen eines Einlagensicherungssystems einordnen, wenn zuvor über das allgemeine Emittentenrisiko aufgeklärt wurde.[104] Ein marktrational-optimistischer Anleger wird auch vorausgesetzt, wenn Aufklärungspflichten schon durch Übergabe des Prospekts erfüllt werden können, jedenfalls soweit von diesem noch rechtzeitig Kenntnis genommen werden kann.[105] Dasselbe gilt, wenn angenommen wird, Interessenkonflikte seien vom beratenen Anleger sozusagen einzupreisen. Weil diesem klar sei, dass Berater entgeltlich arbeiten, darf auf der Grundlage dieses Leitbilds zudem als bekannt vorausgesetzt werden, dass etwa nur hauseigene oder jedenfalls nach möglicherweise sachfremden Kriterien ausgesuchte Produkte empfohlen werden. Der marktrational-optimistische Anleger wird dem durch das Einholen verschiedener Beratungsvorschläge entgegentreten und jedenfalls einen „einfachen Rechenschritt"[106] vornehmen können. Immerhin darf sich diese Sicht für die Annahme, dass aus dem Vorhandensein von Interessenkonflikten keineswegs notwendig eine Qualitätseinbuße bei dem empfohlenen Produkt folgt, auf jüngere finanzökonomische Laborexperimente berufen.[107]

---

102 BGH v. 17.9.2013 – XI ZR 332/12, NZG 2013, 1226 Rz. 11 = GWR 2013, 496 m. Anm. *Flick* = WuB I G1-3.14 m. Anm. *Buck-Heeb*; ähnlich BGH v. 19. 12. 2006 – XI ZR 56/05, VersR 2007, 953–955 = NJW 2007, 1876 (1878) Rz. 21. Zust. *Herresthal*, ZBB 2012, 89 (99 f.); *Mann*, WM 2013, 727 (732 f.); *Mülbert*, ZHR 177 (2013), 160 (186). Dezidiert für einen „Entgeltlichkeitsgrundsatz" *Grigoleit*, ZHR 177 (2013), 264 (292, 296). Empirisch dürfte sich diese Annahme kaum belegen lassen, vgl. *Klöhn*, ZIP 2010, 1005 (1008 f.). Das ist allerdings, wie der BGH durch den Zusatz „normativ-objektiv" andeutet, offenbar auch nicht gemeint (anders noch BGH v. 19.12.2006 – XI ZR 56/05, VersR 2007, 953–955 = NJW 2007, 1876 (1878) Rz. 21 mit insoweit zust. Anm. *Schäfer/Schäfer*, BKR 2007, 163 (164): „Ebensowenig [ ] kann ein Anlageinteressent [ ] vernünftigerweise erwarten *und erwartet auch nicht*" Hervorhebung v. Verf.). Stattdessen scheint das Gericht nunmehr ein Anlegerleitbild normativ vorgeben zu wollen, unabhängig davon, ob dieses (bereits) der Empirie entspricht. Hiermit sind freilich eigene Probleme verbunden.
103 BGH v. 17.9.2013 – XI ZR 332/12, NZG 2013, 1226 Rz. 11.
104 BGH v. 27.9.2011 – XI ZR 182/10, NZG 2012, 25; BGH v. 27.9.2011 – XI ZR 178/10, NJW-RR 2012, 43; BGH v. 26.6.2012 – XI ZR 316/11, NZG 2012, 1185; BGH v. 26.6.2012 – XI ZR 355/11, BKR 2013, 17; zust. *Grigoleit*, ZHR 177 (2013), 264 (283); *Herresthal*, ZBB 2012, 89 (98); krit. *Grundmann*, WM 2012, 1745 (1747); *Klöhn*, ZIP 2011, 2244.
105 Jüngst BGH v. 12.12.2013 – III ZR 404/12, NZG 2014, 144 Rz. 12; außerdem BGH v. 5.3.2009 – III ZR 17/08, VersR 2010, 112 = NZG 2009, 471 Rz. 12 (m. w. N.); ähnlich wird argumentiert in BGH v. 14.1.2014 – XI ZR 355/12, NZG 2014, 307 (309) Rz. 24 ff. (Behaltensklausel); zu Behaltensklauseln *Mülbert*, WM 2009, 481.
106 BGH v. 12.12.2013 – III ZR 404/12, NZG 2014, 144 Rz. 16.
107 Zur Unsicherheit, ob Provisionsgebundenheit tatsächlich zur schlechteren Anlageempfehlung führt vgl. *Chater/Huck/Inderst* a.a.O. (Fn. 24) S. 257 ff.

(b) Marktrational-pessimistische Bausteine

Als marktrational-pessimistisch mag man demgegenüber Versuche bezeichnen, aus der inzwischen in zahllosen verhaltensökonomischen Studien festgestellten Inkompetenz und Irrationalität vieler Anlageentscheidungen, zum Teil in Verbindung mit der systematischen Nutzung dieser Effekte durch verkaufende Finanzprodukthersteller,[108] auf weit verbreitete Beratungsbedürftigkeit zu schließen. Zu den Bausteinen dieser Herangehensweise lässt sich die im Bond-Urteil eingeläutete Unterstellung eines konkludenten Beratungsvertrags zählen.[109] Noch weiter führen Vorschläge, geschäftsbesorgungsrechtliche Elemente in jede Anlagesituation zu importieren, ohne diese durch kaufvertragliche Wertungen anzureichern. Unabhängig von der – aus der Perspektive des Anlegers ohnehin zufälligen – rechtlichen Einkleidung sei stets der dem Festpreisgeschäft inhärente Interessengegensatz durch den Grundsatz der Fremdnützigkeit des Kommissionsverhältnisses zu ersetzen.[110] Einen eigenen Akzent setzt die marktrational-pessimistische Sichtweise auch mit Blick auf die Aufklärung über Interessenkonflikte.[111] Dem Anleger sind diese entweder schon gar nicht gegenwärtig – hierfür darf man sich auf breite Empirie berufen[112] – oder er zieht jedenfalls nicht die richtigen Schlüsse, was die Werthaltigkeit oder die Risikoneigung der angebotenen Anlage angeht.[113] Argumente dieser Provenienz findet man in Gerichtsentscheidungen, die eine Aufklärungspflicht zwar nicht über eigene Gewinninteressen der Bank, wohl aber über Rückvergütungen bejaht ha-

---

[108] Hierzu *Köndgen*, JZ 2012, 260 (262) unter Verweis auf *Henderson/Pearson*, The Dark Side of Financial Innovation, EFA 2009 Bergen Meetings Paper, Februar 2009, http://papers.ssrn.com/abstract=1342654.

[109] BGH v. 6.7.1993 – XI ZR 12/93, VersR 1993, 1236 = NJW 1993, 2433; krit. etwa *Grigoleit*, Bankrechtstag 2012, S. 25, 31 ff.; *Herresthal*, ZBB 2012, 89 (93 f.) (beide für außervertragliche Schutzpflichten); *Hopt*, WM 2009, 1873 (1878); *Krüger*, NJW 2013, 1845; *Mülbert*, ZHR 177 (2013), 160 (175); *Spindler*, NJW 2011, 1920 f.; *Wagner*, DStR 2003, 1757 (1760); i. Erg. befürwortend *Buck-Heeb*, WM 2012, 625; dies., ZIP 2013, 1401; kein Beratungsvertrag kommt beim „execution-only"-Geschäft zustande, Warnpflichten können aber bei positiver Kenntnis oder der objektiven Evidenz einer Fehlberatung durch vorgelagerte Dienstleister entstehen, hierzu zuletzt BGH v. 19.3.2013 – XI ZR 431/11 „DAB Bank/Accessio AG", BGHZ 196, 370 = NJW 2013, 3293; hierzu *Wiechers*, WM 2014, 145 (148 f.).

[110] *Köndgen*, JZ 2012, 260 (262); ders. in: FS Canaris, 2007, S. 183, 204 ff.; ähnlich *Grundmann*, WM 2012, 1745 (1748 f.); auch bei der Anwendbarkeit von Geschäftsbesorgungsrecht für die Zulässigkeit von Rückvergütungen *Grigoleit*, ZHR 177 (2013), 264 (292); umgekehrt für Fremdnützigkeit auch beim Festpreisgeschäft *Schwab*, BKR 2011, 450 (452).

[111] Zu Anforderungen an organisatorische Maßnahmen der Vermeidung von Interessenkonflikten: § 27 Abs. 2 KAGB.

[112] *Chater/Huck/Inderst* a.a.O. (Fn. 24).

[113] Aus der Rechtsprechung: BGH v. 12.12.2013 – III ZR 404/12, NZG 2014, 144 Rz. 11 ff. (geschlossener Immobilienfonds). Aus der Literatur: *Klöhn*, ZIP 2011, 2244.

ben.[114] Noch weiter gehen Stellungnahmen, die eine durchgängige Aufklärung über das „Ob" und „Wie" von Interessenkonflikten fordern.[115]

(c) Paternalistische Bausteine

Paternalistische Bausteine verlangt demgegenüber nicht nur, wer nach gesetzgeberischer Hilfestellung ruft, die sich etwa in Produktverboten[116] oder auch im jüngsten Vorstoß zur Honoraranlageberatung[117] manifestiert. Einen wirksamen Schutz des Anlegers vor sich selbst sucht auch, wer Aufklärung verlangt, welche die Parteien „auf Augenhöhe" befördert. Ob der BGH in seiner viel kritisierten Zinswette-Entscheidung tatsächlich einen dahingehenden vollständigen Abbau von Informationsasymmetrien gefordert hat, mag dahinstehen.[118] Immerhin verrät die Entscheidung trotz des kaufmännischen Anlegers, der wie berichtet durch eine Volkswirtin vertreten wurde, die Parteinahme für ein paternalistisches Leitbild, das jedenfalls beim Verkauf ungewöhnlich risikoreicher Produkte zugrunde zu legen sei.

Die Beantwortung der Frage nach den Chancen und Herausforderungen von Anlegerschutz durch Haftung hängt damit gleich in doppelter Hinsicht vom maßgeblichen Anlegerleitbild ab. Je paternalistisch-schützender der verfolgte Ansatz, desto höher sind die Erwartungen an das Glücken von Anlegerschutz durch Privatrecht. Damit einher geht die Befürwortung weit ausgreifender Haftungsregeln. Diese sind den Vertretern marktrationaler Ansätze Zeichen übertriebener Regulierung. Sind die Rahmenbedingungen des fairen und informierten Vertragsschlusses gewahrt, soll sich Anlegerschutz bereits mit einem Grundbestand an anlegerschützenden Haftungsnor-

---

114 Siehe BGH v. 19.12.2006 – XI ZR 56/05, VersR 2007, 953–955 = NJW 2007, 1876 (1878 f.) Rz. 23 m. insoweit krit. Anm. *Schäfer/Schäfer*, BKR 2007, 163 (164); BGH v. 19.12.2000 – XI ZR 349/99, BGHZ 146, 235 (239) = VersR 2001, 1517 = NJW 2001, 962 ff.
115 *Grundmann*, WM 2012, 1745 (1750 f.).
116 Vorschriften zur Produktregulierung finden sich insbesondere im Investmentrecht, vgl. §§ 151, 162, 229, 266, 284 KAGB; zur Diskussion um Produktverbote im engeren Sinn gemäß Art. 9 Abs. 2, Abs. 5 VO EU Nr. 1095/2010, ABlEG vom 15.12.2012, L 331, S. 84 sowie Art. 40 ff. VO EU Nr. 600/2014, ABlEG vom 12.6.2014, L 173, 84 und § 4 Abs. 2 S. 2 WpHG etwa *Cahn/Müchler*, BKR 2013, 45 (47 ff.); *Köndgen* in: FS Hopt, 2010, S. 2113, 2137 f.; *Möllers/Poppele*, ZGR 2013, 437 (455), zum Investmentrecht 477.
117 § 31 Abs. 4b bis 4d WpHG-E, Inkrafttreten am 1. August 2014, hierzu *Grigoleit*, ZHR 177 (2013), 264 (297 ff.); *Reiter/Methner*, WM 2013, 2053; zum Modell in Art. 24 MiFID II *Grundmann*, WM 2012, 1745 (1753); außerdem *Kuhlen/Tiefensee*, VuR 2013, 49.
118 Kritik etwa bei *Grigoleit*, Bankrechtstag 2012, S. 25, 42 ff. („totaler Informationstransfer"); ders., ZHR 177 (2013), 264 (283 f.); *Herresthal*, ZIP 2013, 1049; *Koch*, BKR 2012, 485 (488); vorsichtiger *Kropf*, ZIP 2013, 401 (402); siehe auch *Clouth*, ZHR 177 (2013), 212; diff. auch *Grundmann*, WM 2012, 1745 (1747); *Köndgen*, BKR 2011, 283; *Möllers/Poppele*, ZGR 2013, 437 (474); *Spindler*, NJW 2011, 1920.

men verwirklichen lassen.[119] Vermittelnd präsentieren sich marktrational-pessimistische Stellungnahmen, denen es im Wesentlichen darauf ankommt, die Qualität von Beratung für eine möglichst breite Anlegerpopulation zu verbessern. Es wurde bereits gesagt, dass der Mangel an gesetzlicher Vorprägung der Beratungshaftung die Unsicherheiten in der Formulierung des jeweils maßgeblichen Anlegerleitbilds noch verstärkt. Was die Chancen privater Normdurchsetzung anbelangt, führt dies insbesondere wegen der hiermit einhergehenden Rechtsunsicherheit und den korrespondierenden Rechtsverfolgungskosten zu erheblichen Defiziten.[120]

Bevor wir abschließend die private Normdurchsetzung mit der aufsichtsbehördlichen kontrastieren, lohnt es sich, einen kurzen Blick auf zwei besonders deutliche strukturelle Schwächen des deutschen Haftungsinstrumentariums zu werfen, nämlich die Bewältigung haftungsbegründender Kausalität sowie die Ermittlung des ersatzfähigen Schadens. Auch von der dogmatischen Bewältigung der hier aufgeworfenen Probleme hängt die Frage ab, inwieweit Anlegerschutz auf privatrechtlichem Weg gelingen kann.

c) Strukturelle Schwächen: haftungsbegründende Kausalität

Den mitunter schwierigen Nachweis, dass gerade wegen des unrichtigen Börsenprospekts gekauft oder bei fehlerfreier Beratung die Anlageentscheidung nicht getroffen worden wäre, hätte nach allgemeinen bürgerlich-rechtlichen Grundsätzen der Anleger zu erbringen.

(1) Standardisierte Kausalität

Hiervon weicht die gesetzliche Prospekthaftung seit Langem ab. Die §§ 21 WpPG, 20 VermAnlG und 12 WpÜG statuieren eine widerlegliche Vermutung, wonach ohne den Prospektfehler die Anlageentscheidung nicht getroffen worden wäre. Das Börsenprospektrecht erstreckt diese Vermutung auf sechs Monate, für den außerbörslichen Anlagenprospekt gilt sie zwei Jahre lang.

Auffällig ist das Fehlen einer entsprechenden Kausalitätsvermutung für das Investmentrecht des KAGB. Der Gesetzesbegründung lässt sich nicht mehr als ein Hinweis auf die Vorgängernorm des § 127 InvG entnehmen,[121] die

---

119 *Alan Schwartz*, Two Culture Problems in Law and Economics, Yale Law School, Studies in Law, Economics and Public Policy, Research Paper No. 432.
120 In eine ähnliche Richtung argumentierend *Mülbert*, ZHR 177 (2013), 160 (198).
121 BT-Drucks. 17/12294, S. 283.

ebenso wenig eine dahingehende Vermutung enthielt wie deren Vorläufer in § 20 KAGG.[122] Eine Kausalitätsvermutung fehlt auch bei der Haftung für ein unrichtiges Vermögensanlagen-Informationsblatt[123] sowie in den §§ 37b, 37c WpHG.

(2) Nicht standardisierte Kausalität

Außerhalb gesetzlich standardisierter Haftung hat die Rechtsprechung an manchen Stellen Beweiserleichterungen geschaffen. Für die Geltendmachung eines Anspruchs aus bürgerlich-rechtlicher Prospekthaftung wird zugunsten des Anlegers vermutet, der fehlerhafte Prospekt habe eine „Anlagestimmung" geschaffen. Es darf deshalb davon ausgegangen werden, dass ohne diese Anlagestimmung die Investitionsentscheidung nicht erfolgt wäre.

Eng verwandt mit der Denkfigur der „Anlagestimmung" ist die Vermutung aufklärungsrichtigen Verhaltens, auf die sich der fehlerhaft beratene Anleger berufen darf.[124] Sie nimmt ihm den Nachweis ab, er hätte bei korrekter Aufklärung die unvorteilhafte Anlageentscheidung nicht getroffen. Die Gewähr dieser Beweislastumkehr[125] knüpft die jüngste Rechtsprechung insbesondere nicht mehr an die Bedingung, es habe bei fehlerfreier Aufklärung nur diese eine Möglichkeit aufklärungsrichtigen Verhaltens gegeben.[126] Hierfür beruft sich das Gericht unter anderem auf die Parallele zur Prospekthaftung, die eine derartige Einschränkung ebenso wenig kenne.[127]

Anders entscheidet die Rechtsprechung bei der Beurteilung der deliktsrechtlichen Marktinformationshaftung gemäß § 823 Abs. 2 BGB in Verbindung mit § 400 AktG oder gemäß § 826 BGB.[128] Fehle es an einem Prospekt, werde keine „Anlagestimmung" hervorgerufen. Beweisbelastet bleibt folglich

---

122 Positiv gewürdigt von *Möllers* in: Möllers/Kloyer a.a.O. (Fn. 12) S. 247, 253.
123 *Hanten/Reinholz*, ZBB 2012, 36 (47); vgl. auch *Müchler*, WM 2012, 974 (978) (zur Vorgängernorm des § 127 InvG).
124 Hierzu *Canaris* in: FS Hadding, 2004, S. 3; *Heusel*, ZBB 2012, 461; *Schwab*, NJW 2012, 3274.
125 So ausdrücklich BGH v. 8.5.2012 – XI ZR 262/10, VersR 2013, 628 = NZG 2012, 950 (953) Rz. 29, dort wird vom Anscheinsbeweis Abstand genommen; zum österreichischen Recht *Kalss*, ZBB 2013, 126 (133) (Anlagestimmung nicht anerkannt).
126 BGH v. 8.5.2012 – XI ZR 262/10, NZG 2012, 950 (953) Rz. 29 ff. in Abkehr von der eigenen Rechtsprechung zum Vorliegen eines „Entscheidungskonflikts"; krit. *Grigoleit*, ZHR 177 (2013), 264 (294); *Mülbert*, ZHR 177 (2013), 160 (198); zum österreichischen Recht *Kalss*, ZBB 2013, 126 (133) (keine Beweislastumkehr, aber Beweiserleichterung).
127 BGH v. 8.5.2012 – XI ZR 262/10, VersR 2013, 628 = NZG 2012, 950 (953) Rz. 34.
128 Krit.: *Bachmann* in: Bachmann/Casper/Schäfer/Veil, Möglichkeiten und Grenzen einer bürgerlich-rechtlichen Informationshaftung, 2007, S. 93, 134; *Hopt*, WM 2009, 1873 (1878); *Schäfer*, NZG 2005, 985 f.

der Anleger. Obwohl ein Prospekt vorliegt, sieht es die herrschende Meinung für die investmentrechtliche Prospekthaftung ebenso. So ist eine erstinstanzliche Entscheidung, die in der mangelnden Kodifizierung einer Anlagestimmung ein Redaktionsversehen erblickt hat, vereinzelt geblieben.[129] Die Berufungsinstanz ist dem nicht gefolgt[130] und lehnt mit der herrschenden Meinung eine „Anlagestimmung" im Investmentrecht ab.[131]

Ausdrücklich abgelehnt hat der BGH jüngst auch eine Beweiserleichterung bei der Inanspruchnahme des Emittenten wegen unterlassener Ad-hoc-Information. Diese rufe weder eine „Anlagestimmung" hervor, die in Umfang oder Wirkung einem Prospekt entspreche, noch gehe es um den Schutz individueller Entscheidungsfreiheit, wie dies bei der Beratung der Fall sei.[132] Bei näherem Hinsehen akzeptiert der XI. Senat aber doch eine ganz erhebliche Erleichterung für den geschädigten Anleger, indem eine Art „Wahlfeststellung" zugelassen wird. Dem Anleger wird die Möglichkeit eröffnet, entweder den kaum erbringbaren Beweis der Nichtvornahme der Transaktion anzutreten oder stattdessen zu zeigen, dass die Transaktion zu einem anderen Kurs erfolgt wäre. Hierin steckt genuin kapitalmarktrechtliches Gedankengut, das an die US-amerikanische Fraud-on-the-market-Theorie erinnert[133] – die der II. Senat freilich bei anderer Gelegenheit ausdrücklich verworfen hat[134] und die in den USA derzeit auf dem Prüfstand steht.[135]

---

129 LG Frankfurt BKR 2003, 162 (165) (zum InvG).
130 OLG Frankfurt BKR 2003, 989 (993).
131 EDDH-*Heisterhagen*, § 127 InvG, Rz. 36 m. w. N.
132 BGH v. 13.12.2011 – XI ZR 51/10 „IKB", NZG 2012, 263 (269) Rz. 62; krit. *Spindler*, NZG 2012, 575 (578 f.); *Wagner*, ZGR 2008, 495 (528 f.); Kritik an einer rein quantitativen Betrachtung auch bei *Langenbucher* a.a.O. (Fn. 24) § 17 Rz. 151 ff., 188.
133 Für die konkrete Gerichtsentscheidung: *Hopt* in: Kalss/Torggler a.a.O. (Fn. 42) S. 55 (71 f.); erwogen von *Klöhn*, AG 2012, 345 (357); *Mülbert*, ZHR 177 (2013), 160 (197); allg. im Zusammenhang der deliktsrechtlichen Haftung *Bachmann* in: Bachmann/Casper/Schäfer/Veil a.a.O. (Fn. 128) S. 93, 135; *Baums*, ZHR 167 (2003), 139 (180 ff.); *Fleischer*, DB 2004, 2031 (2034); diff. *Wagner*, ZGR 2008, 495 (531 f.) (nur für Differenzschaden).
134 BGH v. 28.11.2005 – II ZR 80/04, NZG 2007, 345 (346) „ComROAD I"; BGH v. 28.11.2005 – II ZR 246/04, NZG 2007, 346 (347) „ComROAD II"; BGH v. 26.6.2006 – II ZR 153/05, VersR 2007, 1426 = NZG 2007, 269 „ComROAD III"; BGH v. 4.6.2007 – II ZR 147/05, VersR 2008, 549 = NZG 2007, 708 (709) „ComROAD IV"; BGH v. 4.6.2007 – II ZR 173/05, NZG 2007, 711 (713) „ComROAD V"; ebenso jüngst der VI. Senat: BGH v. 4.6.2013 – VI ZR 288/12, VersR 2013, 1144 = NJW-RR 2013, 1448 (1451) Rz. 25 („Dauerkausalität [...] rechtlich unvertretbar"); siehe auch *Wagner*, ZGR 2008, 495 (506 f.).
135 Zur bevorstehenden Entscheidung des Supreme Courts in der Sache Halliburton siehe *Bebchuck/Ferell*, 69 The Business Lawyer (2014), 671.

d) Strukturelle Schwächen: Haftungsausfüllung

Damit kommen wir zur Frage der Haftungsausfüllung.

(1) Standardisierte Rechtsfolgen

Gesetzlich vorgeprägte Haftungstatbestände arbeiten einspurig: Wertpapierprospektgesetz, Vermögensanlagengesetz und Wertpapiererwerbs- und Übernahmegesetz setzen voraus, dass die Transaktion unterblieben wäre. Der Anspruch richtet sich konsequent auf Übernahme der Wertpapiere durch den Emittenten[136] gegen Erstattung des Erwerbspreises.[137] Ist der Erwerber nicht mehr Inhaber des Papiers, kann die Differenz zwischen Erwerbspreis und Veräußerungspreis verlangt werden. Die Wahl, stattdessen das Papier zu behalten und den Kursdifferenzschaden zu liquidieren, gewährt die gesetzliche Informationshaftung nicht. Der gesetzlich standardisierten Rückabwicklungslösung hat sich auch das KAGB angeschlossen, ohne allerdings die Beweiserleichterung zu übernehmen. Zur Bewältigung gesellschaftsrechtlicher Folgeprobleme, die sich bei einem Anspruch auf Rücknahme der Anteile gegen die Verwaltungsgesellschaft ergeben können, eignet sich das KAGB nicht.[138]

(2) Nicht standardisierte Rechtsfolgen

Außerhalb der gesetzlich standardisierten Rechtsfolgen übernimmt auch die bürgerlich-rechtliche Prospekthaftung das einspurige Modell. Der Anspruch richtet sich auf Rückgewähr des Erwerbspreises Zug um Zug gegen Übergabe der Anteile. Den soeben für das Investmentrecht angesprochenen gesellschaftsrechtlichen Verwerfungen entgeht man, indem die Fondsgesellschaft von vornherein kein tauglicher Haftungsschuldner ist, das Problem der Rücknahme eigener Anteile sich mithin nicht stellt.[139] Auf der Rechtsfolgenseite einspurig ausgestaltet ist im Grundsatz auch die Beratungshaftung. „Der Wiederherstellungsanspruch des Anlegers", so der BGH, „ist [...] nicht auf den

---

136 Zum Rücktritt gesellschaftsrechtlicher Kapitalerhaltungsgrundsätze *Langenbucher* a.a.O. (Fn. 24) § 14 Rz. 74.
137 Bei der übernahmerechtlichen Angebotsunterlage wird häufig Herstellung nicht möglich und nach § 251 Abs. 1 BGB Entschädigung in Geld zu leisten sein, Langenbucher a.a.O. (Fn. 24) § 18 Rz. 78 m. w. N.
138 Für das Parallelproblem der Kollision von aktienrechtlichem Kapitalerhaltungsgrundsatz und kapitalmarktrechtlicher Prospekthaftung: *Bayer*, WM 2013, 961 (zum derzeit anhängigen EuGH-Verfahren); ders. in: *Kalss/Torggler* a.a.O. (Fn. 42) S. 31 ff.; *Langenbucher*, ZIP 2005, 239; aus österreichischer Sicht *Rüffler* in: Kalss/Torggler a.a.O. (Fn. 42) S. 1, 14 ff.
139 *Nobbe*, WM 2013, 193 (200), dort auch zum Streit um die Haftung der Komplementär-GmbH; zum Problem jüngst *Schäfer*, GWR 2014, 25; ders. in: Kalss/Torggler a.a.O. (Fn. 42) S. 17 ff.; ders., ZIP 2012, 2421; allg. zur Naturalrestitution *Wagner*, ZGR 2008, 495 (508 f.).

Ausgleich eines Minderwerts der Kapitalanlage gerichtet,[140] sondern auf Ersatz für die durch den Erwerb der Kapitalanlage eingetretenen Einbußen".[141]

Zweispurig erfolgt hingegen die Wahlfeststellungslösung des BGH für Ansprüche nach den §§ 37b, 37c WpHG. Der Anleger kann sich entscheiden, ob er den Vertragsabschlussschaden liquidiert, sofern ihm der Beweis gelingt, er hätte bei korrekter Marktinformation nicht gehandelt. Alternativ kann er den Kursdifferenzschaden ersetzt verlangen.[142] Pate hierfür mag die deliktsrechtliche Marktinformationshaftung der Urteile Comroad, Infomatec und EM.TV gestanden haben, in welchen das Gericht ebenfalls einen zweispurigen Ansatz verfolgt hat.[143]

In der Literatur hat dieser Ansatz nicht nur Lob erhalten.[144] Die Kritik erscheint berechtigt: Die Lösung der Rechtsprechung überträgt ohne Not privatrechtliche Denkmuster des Schadens- und des Rücktrittsrechts auf die Marktinformationshaftung des kapitalmarkttypischen Dreipersonenverhältnisses.[145] Das wird man hinnehmen können, soweit das Deliktsrecht als Lückenfüller in die Bresche springen muss. Soweit der Gesetzgeber aber, wie in den §§ 37b, 37c WpHG, eine kapitalmarktrechtliche Haftungsanordnung geschaffen hat, sollte die Rechtsprechung die systematische Nähe zu den Schutzzwecken des Kapitalmarkt-, nicht des bürgerlichen Rechts

---

140 Hierfür etwa *Brocker*, BKR 2007, 365 (370).
141 BGH v. 13.11.2012 – XI ZR 334/11, WM 2013, 124 Rz. 16; siehe weiter BGH v. 8.5.2012 – XI ZR 262/10, VersR 2013, 628 = NZG 2013, 950; BGH v. 19.12.2006 – XI ZR 56/05, VersR 2007, 953–955 = BKR 2007, 160 m. Anm. *Schäfer*; BGH v. 13.1.2004 – XI ZR 355/02, VersR 2004, 740–743 = WM 2004, 422 (424 f.); zum österreichischen Recht *Kalss*, ZBB 2013, 126 (132).
142 Vorgeformt von *Möllers*, ZBB 2003, 390 (400); ders., JZ 2005, 75 (78); *Möllers/Leisch* in: Kölner-Kommentar-WpHG, §§ 37b, 37c Rz. 243 ff.; dies., BKR 2002, 1071 (1072).
143 BGH v. 19.7.2004 – II ZR 218/03 „Infomatec I", VersR 2004, 1279 = NZG 2004, 816; BGH v. 19.7.2004 – II ZR 402/02 „Infomatec II", NZG 2004, 907; BGH v. 9.5.2005 – II ZR 287/02 „EM.TV", NZG 2005, 672; BGH v. 28.11.2005 – II ZR 80/04, NZG 2007, 345 „ComROAD I"; BGH v. 28.11.2005 – II ZR 246/04, NZG 2007, 346 „ComROAD II"; BGH v. 26.6.2006 – II ZR 153/05, NZG 2007, 269 „ComROAD III"; BGH v. 4.6.2007 – II ZR 147/05, NZG 2007, 708 „ComROAD IV"; BGH v. 4.6.2007 – II ZR 173/05, NZG 2007, 711 „ComROAD V"; BGH v. 7.1.2008 – II ZR 229/05, VersR 2008, 1366 = NZG 2008, 382 „ComROAD VI"; BGH v. 7.1.2008 – II ZR 68/06, VersR 2008, 1368 = NZG 2008, 385 „ComROAD VII"; BGH v. 3.3.2008 – II ZR 310/06, VersR 2008, 1694 = NZG 2008, 386 „ComROAD VIII".
144 Krit.: *Hellgardt*, DB 2012, 673 ff.; *Hopt*, WM 2013, 101 (108); *Klöhn*, AG 2012, 345 (352); *Mülbert*, ZHR 177 (2013), 160 (196 f.); *Schmolke*, ZBB 2012, 165 (175 ff.); im Kern positive Würdigung aber bei *Bachmann*, JZ 2012, 578 (580 f.); *Spindler*, NZG 2012, 575 (578).
145 Die hierin liegende *petitio principii* kritisiert *Spindler*, NZG 2012, 575 (578); krit. auch *Hellgardt*, DB 2012, 673 (677); *Klöhn*, AG 2012, 345 (354); *Langenbucher* a.a.O. (Fn. 24) § 17 Rz. 162 ff.; die Unterschiede zum prospekthaftungsrechtlichen Anspruch auf Rückabwicklung verdeutlicht *Fleischer*, BB 2002, 1860 (1870 f.).

suchen.[146,147] Jenes spricht für eine einspurige, auf Ersatz des Differenzschadens gerichtete Lösung.[148]

Im praktischen Ergebnis dürfte sich freilich für die meisten Fälle doch das von der herrschenden Literaturmeinung favorisierte Ergebnis eines Anspruchs auf den Ersatz des Kursdifferenzschadens ergeben.[149] Der Grund hierfür liegt in der soeben berichteten Beweislastverteilung. Der Nachweis, bei korrekter Marktinformation keine Transaktion vorgenommen zu haben, wird dem Anleger nur selten gelingen, das haben die Urteile Comroad, Infomatec und EM.TV gezeigt.[150] Chancenreich ist demgegenüber der Verweis auf die voraussichtlich abweichende Preisbildung am Kapitalmarkt, der konsequent zu einem Kursdifferenzschaden führt.

3. Konkurrenz: Anlegerschutz durch aufsichtsbehördlichen Eingriff

Die Beurteilung von Chancen und Risiken der privaten Normdurchsetzung im Recht des Anlegerschutzes wäre unvollständig, würden wir nicht einen abschließenden Seitenblick auf den Anlegerschutz durch aufsichtsbehördlichen Eingriff werfen.[151]

---

146 Der Vorwurf, die gegenwärtigen Aktionäre des Emittenten würden auf diese Weise sachwidrig zum Versicherer der (zufällig) als Schadensersatzgläubiger Auftretenden, obgleich diese Rollen im Marktgeschehen austauschbar seien (*Hopt*, WM 2013, 101 [108]; *Klöhn*, AG 2012, 345 [353]; mit anderer Ausrichtung *Coffee*, 60 Bus. Law. [2005], 533 [541 ff.]), lässt hingegen außer Acht, dass sich die gegenwärtigen Aktionäre immerhin eine gewisse Verantwortlichkeitszuweisung als Prinzipale des Emittenten, die eine Monitoring-Aufgabe trifft, gefallen lassen müssen. Zutreffend hingegen das allgemeiner gewendete Versicherungsargument von *Fleischer*, BB 2002, 1869 (1872) (keine Versicherung gegen ungünstige Marktentwicklungen).
147 Auch die weitergehende Sorge, es sei ein volkswirtschaftlich ineffizienter Anreiz zur Suche nach Informationen durch (Klein-)Anleger gesetzt worden (so *Hellgardt*, DB 2012, 673 [677]; *Schmolke*, ZBB 2012, 165 [175]) bzw. in Deutschland sei durch die Entscheidung der Preis für Portfoliodiversifizierung gestiegen (*Klöhn*, AG 2012, 345 [354 f.]), ist zu Recht als einigermaßen theoretisch verworfen worden, siehe Bachmann, JZ 2012, 578 [580, 582].
148 So die h. M. in der Literatur *Fleischer*, BB 2002, 1869 (1871); ders., ZIP 2005, 1805 (1809); *Klöhn*, AG 2012, 345 (353 f.); *Langenbucher* a.a.O. (Fn. 24) § 17 Rz. 167 ff.; dies., ZIP 2005, 239 (240); *Zimmer/Grotheer* in: Schwark/Zimmer-KMRK, §§ 37b, 37c WpHG Rz. 87 ff., 91 (zur Berechnung dort Rz. 92 ff.); *Wagner*, ZGR 2008, 495, 512 ff.; diff. *Sethe* in: Assmann/U.H. Schneider-WpHG, §§ 37b, 37c Rz. 88.
149 *Bachmann*, JZ 2012, 578 (581); *Bernuth/Wagner/Kremer*, WM 2012, 831 (836); *Schmolke*, ZBB 2012, 165 (176).
150 Zu dieser Einschätzung auch *Zimmer*, WM 2004, 9 (17); mit Blick auf das IKB-Urteil *Seibt*, EWiR 2012, 159 (160).
151 Eingehend zu den Reaktionsmöglichkeiten der BaFin *Gurlit*, ZHR 177 (2013), 862.

a) Instrumente

Die Breite denkbarer Reaktionsinstrumente der Aufsichtsbehörde hatten wir bereits angesprochen. Die BaFin ist zur Einleitung unterschiedlicher Einzelfallanordnungen etwa gemäß §§ 4 WpHG, 5 KAGB, 3 VermAnlG befugt. Ihr steht ein umfangreicher Bußgeldkatalog zur Verfügung und in Einzelfällen sind „naming and shaming"-Maßnahmen gestattet. Breit sind auch die Ansatzpunkte möglicher Verhaltenssteuerung, die von Zulassungs- und Verhaltenspflichten für Wertpapierfirmen über Transparenzvorschriften für Handelsplätze, Corporate-Governance-Anforderungen und Aufklärungspflichten bis hin zu Produktverboten reichen. Die Befugnisse der ESMA treten seit dem 1. Januar 2011 hinzu.[152] Eine Kompetenz dieser Behörde für Einzelfallanordnungen gegenüber Marktteilnehmern ist freilich bislang ein seltener Ausnahmefall.[153]

b) (Kein) Durchsetzungsvorsprung Privater

Kontrastiert man die aufsichtsbehördliche mit der privaten Normdurchsetzung, so spricht eine ganze Reihe von Argumenten für die aufsichtsbehördliche Normdurchsetzung. Die eingangs beschriebene Zufälligkeit in der Sanktionierung, abhängig etwa von der Verfügbarkeit kollektiver Klagemechanismen und der finanziellen Attraktivität für Klägeranwälte, wird durch den Amtsermittlungsgrundsatz öffentlicher Behörden vermieden. An die Stelle der eindimensionalen Gewähr nur von Schadensersatz tritt ein breites Spektrum von Reaktionsmöglichkeiten. Die Gefahr „räuberischer Anleger" fehlt bei aufsichtsbehördlicher Sanktionierung, übermäßig abschreckende Reaktionen vermeidet der Verhältnismäßigkeitsgrundsatz. Was die Beurteilung der Gefahren von „regulatory capture", also der Vereinnahmung des Regulierers durch die zu regulierende Branche, betrifft, stehen empirische Untersuchungen für Deutschland noch aus.[154] Gewicht hat hingegen der Verweis auf die Entlastungsfunktion privater Normdurchsetzung, dies nicht zuletzt mit Blick auf die Kapazitätsprobleme neu geschaffener europäischer Aufsichtsbehörden. Gleichwohl wird man die erhoffte Kostenersparnis im Justizapparat differenziert beurteilen müssen.[155]

---

152 Art. 40 VO EU Nr. 600/2014.
153 *Cahn/Müchler*, BKR 2013, 45 (47).
154 Dasselbe gilt für die in den USA beschworene Gefahr der Attraktivität des Wechsels vom öffentlichen in den privaten Sektor, die zu Vollzugsdefiziten führe („revolving door phenomen") *Cohen*, 30 Am. J. Pol. Sci. (1986), 689 ; *Easterbrook*, 28 J.L. & Econ. (1985), 454; *Gadinis*, 67 Bus. Law. (2012), 679, 715–722; *Gormley Jr.*, 23 American J Pol. Sci. (1979), 665.
155 Ein ähnliches Argument findet sich bei *Wagner*, CMLR 2014, 165 (181) (mit Blick auf ADR).

Die Durchmusterung des in Deutschland zur Verfügung stehenden dogmatischen Instrumentariums hat zudem deutliche Schwächen offenbart, insbesondere außerhalb der gesetzlich standardisierten Information. Von einem mit dem aufsichtsrechtlichen gleich gewichtigen Instrumentarium des bürgerlichen Rechts kann heute schon deshalb nicht ausgegangen werden, weil es an einem Pflichtengleichlauf zwischen Aufsichtsrecht und Privatrecht fehlt. Hinzu treten Unklarheiten im privatrechtlichen Pflichtenstandard sowie bei der Ermittlung der haftungsbegründenden Kausalität und der Art und Weise der Haftungsausfüllung.

c) Komplementarität privatrechtlicher Steuerung

Steht man der These eines Durchsetzungsvorsprungs Privater eher skeptisch gegenüber, darf gleichwohl nicht auf die Erledigung offener dogmatischer Hausaufgaben verzichtet werden. Der Umfang der hier anstehenden Arbeiten variiert aber, wie wir gesehen haben, deutlich in Abhängigkeit von dem jeweils zugrunde gelegten Anlegerleitbild. Gewisse strukturelle Defizite mit Blick auf die systematische Geschlossenheit und die wertungsmäßige Kohärenz einschlägiger Rechtsregeln sind in gesetzgeberischen Umbruchphasen zwar noch kein Anlass zur Sorge.[156] Im Verlauf dieses Referats ist aber deutlich geworden, dass der Wertungsoffenheit unterschiedlicher Anlegerleitbilder mit der präzisen gesetzlichen Standardisierung von Haftungsnormen wesentlich besser zu begegnen ist als mit dem Verweis auf richterrechtliche Ausfüllung.

Gelingt die dogmatische Strukturierung des privaten Anlegerschutzrechts, wird man sich hiervon zwar voraussichtlich keine schwergewichtige „zweite Säule" der privaten Normdurchsetzung versprechen dürfen, wie dies in den USA der Fall ist.[157] Hoffen darf man aber neben befriedigender Kompensation der Geschädigten auf ein Grundmaß an verhaltenssteuernder Wirkung, welche die primäre, aufsichtsrechtliche Durchsetzung komplettiert. Diese Aussicht, und hiermit sei geschlossen, steht in Einklang mit den Plänen der Europäischen Kommission zu kollektiven Rechtsdurchsetzungsmechanismen.[158] Die Potentiale privater Normdurchsetzung, so liest man dort, sind zu heben, folgen dem behördlichen Eingriff aber im Regelfall nach.

---

156 *Langenbucher*, ZHR 177 (2013), 679 (701).
157 *Poelzig* a.a.O. (Fn. 35) S. 51 ff.
158 Vgl. Pressemitteilung der Europäischen Kommission vom 11.6.2013 http://europa.eu/rapid/press release_IP-13-524_de.htm.

Prof. Dr. Helmut Heiss, LL.M. (Chicago), Zürich

Anlegerschutz bei Versicherungsprodukten?*

Übersicht

I.	Einleitung	43
II.	PRIIP-VO: „Basisinformationsblatt" für Versicherungsanlageprodukte	48
	1. Ausgangspunkt: Unzulängliche Informationspflichten nach Art. 185 RL 2009/138/EG (Solvency II)	48
	2. Informationsmodell „*reloaded*": Basisinformationsblatt nach der PRIIP-VO	50
	3. Basisinformationsblatt für Versicherungsanlageprodukte	51
	4. Basisinformationsblatt als Instrument zur Bekämpfung des *information overload*?	53
	5. Sanktionierung von Informationspflichtverletzungen	54
	a. Schadensersatzpflicht	54
	b. Schadensersatzanspruch nach anwendbarem nationalem Recht	56
	c. Bleibt die Haftung des Versicherungsverrmittlers in der Verordnung ungeregelt?	57
	d. Haftung nur gegenüber dem Versicherungsnehmer?	58
	6. Zurechnungsfragen	59

---

* Überarbeitete Fassung des am 21.2.2014 gehaltenen Vortrags. Das Vortragsmanuskript wurde für die Druckfassung erweitert, um Fußnoten ergänzt und auf den Stand 10.12.2014 gebracht.

III.	IDD: MiFID2-Wohlverhaltensregeln für Versicherungsunternehmen und Versicherungsvermittler?	60
	1. Intensivierung der Beratungspflichten von Versicherern und Versicherungsvermittlern („anleger- und objektgerechte Beratung")	60
	a. Produktinformation, Produktempfehlung und *suitability test*	60
	b. Bedeutung für das nationale deutsche Recht	62
	c. Konkurrenz von Vermittler- und Versichererberatung?	63
	2. Zielmarktorientierung	69
	3. Produkttransparenz durch Kostentransparenz	69
	4. Bekämpfung von Fehlanreizen durch Provisionsverbot oder Provisionsoffenlegung	71

I. Einleitung

In ihrem Hauptreferat hat Frau *Langenbucher* auf dem materiellen Unterbau der zahlreich bestehenden Anlegerschutzbestimmungen des Kapitalmarktrechts einen geistigen Überbau errichtet, der in beeindruckender Weise Grundthesen zu einer erstrebenswerten Symbiose von aufsichtsrechtlichem und haftungsrechtlichem Anlegerschutz bereitstellt. Von meinem versicherungsrechtlichen Korreferat ist selbiges nicht zu erwarten. Das hat einen einfachen Grund, der mir eine einfache Ausrede liefert: Es fehlt im Versicherungsrecht schlicht am materiellen Unterbau. Wir „Versicherungsrechtler" leben ja traditionell und bis zum heutigen Tage – verzeihen Sie das vielleicht krasse Bild – quasi hinter einem anti-kapitalanlagerechtlichen Schutzwall, kochen dort unser Süppchen und, liebe „Kapitalanlagerechtler", wir waren und sind dort auch immer glücklich. Zugegeben, es hat in den Reihen der „Versicherungsrechtler" immer schon Freigeister gegeben, die sich von anlagerechtlichen Denkfiguren haben inspirieren lassen. So wird seit längerem diskutiert, ob etwa ein Versicherungsunternehmen beim Verkauf von Versicherungsprodukten einer Pflicht unterliegt, anleger- und objektgerechte Beratung wie eine Bank zu bieten.[1] Solchen Überlegungen zum Import anlegerschutzrechtlicher Ideen in das Versicherungsrecht konnte beim Establishment der Versicherungsrechtswissenschaft zunächst kein Erfolg beschieden sein. Schon äußerlich war und ist das Versicherungsrecht in seiner aufsichts- und vertragsrechtlichen Seite im VAG und VVG eigenständig geregelt, eben in sich geschlossen, und somit vom Anlegerrecht unabhängig. Es folgte und folgt eigenen Gesetzlichkeiten. Das gilt auch noch nach Einführung des VVG 2008. Wiewohl dieses nämlich z.B. eine Beratungspflicht des Versicherers eingeführt hat,[2] hat es sich von kapitalanlagerechtlichen Denkfiguren letztlich doch ferngehalten.[3]

Wir wissen aber aus der Geschichte, dass Umbrüche Mauern zum Einsturz bringen und die Vorzeichen verändern können. So will es nun auch die jüngste Finanzkrise, dass der dereinst wenig salonfähige Gedanke vom Anlegerschutz im Versicherungsrecht die Bühne der europäischen Gesetz-

---

[1] So insb. *Schwintowski*, Anleger- und objektgerechte Beratung in der Lebensversicherung, VuR 1997, 83; *Kieninger*, Informations-, Aufklärungs- und Beratungspflichten beim Abschluss von Versicherungsverträgen, AcP 199 (1999), 190; auf den Bereich der mit Kapitalverlustrisiko behafteten, fondsgebundenen Lebensversicherung begrenzt *Heiss*, Grund und Grenzen der Aufklärungspflicht des Versicherers, ZVersWiss 2003, 339 (359).
[2] Siehe § 6 VVG 2008.
[3] Auch die Begründung zu § 6 des Regierungsentwurfs nimmt keine ausdrücklichen Anleihen im Kapitalanlagerecht; BT-Drucks. 16/3945, S. 58 f.

gebung betreten hat.[4] Die Verordnung vom 26. November 2014 über Basisinformationsblätter für verpackte Anlageprodukte für Kleinanleger und Versicherungsanlageprodukte (PRIIP)[5] liegt mittlerweile „druckfrisch" vor. Eine Neuauflage der „Wertpapierdienstleistungs-RL" (MiFID2)[6] ist bereits am 15. Mai 2014 ergangen und hat u.a. auch die geltende „Vermittler-RL" (IMD)[7] geändert und ergänzt.[8] Ziel dieser Ergänzungen ist es, den von MiFID2 bereitgestellten Anlegerschutz auch auf Versicherungsanlageprodukte zu übertragen.[9] Dies gilt namentlich für die Regelungen über Interessenkonflikte, allgemeine Grundsätze und Kundeninformationen sowie die Möglichkeit der Mitgliedstaaten, die Vergütungssysteme zu beschränken.[10] Die gerade geänderte IMD soll demnächst schon wieder durch eine „Insurance Distribution Directive" (IDD) ersetzt werden. Hierfür liegt derzeit im Rahmen der Trilogverhandlungen eine Position des Rates der EU vom 7. November 2014[11] („6. Präsidentschaftskompromiss", zitiert als „IDD-Ratsposition") vor, auf deren Grundlage die Verabschiedung der Richtlinie in erster Lesung angestrebt wird.

In jedem der zuvor benannten Rechtsakte findet auch der Gedanke vom Anlegerschutz bei Versicherungsprodukten seinen Niederschlag. Die Rechtsakte sprechen mit Blick auf rückkaufsfähige Lebensversicherungen – fonds- und indexgebundene, aber auch herkömmlich kapitalbildende – von „Versicherungs*anlage*produkten" („*insurance-based investment products*")[12], gewissermaßen einem neuen *terminus technicus* des Versicherungsrechts. Definiert wird dieser neue Terminus durch Art. 91 Abs. 1 lit. b MiFID2, welcher dem Art. 2 der bestehenden Vermittler-RL folgende Nummer 13 hinzufügt:

---

4 Zu diesem Aspekt *Mönnich*, PRIPs, IMD II und MiFID II – Legislativprojekte der EU zur Transparenz bei Versicherungsanlageprodukten, in: Gisch/Kronsteiner/Riedlsperger (Hrsg.), Versicherungsvermittlung in Österreich, 2013, S. 129, 132; sowie *Heiss/Mönnich*, Versicherungsanlageprodukte im PRIPs-Vorschlag – Basisinformationsblatt statt *information overload?*, VR 2013, 32 (32).
5 Verordnung (EU) Nr. 1286/2014 des Europäischen Parlaments und des Rates vom 26. November 2014 über Basisinformationsblätter für verpackte Anlageprodukte für Kleinanleger und Versicherungsanlageprodukte (PRIIP), ABl. EU2014 352/1.
6 Richtlinie 2014/65/EU des Europäischen Parlaments und des Rates vom 15. Mai 2014 über Märkte für Finanzinstrumente sowie zur Änderung der Richtlinien 2002/92/EG und 2011/61/EU (Neufassung), AblEG 2014 L 173/349.
7 Richtlinie 2002/92/EG des Europäischen Parlaments und des Rates vom 9. Dezember 2002 über Versicherungsvermittlung, AblEG 2003 L 9/3.
8 Siehe Art. 91 MiFID2.
9 Vgl. Erwägungsgrund 87 MiFID2.
10 Vgl. Erwägungsgrund 88 MiFID2.
11 Rat der EU, Dokuent Nr. 14791/1/14 REV 1 vom 7.11.2014; interinstitutionelles Dossier; 2012/0175 (COD).
12 Siehe Art. 91 Abs. 1 lit. b MiFID2; Art. 2 Abs. 4 IDD-Ratsposition; Art. 1, 4 Z. 2 PRIIP-VO.

„(13) Für die Zwecke des Kapitels III A bezeichnet ‚Versicherungsanlageprodukt' ein Versicherungsprodukt, das einen Fälligkeitswert oder einen Rückkaufswert bietet, der vollständig oder teilweise, direkt oder indirekt Marktschwankungen ausgesetzt ist[13]; nicht darunter fallen

a) Nichtlebensversicherungsprodukte gemäß der Richtlinie 2009/138/ EG Anhang I (Versicherungszweige der Nichtlebensversicherung),

b) Lebensversicherungsverträge, deren Leistungen nur im Todesfall oder bei Arbeitsunfähigkeit infolge von Körperverletzung, Krankheit oder Gebrechen zahlbar sind,

c) Altersvorsorgeprodukte, die nach innerstaatlichem Recht als Produkte anerkannt sind, deren Zweck in erster Linie darin besteht, dem Anleger im Ruhestand ein Einkommen zu gewähren, und die dem Anleger einen Anspruch auf bestimmte Leistungen einräumen,

d) amtlich anerkannte betriebliche Altersversorgungssysteme, die in den Anwendungsbereich der Richtlinie 2003/41/EG oder der Richtlinie 2009/138/EG fallen,

e) individuelle Altersvorsorgeprodukte, für die nach innerstaatlichem Recht ein finanzieller Beitrag des Arbeitgebers erforderlich ist und die bzw. deren Anbieter weder der Arbeitgeber noch der Beschäftigte selbst wählen kann."

Diese Begriffsdefinition steht im Einklang mit der Definition in Art. 4 Abs. 2 PRIIP-VO, wobei sich die Begriffseinschränkungen der lit. a) bis e) als Ausnahmen vom sachlichen Anwendungsbereich in Art. 2 Abs. 2 lit. a), b), e), f) und g) PRIIP-VO wiederfinden. Damit wird Begriffsgleichheit in allen einschlägigen Rechtsakten sichergestellt.

Mit der Kreation des Begriffs des „Versicherungs*anlage*produkts" ebnet der europäische Gesetzgeber quasi terminologisch den Weg des Versicherungsrechts in anlagerechtliche Qualifikationen und Wertungsmuster. Es verwundert daher nicht, dass diese terminologische Gleichstellung von Anlage- und Versicherungsprodukten teils heftig bestritten wird, um den europäischen Gesetzgeber dazu zu veranlassen, den terminologisch geebneten Weg letzt-

---

13 Diese Definition erfasst auch die klassische kapitalbildende Lebensversicherung; vgl. *Heiss/Mönnich*, VR 2013, 32 (34); ebenso *Loacker*, Basisinformationen als Entscheidungshilfe, in: Wandt/Reiff/ Looschelders/Bayer (Hrsg.), Versicherungsrecht, Haftungs- und Schadensrecht, FS E. Lorenz, Verlag Versicherungswirtschaft, Karlsruhe 2014, S. 259, 262 ff.; zu beachten ist freilich die rechtstatsächliche Beobachtung, dass fondsgebundene Versicherungen gegenüber klassischen kapitalbildenden Versicherungen an Bedeutung gewinnen; hierzu *Mönnich* a.a.O. (Fn. 4) S. 129, 131.

lich nicht zu beschreiben, das Versicherungsrecht also weiterhin vor dem Anlegerschutz zu verschonen. In der Tat ist nicht zu leugnen, dass die jedem Versicherungsprodukt zwingend innewohnende Risikotragung des Versicherers ein Element darstellt, welches Lebensversicherungen von herkömmlichen Anlageprodukten unterscheidet. Wer investiert, kauft Unsicherheit in Form von Chancen und Risiken, wer sich versichert, kauft dagegen Sicherheit in Form von Deckungsschutz.[14] Dieser zutreffende Aspekt kann aber nicht darüber hinweg täuschen, dass gewisse Versicherungsprodukte am Markt vorrangig zu Anlagezwecken genutzt werden, mögen sie auch mit dem Erwerb von Versicherungsschutz einhergehen. Das gilt schon für die herkömmliche, kapitalbildende Lebensversicherung, umso mehr für fonds- und indexgebundene Lebensversicherungen. Zwar enthalten auch diese Produkte – mehr oder weniger bedeutende[15] – Elemente der Risikoabsicherung, gleichen also herkömmlichen Anlageprodukten nicht vollumfänglich, ihre wesentliche Funktion, um deren willen sie nachgefragt werden, besteht allerdings in der Kapitalanlage.[16] Soweit es sich um fonds- oder indexgebundene Lebensversicherungen handelt, trägt der Versicherungsnehmer regelmäßig auch das Kapitalverlustrisiko, womit diese Lebensversicherungsformen risikobehafteten Kapitalanlagen gleichstehen. Davon geht nicht zuletzt der BGH bei seiner immer stärker anlagerechtlich ausgerichteten Rechtsprechung zur Lebensversicherung aus: Er qualifiziert durchaus gängige Formen der Lebensversicherung als Anlagegeschäfte und lädt die aus dem vorvertraglichen Schuldverhältnis[17] folgenden Pflichten mit anlagerechtlichen Denkfiguren auf, auch wenn der BGH den Versicherer wohl nur einem Anlagevermittler und nicht einem Anlageberater gleichstellt.[18] Bei dieser Ausgangslage kann die Übertragbarkeit von Ideen und Wertungen des Anlegerschutzrechts auf

---

14 Vgl. schon *Heiss*, Grund und Grenzen der Aufklärungspflicht des Versicherers, ZVersWiss 2003, 339 (360: Kapitalanlage verführt zum Risiko, Versicherung verführt zur Sicherheit); aus ökonomischer Sicht *Köhne*, Ökonomische Aspekte der neuen IMD2 vom 26.2.2014, ZVersWiss 2014, 243 (255).
15 Der Risikoanteil richtet sich dabei gerne an steuerrechtlichen Vorgaben aus; vgl. zu den Regelungen des Jahressteuergesetzes 2009 *Heiss/Mönnich* in Langheid/Wandt, Münch. Komm. zum VVG, 2011, vor §§ 150–171 Rn. 91 ff.
16 Vgl. nur Erwägungsgrund 87 MiFID2.
17 Der Einwand bei *Grote/Schaaf*, Neue Haftungsmaßstäbe bei der Vermittlung fondsgebundener Versicherungsprodukte? Anm. zu BGH IV ZR 164/11 „Clerical Medical", GWR 2012, 477 (480), die Übernahme anlagerechtlicher Denkfiguren zur Bestimmung der vorvertraglichen Pflichten des Versicherers verbiete sich schon deshalb, weil fondsgebundene Lebensversicherungen dem VAG und nicht dem WpHG unterstünden, geht damit von vornherein ins Leere. Richtig ist demgegenüber der Hinweis, dass die vorvertragliche Beratungspflicht des Versicherers neu im § 6 VVG 2008 verankert ist. Aber auch dort ist die Heranziehung von Denkfiguren des Anlegerschutzes nicht nur nicht ausgeschlossen, sondern bietet sich geradezu an; vgl. insofern nur *Armbrüster* in Langheid/Wandt, Münch. Komm. zum VVG, 2010, § 6 Rn. 196 („anleger- und objektgerechte Beratung" bei fondsgebundenen Versicherungen); bereits nach altem Recht *Heiss*, Grund und Grenzen der Aufklärungspflicht des Versicherers, ZVersWiss 2003, 339 (359).
18 BGH 11.7.2012 – IV ZR 164/11, VersR 2012, 1237; sowie BGH 26.9.2012 – IV ZR 71/11.

derartige Versicherungsprodukte nicht ernsthaft bestritten werden.[19] Anpassungen und Modifikationen anlegerschutzrechtlicher Grundsätze mit Blick auf das Produktelement der Risikoabsicherung mögen indessen angebracht sein: So können Beratung und Information in Lebensversicherungsfragen nicht auf den Anlageaspekt beschränkt bleiben, sondern müssen den Aspekt der Risikoabsicherung mit umfassen.[20] Differenzierte und ergänzende Beratung mag somit gefordert sein, für eine Versicherungsberatung, die hinter anlegerschutzrechtlichen Standards zurückbleibt, gibt es aber keinen Grund.[21] Ohnehin ist die Debatte bereits durch MiFID2 entschieden, denn diese fügt in die geltende IMD ein neues „Kapitel III A" mit dem Titel „Zusätzliche Anforderungen an den Kundenschutz bei Versicherungs*anlage*produkten" ein. Damit sind bestimmte Versicherungsprodukte eben – gesetzlich definiert – Anlageprodukte.

Die Beachtung, welche dem Anlegerschutz bei Versicherungsanlageprodukten heute auf der Bühne der europäischen Gesetzgebung zukommt, hat dem Anlegerschutz auch in Drittstaaten neues Leben eingehaucht. Strukturell ähnlich den neuen bzw. geplanten EU-Rechtsakten liegt beispielsweise in der Schweiz eine Vernehmlassungsvorlage des Eidgenössischen Finanzdepartements (EFD) für (u. a.) ein Finanzdienstleistungsgesetz (FIDLEG) samt Erläuterndem Bericht vom 25. Juni 2014 vor.[22] Dieser Gesetzentwurf behandelt auch rückkaufsfähige Lebensversicherungen als Finanzinstrumente.[23]

In der Sache geht es in der europäischen Gesetzgebung um eine im Wesentlichen vollständige Erstreckung des Schutzes von Kapitalanlegern auf Erwerber von Versicherungsanlageprodukten. Als m. E. zentral stellen sich dabei die folgenden Punkte heraus:

1. Neuausrichtung der Informationspflichten durch Einführung eines „Basisinformationsblatts" auch für Versicherungsanlageprodukte;[24]

---

19 So aber *Köhne*, ZVersWiss 2014, 243 (256), der auf das fehlende Kapitalverlustrisiko bei manchen Lebensversicherungsformen hinweist, nicht aber auf solche (also fonds- und indexgebundene) Versicherungen mit Kapitalverlustrisiken, die jüngst in Deutschland und anderen Ländern auch tatsächlich schlagend geworden sind.
20 Daher auch die versicherungsspezifischen Angaben im Basisinformationsblatt nach Art. 8 Abs. 3 lit. c) iv) PRIIP-VO.
21 Es geht also bei der Regulierung von Anlageprodukten nicht um ein entweder-oder („Versicherung oder Anlage"), sondern um eine sinnvolle Kombination von Versicherungsberatung, soweit diese Produkte Versicherungsschutz bieten, und Anlageberatung, soweit diese Produkte als Kapitalanlagen fungieren.
22 Abrufbar unter http://www.admin.ch/aktuell/00089/index.html?lang=de&msg-id=53561.
23 Siehe Art. 3 lit. b Ziff. 6 FIDLEG-Vernehmlassungsvorlage.
24 Hierzu sogleich II.

2. Erstreckung der Wohlverhaltensregeln von MiFID2 auf Versicherungsunternehmen und Versicherungsvermittler, insbesondere

- Intensivierung der Beratungspflichten von Versicherern und Versicherungsvermittlern hin zu einer anleger- und objektgerechten Beratung („know your customer");[25]
- Sicherstellung der Tauglichkeit von Versicherungsanlageprodukten für den zu definierenden Zielmarkt;[26]
- Produkttransparenz durch Kostentransparenz;[27]
- Bekämpfung von Fehlanreizen durch Provisionsverbot oder Provisionsoffenlegung.[28]

Die folgenden Zeilen wollen den „Stilwechsel" aufzeigen, der sich angesichts des europäischen Gesetzgebungsprozesses bei der Regulierung von Versicherungsanlageprodukten abzeichnet.

II. PRIIP-VO: „Basisinformationsblatt" für Versicherungsanlageprodukte

1. Ausgangspunkt: Unzulängliche Informationspflichten nach Art. 185 RL 2009/138/EG (Solvency II)

Die Idee, dem Versicherungsnehmer ein Basisinformationsblatt zur Verfügung zu stellen, nimmt ihren Ausganspunkt bei der Beobachtung, dass das Informationsmodell des Anlegerschutzes herkömmlicher Prägung die ihm zugedachte Funktion, dem Anleger eine *informed choice* zu eröffnen, nicht hinreichend hat erfüllen können. So heißt es in der Begründung der Kommission zu ihrem PRIIP-Vorschlag, die gebotenen Informationen seien „übermäßig lang", enthielten also keineswegs nur „Schlüsselinformationen", zielten stärker auf Rechtsfragen denn auf das Produkt, welches eigentlich vom Kunden verstanden werden sollte, und würden sich inhaltlich je nach der Rechtsform der Investition und nicht nach ihrem wirtschaftlichen

---

25 Hierzu III.1.
26 Hierzu III.2.
27 Hierzu III.3.
28 Hierzu III.4.

Charakter unterscheiden, so dass für den Investor auch keine Vergleichbarkeit gegeben sei.[29]

Diese Argumente treffen auch auf den Versicherungssektor und hier insbesondere auf die Informationspflichten nach Art. 185 Abs. 2 bis 4 RL 2009/138/EG (Solvency II) zu.[30] Danach muss der Versicherer seine Kunden über eine ganze Liste von Einzelheiten informieren, eine Konzentration auf Schlüsselinformationen findet also nicht statt. Auch fordert Art. 185 RL 2009/138/EG (Solvency II) keineswegs nur die Bereitstellung von Produktinformationen, die den Anlagecharakter einer Lebensversicherung ausmachen und daher für das wirtschaftliche Produktverständnis des Kunden von Bedeutung sind, sondern auch vieler anderer, insbesondere rechtlicher Informationen. Zu nennen sind etwa die Laufzeit des Vertrags, die Vertragsbeendigung, Dauer und Art der Prämienzahlung, Details des Widerrufsrechts, die Beschwerdemöglichkeiten und Beschwerdestellen, aber auch das auf den Lebensversicherungsvertrag anwendbare Recht. Der Versicherungsnehmer erhält zwar auch anlagerelevante Informationen etwa zur Gewinnberechnung und Gewinnbeteiligung, zum Rückkaufwert, zum Fonds und den dem Fonds unterliegenden Werten, zu den vom Versicherungsnehmer übernommenen Risiken, u. U. auch zum Steuerrecht, doch erfolgen diese Informationen eingebettet in alle anderen Informationen und bieten kaum eine Grundlage für eine treffende Beurteilung der Tauglichkeit einer Lebensversicherung für bestimmte Anlagezwecke. So erlaubt die Angabe des Rückkaufswerts eine Einschätzung, ab wann eine Lebensversicherung Rendite bringt. Das für Lebensversicherungen typische Charakteristikum der „langfristigen Anlage", die bei vorzeitiger Beendigung Verluste bringen kann, wird damit aber nur indirekt vermittelt. Und schon wegen ihrer andersartigen Strukturierung erlauben die Informationen nach Art. 185 Abs. 2 bis 4 RL 2009/138/EG (Solvency II) keinen Vergleich von Lebensversicherungen mit alternativen Anlageformen.

---

29 KOM (2012) 352 endg., 2; vgl. *Heiss/Mönnich*, VR 2013, 32 (34).
30 Die unmittelbar anschließenden Ausführungen fußen auf *Heiss/Mönnich*, VR 2013, 32 (34 f.); vgl. zu den Informationspflichten im EU-Versicherungsrecht auch *Heiss*, Pre-contracutal information duties of insurers in EU insurance contract law, 2012, 23 Insurance Law Journal 86.

2. Informationsmodell „*reloaded*": Basisinformationsblatt nach der PRIIP-VO

Das Basisinformationsblatt nach der PRIIP-VO verharrt methodisch beim informationellen Kundenschutz, genauer: Kleinanlegerschutz,[31] versucht jedoch, diesen effektiv zu gestalten.[32] Dementsprechend soll das Basisinformationsblatt eine eigenständige Urkunde sein,[33] die als solches bezeichnet ist.[34] Sie muss präzise, redlich und klar[35] sowie kurz[36] gefasst sein.

Die Inhalte des Basisinformationsblatts folgen strukturell den sogenannten „wesentlichen Informationen", welche Fondsgesellschaften den Anlegern nach Art. 78 ff. der OGAW-Richtlinie[37] zur Verfügung stellen müssen. In Umfang und Detailgenauigkeit gehen sie jedoch in einigen Punkten über die Anforderungen der OGAW-Richtlinie hinaus. Anbieter müssen nach der PRIIP-VO eine vorgegebene Struktur wahren, die sich an für den Kleinanleger erheblichen Fragestellungen orientiert. Im Einzelnen geht es um folgende Themen: „Um welche Art von Produkt handelt es sich?"; „Welche Risiken bestehen und was könnte ich im Gegenzug bekommen?"; „Was geschieht, wenn der [Name des PRIIP-Herstellers] nicht in der Lage ist, die Auszahlung vorzunehmen?"; „Welche Kosten entstehen?"; „Wie lange soll ich die Anlage halten, und kann ich vorzeitig Geld entnehmen?"; „Wie kann ich mich beschweren?" und „Sonstige zweckdienliche Angaben". Die wirtschaftliche Betrachtungsweise, wie sie den Formulierungen der Fragen innewohnt, verlangt nach ökonomisch-funktionalen und nicht formal-juristischen Antworten. Darin liegt gegenüber den Informationspflichten der RL 2009/138/EG (Solvency II) eine wesentliche *qualitative* Abweichung,[38] die an einem Beispiel demonstriert werden kann: Während nach Art. 185 Abs. 3 lit. c) RL 2009/138/EG (Solvency II) „Einzelheiten der Vertragsbeendigung" angegeben werden müssen, verlangt Art. 8 Abs. 3 lit. g) ii) PRIIP-DO mit

---

31 Nach Art. 5 Abs. 1 PRIIP-VO ist ein Basisinformationsblatt (nur) herzustellen und zu publizieren, bevor Kleinanlegern ein PRIIP angeboten wird. Der Begriff des Kleinanlegers wird für Versicherungsanlageprodukte durch einen Verweis auf den Begriff des Kunden im Sinne der geltenden IMD definiert, allerdings mit der Ausnahme von professionellen Kunden im Sinne von Art. 4 Abs. 1 Nr. 10 MiFID2.
32 Vgl. *Loacker* a.a.O. (Fn. 13) S. 259, 267 ff. mit Blick auf die „Präsentation" der Informationen.
33 Art. 6 Abs. 2 S. 1 PRIIP-VO.
34 Art. 8 Abs. 1 PRIIP-VO.
35 Art. 6 Abs. 1 S. 1 PRIIP-VO.
36 Nach Art. 6 Abs. 4 PRIIP-VO maximal 3 A4-Seiten bei Verwendung von Zeichen in lesbarer Größe.
37 Richtlinie 2009/65/EG des Europäischen Parlaments und des Rates vom 13. Juli 2009 zur Koordinierung der Rechts- und Verwaltungsvorschriften betreffend bestimmte Organismen für gemeinsame Anlagen in Wertpapieren (OGAW), ABlEG 2009 L 302/32.
38 *Heiss/Mönnich*, VR 2013, 32 (34).

der Frage „Wie lange soll ich die Anlage halten, und kann ich vorzeitig Geld entnehmen?" u.a. Angaben zur empfohlenen bzw. verpflichtenden Mindesthaltedauer. Dabei sind insbesondere die Kosten eines vorzeitigen Ausstiegs („disinvestment") anzugeben. Nicht das Recht auf vorzeitige Kündigung steht also im Blickpunkt, sondern die ökonomische Notwendigkeit, die Lebensversicherung eine bestimmte Mindestdauer zu halten, um ohne Verluste aussteigen zu können.

3. Basisinformationsblatt für Versicherungsanlageprodukte

Für Versicherungsanlageprodukte ergeben sich einige Besonderheiten. Zunächst ist die Pflichtangabe zu beachten, ob das Produkt neben seinem Anlageelement auch Versicherungsdeckung, also etwa eine spezielle Todesfallleistung, bietet.[39] Damit wird der Eigenheit von Versicherungsanlageprodukten Rechnung getragen, deren Abgrenzung zu anderen Anlageprodukten somit transparent gemacht.

Im Übrigen ist das Basisinformationsblatt für Versicherungsanlageprodukte gleich zu gestalten wie für andere Anlageprodukte. Insofern stellt die PRIIP-VO Vergleichbarkeit zwischen verschiedenen Anlageformen her. Nicht harmonisiert werden demgegenüber die einzelnen Informationspflichten der Sektorenregelungen. Während nämlich nach der OGAW-RL[40] ein Fonds-Prospekt zu erstellen, zu veröffentlichen[41] und auf Verlangen des Anlegers auch auszuhändigen ist,[42] kennt Art. 185 RL 2009/138/EG (Solvency II) bei fondsgebundenen Versicherungen lediglich die Pflicht, die „Fonds (in Rechnungseinheiten), an die die Leistungen gekoppelt sind"[43] sowie „die Art der den fondsgebundenen Policen zugrunde liegenden Vermögenswerte"[44] anzugeben.[45] Auch nach nationalem deutschem Recht erhält der Kunde keinen Fondsprospekt. Es fehlt ja häufig schon an einem Prospekt, wenn der Versicherer, der den Fonds aufsetzt, der einzige institutionelle Anleger

---

39 Art. 8 Abs. 3 lit. c iv) PRIIP-VO.
40 Für OGAW-Produkte wird die PRIIPs-Verordnung mit einer Verzögerung von 5 Jahren gelten; s. Art. 32 Abs. 1 PRIIP-VO.
41 Art. 68 Abs. 1 lit. a OGAW-RL.
42 Art. 75 OGAW-RL.
43 Art. 185 Abs. 3 lit. h Solvency II.
44 Art. 185 Abs. 3 lit. h Solvency II.
45 Zum Inhalt dieser Informationspflichten EFTA-Gerichtshof 13.6.2013 Rs. E-11/12 (Beatrix Susanne Koch, Lothar Hummel und Stefan Müller v. Swiss Life [Liechtenstein] AG) Rn. 79 ff.

dieses Fonds ist. Aber auch dort, wo es einen Fondsprospekt gibt, fehlt es eben an einer speziellen Aushändigungspflicht. Das Bundesaufsichtsamt für das Bankwesen hat das m.W. Ende der siebziger Jahre einmal beanstandet, aber die Versicherungsaufsicht ist seinem Petitum nie gefolgt. Der Informationsstand eines Anlegers, der in eine fondsgebundene Lebensversicherung investiert, unterscheidet sich also von jenem eines Anlegers, der in einen Fonds i. S. d. OGAW-RL investiert. Das ist in der Schweiz anders, wo nach einem Rundschreiben der FINMA in Bern Fondsprospekte auszuhändigen sind.[46]

Soweit nach der PRIIPs-VO Vergleichbarkeit der Produkte herrschen wird, führt diese nicht aus sich heraus dazu, dass Versicherungsanlageprodukte mit Anlagealternativen auch tatsächlich verglichen werden. Die Erwartungshaltung des europäischen Gesetzgebers, dass Kunden in Zukunft mithilfe des Basisinformationsblatts in einer erheblichen Zahl[47] von Fällen fondsgebundene Lebensversicherungen mit Fonds und weiteren Anlageprodukten direkt vergleichen werden, scheint mir zu hoch gesteckt zu sein. Zu erwarten wäre ein derartiger Vergleich allenfalls von professionellen Beratern. Die PRIIP-VO macht Versicherungsvermittler aber nicht zu Anlageberatern. Sie sind also nicht verpflichtet, andere Produkte als Versicherungsanlageprodukte in ihre Beratung aufzunehmen, und zwar auch dann nicht, wenn sie als Versicherungsmakler eine objektive Beratung schulden. Den Versicherungsmakler trifft ja nicht schon deswegen eine Pflicht zur umfassenden Kapitalanlageberatung, weil ihm ein Basisinformationsblatt zum jeweiligen Lebensversicherungsprodukt vorliegt, welches die Vergleichbarkeit mit anderen Kapitalanlagen ermöglicht. Dasselbe gilt grundsätzlich für den Anlageberater, dieser ist also im Allgemeinen neben der Anlageberatung nicht auch noch zur Versicherungsberatung verpflichtet. Lediglich bei Allfinanzberatern, die berufsrechtlich sowohl Versicherungen als auch andere Kapitalanlagen vermitteln dürfen, kann eine solche Pflicht angenommen werden. Hier sind dann auch tatsächlich entsprechende Vergleiche zu erwarten, was für Allfinanzberater nicht nur eine Last, sondern auch einen Wettbewerbsvorteil bedeuten könnte.

---

46 Eidgenössische Finanzmarktaufsicht (FINMA), Rundschreiben 2008/39 – Anteilgebundene Lebensversicherung, Rn. 56 i. d. F. vom 28.8.2013 (Inkrafttreten 1.10.2013); abrufbar unter http://www.finma.ch/d/regulierung/Documents/finma-rs-2008-39.pdf.
47 Eine gewisse Rolle dürften die Basisinformationsblätter allerdings beim Direktvertrieb, also ohne Berater oder Vermittler, spielen.

4. Basisinformationsblatt als Instrument zur Bekämpfung des *information overload*?

Das Basisinformationsblatt muss „präzise"[48] und „kurz"[49] gefasst sein. Diese Vorschrift will offensichtlich dem *information overload* vorbeugen, der häufig beklagt wurde und wird.[50] Indessen dürfte auch diese Erwartung des europäischen Gesetzgebers partiell enttäuscht werden: Die PRIIP-VO sieht ausdrücklich vor, dass das Basisinformationsblatt neben die Informationsschrift des Versicherers nach Art. 185 RL 2009/138/EG (Solvency II) tritt, diese also ergänzt und nicht verdrängt.[51] Für das Verhältnis der Verordnung zu den Informationspflichten der Vermittler soll nach Erwägungsgrund 5 der PRIIP-VO dasselbe gelten.[52] Und gewiss trifft dies auch auf Informationspflichten der Versicherer nach anderen, gegebenenfalls einschlägigen Richtlinien zu. Hierher zählt insbesondere die RL Fernabsatz von Finanzdienstleistungen.[53] Soweit diese nur Mindeststandards vorgibt,[54] sind höhere Informationsstandards nach nationalem Recht außerdem zu beachten. Wenn somit die PRIIP-VO eine kurze und zugespitzte Information der Anleger bezweckt, so erreicht sie dieses Ziel womöglich schon wegen der Kumulierung von Informationspflichten nicht.[55]

Die Wahrscheinlichkeit, dass ein Versicherungsnehmer seine Anlageentscheidung auf die Informationen im Basisinformationsblatt stützt, ist regelmäßig schon deshalb gering, weil Lebensversicherungen zumeist über Versicherungsvermittler vertrieben werden und die Vertragsentscheidung des Versicherungsnehmers ganz schwergewichtig von der erhaltenen, mündlichen Beratung abhängt. Lediglich beim Direktvertrieb dürfte somit den vorvertraglichen Informationsschreiben gesteigerte Bedeutung für den Vertragsentschluss des Versicherungsnehmers zukommen.[56] Aber auch hier wird die Wirkung oder das Versagen des Basisinformationsblatt davon abhängen, ob die Kunden erkennen, dass sie sich bei ihrer Vertragsentscheidung vom kurzen und präzisen Basisinformationsblatt und nicht von den

---

48 Art. 6 Abs. 1 S. 2 PRIIP-VO.
49 Art. 6 Abs. 4 PRIIP-VO.
50 Vgl. z. B. schon früh *Matusche-Beckmann*, Die Entwicklung des europäischen Privatversicherungsrechts, (1996) 4 ERPL 201 (214).
51 Art. 3 Abs. 2 PRIIP-VO.
52 Erwägungsgrund 5 S. 3 PRIIP-VO
53 Richtlinie 2002/65/EG des Europäischen Parlaments und des Rates vom 23. September 2002 über den Fernabsatz von Finanzdienstleistungen an Verbraucher und zur Änderung der Richtlinie 90/619/EWG des Rates, sowie der Richtlinien 97/7/EG und 98/27/EG des Rates, ABlEG 2002 L 271/16 i. d. g. F.
54 Siehe Art. 4 Abs. 2 RL Fernabsatz von Finanzdienstleistungen.
55 *Heiss/Mönnich*, VR 2013, 32 (35).
56 *Heiss/Mönnich*, VR 2013, 32 (34).

mitgelieferten, oftmals nicht fokussierten Informationen nach Solvency II etc. leiten lassen sollen.

Aus dem Blickwinkel des deutschen Rechts kommt verstärkend hinzu, dass das VVG 2008 i.V.m. der VVG-InfoV dem richtlinienrechtlich induzierten *information overload* bereits durch die Schaffung eines Produktinformationsblatts entgegen gewirkt hat. Das nach § 4 VVG-InfoV einem Verbraucher i.S.d. § 13 BGB geschuldete Produktinformationsblatt muss, ganz ähnlich dem Basisinformationsblatt, als solches bezeichnet und den anderen Informationen vorangestellt sein.[57] Die Informationen müssen „in übersichtlicher und verständlicher Form knapp dargestellt werden".[58] Inhaltlich unterscheidet sich das deutsche Produktinformationsblatt allerdings vom geplanten Basisinformationsblatt, so dass beim Vertrieb von Versicherungsanlageprodukten an Verbraucher zukünftig die allgemeine Informationsschrift, das Produktinformationsblatt und das Basisinformationsblatt auszuhändigen wären. Das würde die oben geäußerten Bedenken gegen eine Kumulierung von Informationsschriften noch verstärken. Vorzugswürdig wäre es daher, bei Versicherungsanlageprodukten auf ein Produktinformationsblatt neben dem Basisinformationsblatt zu verzichten. Hierfür wäre eine Anpassung der VVG-InfoV erforderlich.

5. Sanktionierung von Informationspflichtverletzungen

a. Schadensersatzpflicht

Bemerkenswert erscheint ein weiterer Aspekt der PRIIP-VO: sie gewährt in ihrem Art. 11 Abs. 2 einem geschädigten Kleinanleger explizit Schadensersatzansprüche, welche die ebenfalls vorgesehenen Verwaltungssanktionen[59] ergänzen und vertraglich nicht abdingbar sind.[60] Damit schafft der Vorschlag hinsichtlich der Rechtsfolgen ein Maß an Klarheit, welches beim bisherigen Richtlinienrecht bisweilen vermisst wurde. Dieses – ob Solvency II für Versicherungen oder MiFID 1&2 für Finanzinstrumente – hält sich in der Frage der zivilrechtlichen Haftung „vornehm" zurück. Gewiss ist es konzeptionell einsichtig, dass der Richtliniengeber – anders als der Verordnungsgeber bei PRIIP – dem nationalen Gesetzgeber bei seiner Umsetzung nach Art. 288

---

57 § 4 Abs. 5 S. 1 VVG-InfoV.
58 § 4 Abs. 5 S. 2 VVG-InfoV.
59 Art. 22 ff. PRIIP-VO.
60 Art. 11 Abs. 5 PRIIP-VO.

Abs. 3 AEUV die Freiheit lässt, über die Einführung von Schadensersatzansprüchen zu entscheiden. Diese Offenheit des Richtlinienrechts hat denn auch deutlich unterschiedliche Umsetzungsformen in den Mitgliedstaaten nach sich gezogen. Deutschland hat die europäischen Informationsanforderungen seit der VVG-Reform 2008 privatrechtlich im VVG, dort in § 7 und in der VVG-Info-Verordnung umgesetzt. Zwar schweigt der Gesetzestext zur Frage, ob dem Versicherungsnehmer gegebenenfalls auch ein Schadensersatzanspruch zukommt, doch wird dies in den Materialien hervorgehoben[61] und auch in der Literatur bejaht[62]. Der BGH lehnt dagegen eine zivilrechtliche Wirkung des Wertpapierhandelsgesetzes, also der deutschen Umsetzungsnorm zu MiFID1, ab,[63] wenngleich eine jüngste Entscheidung einen Rechtsprechungswandel andeuten könnte.[64] Der österreichische Gesetzgeber hat die versicherungsrechtlichen Informationspflichten im VAG umgesetzt, dort insbesondere in § 18b VAG. Zivilrechtlich wird diese aufsichtsrechtliche Umsetzung durch ein dem Kunden in § 5b Abs. 2 Z. 3 VersVG eingeräumtes Rücktrittsrecht sanktioniert. Schadensersatzansprüche sieht das Gesetz indessen nicht vor und auch der öOGH lehnt es – entgegen gewichtiger Stimmen im österreichischen Schrifttum[65] – ab, diesen aufsichtsrechtlichen Bestimmungen zivilrechtliche Wirkungen beizumessen.[66] Wiederum anders entscheidet jüngst der Fürstlich Liechtensteinische OGH mit Blick auf die Informationspflichten nach Art. 45 i.V.m. Anhang 4 FL-VAG.[67] Unsicherheit hinsichtlich der Haftungsfolgen einer Informationspflichtverletzung findet sich auch im schweizerischen Recht, welches im Zuge einer Totalrevision des Versicherungsaufsichtsrechts mit Wirkung zum 1. Januar 2007 auch eine an das Richtlinienrecht der EU angelehnte Informationspflicht des Versicherers in das chVVG, dort in Art. 3, eingeführt und in Art. 3a chVVG über ein außerordentliches Kündigungsrecht des Versicherungsnehmers sanktioniert hat. Ob ein Verstoß des Versicherers darüber hinaus dessen Haftung für

---

61 Regierungsbegründung, BT-Drucks. 16/3945, S. 60.
62 Vgl. z. B. *Armbrüster* a.a.O. (Fn. 17) § 7 Rn. 118.
63 BGH 17.9.2013 – XI ZR 332/12; BGH XI ZR 182/10.
64 BGH 3.6.2014 – XI ZR 147/12 zu *kick backs*; vgl. im Kontext allerdings auch BGH 1.7.2014 – XI ZR 247/12, wonach eine Bank nicht über Provisionen von Lebensversicherern informieren muss, die sie im Rahmen eines Finanzierungsberatungsvertrags erhält.
65 Insb. *Fenyves*, Die Informationspflichten des Versicherers, VR 2009, 16 (18).
66 OGH 29.9.2010 – 7 Ob151/10x: „Soweit er [Anm.: gemeint ist der klagende Versicherungsnehmer] sich auf einen Verstoß gegen eine Bestimmung des VAG berufen will, übersieht er im Übrigen, dass im VAG aufsichtsrechtliche Verpflichtungen des Versicherers begründet werden, aus denen der einzelne Versicherungsnehmer keine subjektiven Rechtsansprüche ableiten kann"; so auch schon OGH 9.5.2007 – 7 Ob 233/06z.
67 Fürstlich Liechtensteinischer OGH 6.12.2013 – 10 CG.2009.270.

Schäden begründet, liegt wegen des Schweigens des Gesetzgebers bis heute im Ungewissen.[68]

Es überrascht daher nicht, dass nationale Gerichte den europäischen Gerichtshöfen die Frage vorgelegt haben, ob nationale Gesetzgeber aufgrund der Richtlinien verpflichtet sind, Verstöße gegen die Informationspflichten zivilrechtlich zu sanktionieren, insbesondere durch Schadensersatzansprüche. Die mit den Fragen befassten Gerichtshöfe, der EuGH und der EFTA-Gerichtshof, betonen in Übereinstimmung mit ihrer sonstigen Rechtsprechung zu den Pflichten der Mitgliedstaaten bei der Durchsetzung von Gemeinschaftsrecht, es sei Aufgabe des nationalen Gesetzgebers, privatrechtliche Sanktionen für eine Verletzung von Informationspflichten nach der RL Lebensversicherung[69], jetzt Solvency II, und der MiFID-Richtlinie[70] bereitzustellen. Bei seiner Regelung ist der nationale Gesetzgeber grundsätzlich frei, solange er den Kriterien der Effektivität und Äquivalenz entspricht. Die Sanktion muss also einerseits geeignet erscheinen, die Durchsetzung der Informationspflichten zu gewährleisten (Grundsatz der Effektivität), und andererseits mindestens all jene Rechtsbehelfe umfassen, die der nationale Gesetzgeber für die Verletzung vergleichbarer Pflichten nach nationalem Recht gewährt (Grundsatz der Äquivalenz).[71] Dass aus diesen Grundsätzen zwingend auch ein Schadensersatzanspruch für den Versicherungsnehmer bzw. Kleinanleger abzuleiten ist, sagen EFTA-Gerichtshof und EuGH nicht.

b. Schadensersatzanspruch nach anwendbarem nationalem Recht

Wiewohl die PRIIP-VO in der Frage der Schadensersatzsanktion klaren Tisch macht, kommt auch in ihrem Regelungsbereich dem nationalen Recht weiterhin erhebliche Bedeutung zu. Der Schadensersatzanspruch bemisst sich nämlich nach dem anwendbaren, nationalen Recht.[72] Darüber hinausgehende Schadensersatzansprüche nach nationalem Recht bleiben ausdrück-

---

68 Bisweilen wird in der Literatur nicht ausdrücklich auf Schadensersatzansprüche eingegangen; *Landolt/Weber*, Privatversicherungsrecht *in a nutshell*, 2011, 46 scheinen nur von einem Kündigungsrecht auszugehen („... lediglich ...").
69 EFTA-Gerichtshof 13.6.2013 – Rs. E-11/12 (Beatrix Susanne Koch, Lothar Hummel und Stefan Müller v. Swiss Life [Liechtenstein] AG) insb. Rn. 114.
70 EuGH 30.5.2013 – C-604/11 (Genil 48 SL, Comercial Hostelera de Grandes Vinos SL v. Bankinter SA), Rn. 57; freilich sind jedenfalls die in der Richtlinie vorgesehenen Verwaltungssanktionen umzusetzen.
71 EFTA-Gerichtshof 13.6.2013 – Rs. E-11/12 (Beatrix Susanne Koch, Lothar Hummel und Stefan Müller v. Swiss Life (Liechtenstein) AG) insb. Rn. 121 ff.; EuGH 30.5.2013 – C-604/11 (Genil 48 SL, Comercial Hostelera de Grandes Vinos SL v. Bankinter SA), Rn. 57.
72 Siehe Art. 11 Abs. 2 sowie – speziell für den Schadensbegriff – Abs. 3 PRIIP-VO.

lich vorbehalten.[73] Kommt demnach den nationalen Rechtsvorschriften weiterhin große Bedeutung für die Durchsetzung der Verordnung zu, so hat der einzelne Mitgliedstaat m.E. insoweit auch das Effektivitäts- und Äquivalenzprinzip weiterhin zu beachten. Mit anderen Worten, die Schadensersatzansprüche, welche er dem Geschädigten zur Verfügung stellt, müssen mit Blick auf das Regelungsziel effektiv sein. Sie dürfen zugleich nicht hinter dem nationalen Schadensersatzregime bei ähnlichen Ansprüchen hinterher hinken.

c. *Bleibt die Haftung des Versicherungsvermittlers in der Verordnung ungeregelt?*

Wie noch zu zeigen sein wird,[74] trennt die PRIIP-VO klar zwischen der Pflicht des „Herstellers" (also des Versicherers) und des „Beraters" oder „Verkäufers" (also des Versicherungsvermittlers). Die Haftungsvorschrift des Art. 11 PRIIPs-Vorschlag findet sich in Kapitel II, Abschnitt II mit der Überschrift „Form und Inhalt des Basisinformationsblatts", also in jenem Abschnitt, der die Pflicht des „Herstellers" zur Erstellung und Publikation des Basisinformationsblatts konkretisiert. Die Haftungsnorm in Absatz 2 nimmt dann auch nur auf Fehler des „Herstellers", also des Versicherers Bezug,[75] nicht dagegen auf eine Verletzung der Pflicht zur Aushändigung des Basisinformationsblatts durch den „Berater" oder „Verkäufer", also den Versicherungsvermittler. Der nachfolgende Abschnitt III, welcher von der Aushändigungspflicht des „Beraters" oder „Verkäufers", also Versicherungsvermittlers, handelt, enthält keine eigene Haftungsnorm. Sollten den Vermittler somit nur die administrativen Maßnahmen und Sanktionen der Art. 22 ff. PRIIP-VO treffen? Ist die zivilrechtliche Sanktionierung von Pflichtverletzungen des Vermittlers insgesamt dem mitgliedstaatlichen Recht anheim gegeben? Ist der Mitgliedstaat dabei ganz frei oder muss er das Effektivitäts- und Äquivalenzprinzip beachten? Fragen, die m.E. besser in der PRIIP-VO selbst geklärt worden wären.

---

73   Art. 11 Abs. 4 PRIIP-VO.
74   Zur Trennung von „Hersteller" und „Berater" oder „Verkäufer" sowie zu sich ergebenden Zurechnungsfragen unten 6.
75   Siehe Art. 11 Abs. 2 der auf die Umstände des Abs. 1 verweist, welche lauten: „irreführend, ungenau oder stimmt nicht mit den einschlägigen Teilen der rechtlich verbindlichen vorvertraglichen und Vertragsunterlagen oder mit den Anforderungen nach Artikel 8 überein".

d. Haftung nur gegenüber dem Versicherungsnehmer?

Artikel 12 PRIIP-VO lautet:

„Wenn das Basisinformationsblatt einen Versicherungsvertrag betrifft, gelten die Verpflichtungen des Versicherungsunternehmens nach dieser verordnung nur gegenüber dem Versicherungsnehmer des Versicherungsvertrags und nicht gegenüber dem Begünstigten des Versicherungsvertrags."

Diese Vorschrift gibt Rätsel auf. Sie spricht zunächst ganz allgemein von den Verpflichtungen des Versicherers, nicht nur vom Schadensersatz bei Pflichtverletzung. Gemeint könnte also sein, dass die Pflicht zur Erstellung des Basisinformationsblatts und dessen Publikation auf der Homepage des Versicherers[76] nur gegenüber dem Versicherungsnehmer besteht. Das würde für sich allein genommen aber nichts bewirken, weil der Umfang der Pflicht solcherart ja in keiner Weise beschränkt wird. Ein erstelltes und veröffentlichtes Basisinformationsblatt ist jedem unabhängig davon zugänglich, welcher Person die Erstellung und Publikation geschuldet ist. Bedeutung erhält die Vorschrift dagegen, wenn man ihr entnimmt, dass eben nur der Versicherungsnehmer Anspruch auf Erstellung des Basisinformationsblatts hat und daher auch nur er Schadensersatzansprüche geltend machen kann. Gerade dieser Ansatz wäre aber in all jenen Fällen nicht überzeugend, in denen es durch die für den Lebensversicherungsvertrag typische Drittbeteiligung auf Versicherungsnehmerseite zu einer Schadensverlagerung kommt. Dann würde die Haftungsnorm des Art. 11 PRIIP-VO ins Leere laufen. Ein Beispiel mag dies verdeutlichen: Ein Arbeitgeber schließt eine Gruppenlebensversicherung auf das Leben seiner Arbeitnehmer, und zwar zu deren und ihrer Familien Gunsten. Die Prämien werden von den Arbeitnehmern durch vom Arbeitgeber einbehaltene Lohnanteile finanziert. Sollte das Basisinformationsblatt des Versicherers falsch sein und es daher zu einem Kapitalverlust oder einer zu geringen Verzinsung des Sparguthabens kommen, so stünden eventuelle Schadensersatzansprüche nur dem Versicherungsnehmer (Arbeitgeber) zu, der keinen Schaden hat. Ganz offensichtlich kann aber die Schadensverlagerung den Schadensersatzanspruch nicht ausschließen. Die PRIIP-VO hätte dies in ihrer Textierung klarstellen sollen, am besten durch eine Streichung des Artikel 12.

---

76 Siehe Art. 5 Abs. 1 PRIIP-VO.

6. Zurechnungsfragen

Die PRIIP-VO trennt sehr scharf zwischen dem Produktanbieter, also dem Versicherer, und dem Berater bzw. Verkäufer des Produkts, also dem Versicherungsvermittler. Diese Unterscheidung tritt schon in der Beschreibung des sachlichen Anwendungsbereichs der Verordnung zutage,[77] besonders deutlich aber in der Regelung des persönlichen Anwendungsbereichs,[78] die einerseits vom Produkthersteller und andererseits vom Vermittler („Personen, die über PRIIP beraten oder sie verkaufen") spricht. Der Vorschlag weist dann die Pflicht zur Erstellung und die Pflicht zur Aushändigung des Basisinformationsblatts je für sich zu. Der Versicherer muss das Basisinformationsblatt erstellen und auf seiner Homepage publizieren.[79] Der Berater oder Verkäufer muss dem Kunden das Basisinformationsblatt aushändigen.[80] Bedenkt man, dass die Verordnung eine abschließende Regelung in sich birgt, die nicht umgesetzt werden muss und auch nicht darf, kann man bei so scharfer Trennung sogar die Frage stellen, ob es dann keine Zurechnung des Fehlverhaltens des Versicherungsagenten gegenüber dem Versicherer mehr geben kann. M.E. ist dies nicht der Fall, denn der Wortlaut der Vorschrift gewährt einen Auslegungsspielraum. Vertreibt ein Versicherer seine Produkte über Agenten, die in seinem Namen auftreten, so ist es eben der Versicherer, der im Sinne von Art. 13 Abs. 1 PRIIP-VO das Produkt verkauft und ggf. den Kunden berät. Das Verhalten seines Vertreters muss er sich zurechnen lassen, auch dessen schuldhaftes Nichtaushändigen des Basisinformationsblatts.

Jedenfalls aber folgt aus der Zuweisung der Aufgaben, dass ein Versicherer für ein Verschulden eines unabhängigen Maklers nicht zu haften braucht. Letzterer ist der Berater bzw. Verkäufer im Sinne von Art. 13 PRIIP-VO. Da er gegenüber dem Kunden ausschließlich im eigenen Namen und nicht im Namen des Versicherers auftritt, ist er auch persönlich für die Aushändigung des Basisinformationsblatt verantwortlich. Das gilt es im Gefolge der *Clerical-Medical*-Entscheidungen des BGH besonders hervorzuheben.[81]

---

77 Siehe Art. 1 PRIIP-VO.
78 Siehe Art. 2 Abs. 1 PRIIP-VO.
79 Siehe Art. 5 Abs. 1 PRIIP-VO.
80 Siehe Art. 13 Abs. 1 PRIIP-VO.
81 Siehe BGH 11.7.2012 – IV ZR 122/11; IV ZR 151/11; IV ZR 164/11; IV ZR 286/10, VersR 2012, 1237; zu diesen Entscheidungen unten III.1.c.

III. IDD: MiFID2-Wohlverhaltensregeln für Versicherungsunternehmen und Versicherungsvermittler?

1. Intensivierung der Beratungspflichten von Versicherern und Versicherungsvermittlern („anleger- und objektgerechte Beratung")

a. Produktinformation, Produktempfehlung und suitability test

Die Ratsposition für eine IDD enthält für alle Versicherungsdistributoren, dazu zählt ggf. auch der Versicherer, eine grundsätzliche Pflicht, im besten Interesse des Versicherungsnehmers zu handeln.[82] Vermittler haben die Wünsche und Bedürfnisse des Kunden zu erfragen und ihm in verständlicher und objektiver Weise Auskunft über das Versicherungsprodukt zu geben, sodass dieser eine „informed decision" treffen kann.[83] Schlägt der Distributor ein Produkt vor, so muss es den Wünschen und Bedürfnissen des Kunden entsprechen.[84] Dieselben Pflichten treffen den Versicherer beim Direktvertrieb.[85] Bieten Versicherungsvermittler oder Versicherer Beratung an, so haben sie den Kunden darüber zu informieren.[86] Diesfalls erwächst dem Distributor – auch dem Versicherungsvertreter und selbst dem Versicherer beim Direktvertrieb – die Pflicht, eine individualisierte Empfehlung abzugeben, in der erläutert wird, wieso ein bestimmtes Produkt die Bedürfnisse des Kunden am besten befriedigt.[87] Aus den Informationspflichten nach den geltenden Richtlinien war dagegen, wie jüngst auch der EFTA-Gerichtshof[88] bestätigt hat, eine Beratungspflicht jedenfalls des Versicherers nicht abzuleiten. Hingegen enthält bereits die geltende Vermittler-RL[89] den Grundsatz, dass sich die Empfehlung bei unabhängiger Beratung (Versicherungsmak-

---

82 Art. 15 Abs. 1 IDD-Ratsposition.
83 Art. 15a Abs. 4 S. 1 und Art. 15b Abs. 2 S. 1 IDD-Ratsposition.
84 Art. 15a Abs. 4 S. 2 und Art. 15b Abs. 2 S. 2 IDD-Ratsposition.
85 Art. 15c Abs. 5 IDD-Ratsposition.
86 Art. 15a Abs. 1 lit. aa und Art. 15c Abs. 1 lit. c IDD-Ratsposition.
87 Art. 15a Abs. 5 IDD-Ratsposition; für Versicherungsunternehmen Art. 15c Abs. 6 IDD-Ratsposition.
88 EFTA-Gerichtshof 13.6.2013 – Rs. E-11/12 (Beatrix Susanne Koch, Lothar Hummel und Stefan Müller v. Swiss Life (Liechtenstein) AG) Rn. 67 ff.
89 Nach Art. 12 Abs. 2 Vermittler-RL hat ein Vermittler, der eine „objektive Untersuchung" anbietet, „seinen Rat auf eine Untersuchung einer hinreichenden Zahl von auf dem Markt angebotenen Versicherungsverträgen zu stützen, sodass er gemäß fachlichen Kriterien eine Empfehlung dahin gehend abgeben kann, welcher Versicherungsvertrag geeignet wäre, die Bedürfnisse des Kunden zu erfüllen."

ler) auf eine Analyse einer hinreichenden Zahl von am Markt verfügbaren Versicherungsprodukten abstützen muss.[90]

Über diese allgemeinen Beratungspflichten hinaus kennt Art. 25 IDD-Ratsposition bei **Versicherungsanlageprodukten** auch eine Pflicht, einen *suitabilitytest* durchzuführen, welcher sich inhaltlich an die entsprechende Pflicht von Wertpapierfirmen in Art. 25 MiFID2 anlehnt. Wiewohl dies im europäischen Versicherungsvertriebsrecht eine Novität darstellt, waren schon bisher nationale Entwicklungen in diese Richtung zu beobachten. So hat § 6 VVG immerhin eine allgemeine Beratungspflicht des Versicherers eingeführt. Der österreichische Gesetzgeber hat in § 75 VAG speziell für fonds- und indexgebundene Lebensversicherungen Beratungspflichten des Versicherers geschaffen, die nur in wenigen Punkten hinter einem *suitability test* zurück bleiben.

Die Pflicht, einen *suitability test* durchzuführen, trifft nur Versicherungsvermittler und Versicherungsunternehmen, die eine **Beratung** anbieten.[91] Diesfalls muss die Eignung eines Produkts für den Kunden geprüft werden. Hierfür haben Vermittler bzw. Versicherer den Kriterien der anleger- und objektgerechten Beratung, insbesondere dem Gebot „to know your customer", zu entsprechen. Der Berater hat also nicht nur die Wünsche und Bedürfnisse seines Kunden, sondern auch dessen Kenntnisstand, Erfahrung, finanzielle Lage einschließlich der Fähigkeit, Verluste zu tragen, sowie Investitionszwecke einschließlich der Risikotoleranz zu erfragen.[92] Auf dieser Grundlage ist ein taugliches und mit dem Risikoprofil des Kunden übereinstimmendes Produkt zu empfehlen.[93] Vor Abschluss des Vertrags muss gegenüber dem Kunden zur Tauglichkeit des empfohlenen Produkts detailliert Stellung genommen werden.[94] Zivilrechtliche Sanktionen für den Fall eines Verstoßes gegen die Pflicht, einen *suitability test* durchzuführen, kennt Art. 25 IDD-Ratsposition indessen nicht. Insbesondere wird kein Schadensersatzanspruch des Kunden vorgegeben.[95] Es verbleibt insofern bei den allgemeinen Regelungen, welche verwaltungsrechtliche Sanktionen vorsehen.[96]

---

90 So auch Art. 15a Abs. 7 IDD-Ratsposition.
91 Art. 25 Abs. 1 IDD-Ratsposition; ähnlich für den in Österreich geltenden § 75 VAG HG Wien 28.1.2013 – 34 Cg 42/12a, S. 18.
92 Art. 25 Abs. 1 IDD-Ratsposition.
93 Art. 25 Abs. 1 IDD-Ratsposition.
94 Art. 25 Abs. 4a IDD-Ratsposition.
95 Eine Pflicht des Mitgliedstaats, Schadensersatzansprüche einzuräumen, kann sich aber aus den Prinzipien der Effizienz und Äquivalenz ergeben; hierzu oben II.5.a.
96 Art. 26 ff. IDD-Ratsposition.

Wird ein Produkt dagegen **ohne Beratung** verkauft, hat der Distributor nach Art. 25 Abs. 2 IDD-Ratsposition nur zu prüfen, ob dieses „angemessen" ist.[97] Dabei muss der Vertreiber kein volles Anlegerprofil erstellen, sondern nur die Kenntnisse und Erfahrungen des Kunden abfragen.[98] In eng umrissenen Fällen, die jenen nach Art. 25 Abs. 4 MiFID2 ähneln, können die Mitgliedstaaten Versicherungsvermittler und Versicherer, die keine Beratung bieten, von den Nachfragepflichten und damit auch von der darauf gestützten Beratung befreien.[99] Ob ein Vermittler bzw. Versicherer Beratung anbietet oder nicht, hat er dem Versicherungsnehmer vorab mitzuteilen.[100]

b. Bedeutung für das nationale deutsche Recht

Details der anleger- und objektgerechten Beratung sind aus dem Kapitalanlagerecht bekannt und bedürfen hier keiner weiteren Erklärungen. Aus der Sicht des nationalen Versicherungsrechts stellt sich jedoch die Frage, welche Änderungen die künftige IDD bringen wird.

Im geltenden deutschen Recht treffen sowohl die Versicherungsvermittler (Makler und Vertreter, § 61 VVG) als auch den Versicherer (§ 6 VVG) Beratungspflichten. Die Pflichten der Vermittler setzen die geltende Vermittler-RL in deutsches Recht um, mit der analogen Pflicht des Versicherers geht § 6 VVG indessen über die richtlinienrechtlichen Anforderungen hinaus. Da die Intensität der Beratungspflichten nicht zuletzt von der Art des Versicherungsprodukts und dessen Komplexität abhängt, sind an die Beratungspflicht des Vermittlers bzw. Versicherers bei Lebensversicherungen mit Anlagecharakter grundsätzlich strenge Anforderungen zu stellen. Speziell für die fondsgebundene Lebensversicherung wird bisweilen auch von einer anleger- und objektgerechten Beratung gesprochen.[101] Indessen bleibt die geltende Beratungspflicht hinter dem *suitability test* nach Art. 25 Abs. 1 IDD-Ratsposition zurück. Lediglich der Versicherungsmakler hat über die Aufklärung des Kunden hinaus auch eine „fachlich begründete und überprüfbare Empfehlung"[102] für ein bestimmtes Versicherungsprodukt zu geben. Beim Vertreter und Versicherer wird dagegen wohl überwiegend nur von einer Pflicht zur Aufklärung über entscheidungsrelevante Umstände

---

97 Art. 25 Abs. 2 IDD-Ratsposition.
98 Art. 25 Abs. 2 1 IDD-Ratsposition.
99 Art. 25 Abs. 2a IDD-Ratsposition.
100 Art. 15a Abs. 1 lit. aa und Art. 15c Abs. 1 lit. c IDD-Ratsposition.
101 *Armbrüster* a.a.O. (Fn. 17) § 6 Rn. 196; so schon nach altem Recht *Heiss*, Grund und Grenzen der Aufklärungspflicht des Versicherers, ZVersWiss 2003, 339 (359).
102 So treffend und kurz *Reiff* in Langheid/Wandt, Münch. Komm. zum VVG, § 61 Rn. 20.

ausgegangen.[103] Dazu zählt natürlich auch ein Kapitalverlustrisiko bzw. eine fehlende Renditegarantie. Nach wie vor aber trifft den Versicherungsnehmer die Last, eine eigenverantwortliche Auswahlentscheidung zu treffen. Diese wird ihm durch Art. 25 Abs. 1 IDD-Ratsposition abgenommen, denn er kann sich auf die erhaltene Empfehlung verlassen.

Suitability test und Beratungspflichten nach geltendem Recht unterscheiden sich auch in weiteren Einzelpunkten. So ist die Beratungspflicht anlassbezogen formuliert,[104] der *suitability test* ist dagegen spontan geschuldet. Umgekehrt treffen Vermittler und Versicherer nach nationalem Recht stets Beratungspflichten, während Art. 25 IDD-Ratsposition abstuft: Eine Pflicht, einen *suitability test* durchzuführen, besteht nur dann, wenn der Vermittler bzw. Versicherer Beratung anbietet.[105] Die Beratungspflicht nach § 6 VVG erschöpft sich darin, die Wünsche und Bedürfnisse des Kunden zu erfragen und zu bedienen, im Rahmen eines *suitability test* ist die Erstellung eines Anlegerprofils geschuldet („know your customer").[106] Ein formaler Unterschied besteht darin, dass der Umfang der Beratungspflichten nach geltendem Recht u.a. davon abhängt, in welchem Verhältnis Aufwand und Prämie stehen (Proportionalitätsregel).[107] Eine derartige Eingrenzung der Beratungspflicht kennt Art. 25 Abs. 1 IDD-Ratsposition nicht. Freilich wird die Proportionalitätsregel gerade bei Versicherungsanlageprodukten kaum einmal eine nur eingeschränkte Beratung rechtfertigen können. Die Beratung nach geltendem Recht ist bei Wahrung bestimmter Formvorschriften verzichtbar,[108] der *suitability test* dagegen nicht.

c. *Konkurrenz von Vermittler- und Versichererberatung?*

§ 6 Abs. 6 VVG nimmt die Beratungspflicht des Versicherers zurück, wenn der Versicherungsnehmer von einem Versicherungsmakler beraten ist. Damit will der deutsche Gesetzgeber überflüssige Doppelberatungen und damit doppelte Beratungskosten vermeiden. In diesem Sinne sagt die Begründung zu § 6 VVG, es sei „in diesen Fällen nicht erforderlich, auch dem Versi-

---

103 Z. B. *Rixecker* in Römer/Langheid, VVG, 4.Aufl., § 6 VVG Rn. 11.
104 Ausdrücklich § 6 VVG „soweit ... hierfür Anlass besteht, ..."; ebenso § 61 VVG für die Beratung durch Vermittler.
105 Art. 25 Abs. 1 IDD-Ratsposition; Beratungspflichten nach nationalem Recht bleiben indessen bestehen, vgl. Art. 19 Abs. 2 IDD-Ratsposition.
106 Art. 25 Abs. 1 IDD-Ratsposition.
107 § 6 VVG und § 61 VVG „unter Berücksichtigung eines angemessenen Verhältnisses" von Aufwand und Prämie.
108 § 6 Abs. 3 und § 61 Abs. 2 VVG.

cherer eine entsprechende Verpflichtung aufzuerlegen".[109] In der österreichischen Lehre wird ebenfalls die Ansicht vertreten, eine Maklerberatung lasse Beratungspflichten des Versicherers in aller Regel entfallen.[110] Um dieses Ergebnis zu erzielen, nimmt *Fenyves* eine Anleihe bei § 6 Abs. 6 VVG, verweist aber auch auf die Rechtsprechung des öOGH, nach der sich der Versicherungsnehmer das Fachwissen seines Versicherungsmaklers zurechnen lassen muss.[111] Ähnlich sieht es auch Art. 2:202 der Principles of European Insurance Contract Law (PEICL), der dem Versicherer eine „Duty to Warn about Inconsistencies in the Cover" auferlegt, wenn er Deckungslücken nach den Umständen und insbesondere nach der Art und Weise des Vertragszustandekommens erkennen muss. Nach dem Wortlaut der Vorschrift ist es bei der Entscheidung über das Bestehen einer Warnpflicht des Versicherers besonders zu gewichten, wenn der Versicherungsnehmer von einem Versicherungsmakler beraten wird (Art. 2:202 para. 1 PEICL). In den „Comments" hierzu wird ausgeführt:

„Considerations should be given to whether or not the applicant is professionally advised by an insurance broker. If so, the insurer may assume that the applicant is well advised by the broker and duties of assistance will arise only in exceptional circumstances. This is why the example of negotiating through an insurance broker is specifically mentioned in Art. 2:202 para. 1."[112]

Bemerkenswert ist aus der Sicht deutschen Rechts jedoch, dass die Rechtsprechung insbesondere auch nach Inkrafttreten von § 6 Abs. 6 VVG immer wieder ausgesprochen hat, der Versicherer habe den Versicherungsnehmer einer fondsgebundenen Lebensversicherung umfassend aufzuklären, obwohl die in Rede stehenden Verträge von „unabhängigen Vermittlern" vermittelt worden waren.[113] Zu diesem Zweck stellt der BGH ausdrücklich auf den

---

109 Regierungsbegr., BT-Drucks. 16/3945, S. 58 (zu § 6 Abs. 1 S. 3 der Regierungsvorlage).
110 Insb. *Fenyves*, Die Informationspflichten des Versicherers, VR 2009, 16 (23 f.).
111 OGH 31.3.2004 7 – Ob 284/03w: „Das Wissen und Handeln der Versicherungsmaklerin ist daher der Klägerin [Anm.: gemeint ist die Versicherungsnehmerin] zuzurechnen"; vgl. auch HG Wien 28.1.2013 – 34 Cg 42/12a, S. 17: „... Hilfsperson des VN ..."; siehe im Kontext auch HG Wien 28.1.2013 34 Cg 42/12a, S. 18; vgl. zur insofern gleichen Rechtslage im schweizerischen Recht *Fuhrer*, Schweizerisches Privatversicherungsrecht, 2011, 6.69 (für die Informationspflicht des Versicherers nach Art. 3 chVVG).
112 *Basedow/Birds/Clarke/Cousy/Heiss* [eds.], PEICL (2009) Art. 2:202 Comment C4.b. auf Seite 97.
113 Z. B. BGH 11.7.2012 – IV ZR 151/11 m. w. N.

Anlagecharakter der fondsgebundenen Lebensversicherung ab[114] und setzt den Versicherer einem Anlagevermittler (nicht einem Anlageberater) gleich, legt ihm folglich zwar keine Pflicht auf, die Anlageform aus der Perspektive des Kunden zu bewerten, jedoch umfassende Aufklärungspflichten.[115] Der BGH nimmt diese Pflichten des Versicherers nicht zurück, obwohl ein unabhängiger Vermittler den Kunden berät, und rechnet dem Versicherer obendrein ein Beratungsverschulden des unabhängigen Vermittlers über § 278 BGB zu.[116] Dabei kann den Gerichten formal gesehen nicht vorgeworfen werden, sie würden § 6 Abs. 6 VVG missachten, denn es ging stets um Altfälle, auf die das VVG 2008 nicht anwendbar war. Immerhin aber nimmt es den Anschein, als hätte § 6 Abs. 6 VVG die Rechtslage zu Lasten des Versicherungsnehmers verändert, was sicherlich nicht der Stoßrichtung des VVG 2008 entspricht. In Wirklichkeit freilich dürfte die Rechtsprechung zu den Altfällen – wenn nicht im Ergebnis, so doch in ihrer Begründung – verfehlt sein. Die dahinter stehende Logik lautet: Den Versicherer treffen beim Verkauf fondsgebundener Lebensversicherungen umfassende Aufklärungspflichten, denen er nur nachkommen kann, wenn er in irgendeiner Weise mit dem Kunden kommuniziert. Kommuniziert er über unabhängige Vermittler, so macht er diese zu seinen Erfüllungsgehilfen.

Kritikwürdig ist dieser Begründungsansatz zunächst deshalb, weil der BGH offenbar vom Bestehen einer Aufklärungspflicht trotz Beratung durch einen Versicherungsmakler ausgeht.[117] Selbst wenn man aber eine Aufklärungspflicht trotz Vermittlung durch einen Makler annimmt, so erfüllt der Versicherer diese doch gerade dadurch, dass er die geschuldeten Informationen dem Makler zukommen lässt. Der Versicherer macht den Makler damit gerade nicht zu seinem Erfüllungsgehilfen. Denn ein Versicherungsnehmer, der einen Makler mit der Vermittlung einer fondsgebundenen Lebensversicherung beauftragt, erteilt diesem regelmäßig auch Empfangsvollmacht. So hat der deutsche BGH bspw. ausdrücklich ausgesprochen, dass es zum Pflichtenkreis des Versicherungsmaklers gehört, für den Versicherungsneh-

---

114 BGH 11.7.2012 – IV ZR 151/11 m. w. N.; sowie BGH 26.9.2012 – IV ZR 71/11; in diesem Sinne z. B. auch OLG Frankfurt/Main 5.7.2013 – 24 U 131/11; dennoch für den Regelfall der fondsgebundenen Lebensversicherung gegenteilig OLG Köln 31.1.2014 – 20 U 156/13, VersR 2014, 1238; es geht bei der Rsp. des BGH auch nicht darum, dass eine mit Anlagecharakter ausgestattete Lebensversicherung keine Versicherung mehr sei, wie *Werber*, Voraussetzungen und Probleme einer Zurechnung von Maklerfehlern gegenüber dem Versicherer, VersR 2014, 412 (415), anzunehmen scheint.
115 BGH 11.7.2012 – IV ZR 151/11 m. w. N.; sowie BGH 26.9.2012 – IV ZR 71/11; in diesem Sinne z. B. auch OLG Frankfurt/Main 5.7.2013 – 24 U 131/11.
116 BGH 11.7.2012 – IV ZR 151/11 , Rn. 48.
117 Vgl. auch *Werber*, VersR 2014, 412 (419 f.).

mer Informationen entgegenzunehmen.[118] Es ist nämlich ein allgemeiner Grundsatz, dass aus einem bestimmten, übertragenen Aufgabenkreis auch eine konkludente Bevollmächtigung insoweit folgt, wie sie zur Erfüllung der Aufgaben erforderlich ist.[119] Mindestens aber ist nach der Rechtsprechung dem Versicherungsnehmer das Wissen des Maklers zuzurechnen.[120] Dann aber muss ein Schadensersatzanspruch wegen mangelnder Aufklärung in all jenen Fällen ausscheiden, in denen der Makler Kenntnis von den maßgeblichen Umständen hatte. Ob er sie tatsächlich an den Kunden weiterreicht, kann für die Haftung des Versicherers nicht ausschlaggebend sein, sondern beeinflusst nur die Haftung des Maklers gegenüber dem Kunden.

Nicht zu überzeugen vermag es insbesondere, wenn der BGH in seiner Rechtsprechung zu *Clerical Medical* für die Zurechnung des Beratungsverschuldens des unabhängigen Vermittlers ausschließlich darauf abstellt, dass der Versicherer

> „unter Verzicht auf ein eigenes Vertriebssystem im Rahmen eines so genannten Strukturvertriebs über rechtlich selbstständige Vermittler, die ihrerseits Untervermittler eingesetzt haben, veräußert, ohne selbst mit den Kunden in Kontakt zu treten."[121]

Weder die Antwort auf die Frage, ob eine Beratungspflicht des Versicherers entfällt, wenn ein Makler den Kunden betreut, noch auf die Frage, ob ein

---

118 BGH 21. 6. 2000 – IV ZR 157/99, VersR 2000, 1133 (1134).
119 So auch – unter Verweis auf die stRsp. des dt. BGH – *Matusche*, Pflichten und Haftung des Versicherungsmaklers, Verlag Versicherungswirtschaft, Karlsruhe, 4. Aufl. 1995, S. 80; siehe auch *Griess/Zinnert*, Der Versicherungsmakler, Verlag Versicherungswirtschaft, Karlsruhe, 3. Auflage 1997, S. 64, die den Versicherungsmakler eben wegen seines Aufgabenbereichs nicht nur als passiven „Empfangsvertreter", sondern sogar als aktiven „Erklärungsvertreter" ansehen, der im Namen des Versicherungsnehmers Obliegenheiten zur Information des Versicherers (einschließlich der vorvertraglichen Anzeigepflicht) erfüllt. Diese Vollmacht ergebe sich „aus dem Bild des Maklers als Interessenvertreter, Vertrauensmann und treuhandähnlichen Sachwalter des Kunden/Versicherungsnehmers"; vgl. auch öOGH 29.5.2000 – 7 Ob 314/99y zur konkludenten Bevollmächtigung des Versicherungsmaklers durch den Kunden.
120 BGH 21. 6. 2000 – IV ZR 157/99, VersR 2000, 1133 (1134); ähnlich die deutsche Rsp., welche eine arglistige Täuschung des Versicherers durch den Versicherungsmakler dem Versicherungsnehmer zurechnet; Teil dieser Zurechnung von Arglist ist auch eine Wissenszurechnung, denn die Arglist setzt voraus, dass der Täuschende die Relevanz der Täuschung für die Getäuschten kannte oder kennen musste; vgl. nur z. B. BGH 12.3.2008 – IV ZR 330/06, VersR 2008, 809 [810]). Die deutsche Lehre bestätigt diesen Ansatz; – so ganz generell für eine Zurechnung des Wissens des Versicherungsmaklers an den Versicherungsnehmer unter Verweis auf die Rsp. des BGH *Ellenberger* in Palandt, 71. Aufl., § 166 BGB Rn. 6a; deutlich im Kontext der Erfüllung der Informationspflichten z. B. auch *Pohlmann* in Looschelders/Pohlmann, 2. Aufl., § 7 VVG Rn. 12.
121 Z. B. BGH 11.7.2012 – IV ZR 151/11, Rn. 48; ausführlicher zu dieser von der Rsp. verwendeten Formulierung *Werber*, VersR 2014, 412 (417).

Verschulden des Versicherungsmaklers dem Versicherer zuzurechnen ist, kann davon abhängen, ob ein Versicherer „gar nicht", „auch" oder „nur" über Versicherungsmakler vertreibt.[122] Grund für den Entfall einer eigenen Beratungspflicht des Versicherers ist die Vermeidung von doppelten Beratungskosten. Dieser Grund trifft aber bei Beratung durch einen Versicherungsmakler immer zu, egal ob der Anteil des maklervertriebenen Geschäfts am Gesamtgeschäft eines Versicherers 10, 25, 50, 75 oder 100% ausmacht. Ebenso ist kein Grund ersichtlich, wieso ein Versicherungsnehmer in den Genuss einer Erfüllungsgehilfenhaftung des Versicherers für Beratungsverschulden des Maklers kommt, nur weil alle anderen Versicherungsnehmer desselben Versicherers ebenfalls von einem Makler betreut werden, ein anderer Versicherungsnehmer dagegen nur deswegen nicht, weil ein Teil der anderen Kunden durch einen eigenen Vertreterstab des Versicherers beraten wird.

Demgegenüber ist es mindestens im Ansatz überzeugend, wenn der BGH in einer kurze Zeit danach ergangenen Entscheidung nicht nur auf den gewählten Vertriebsweg (Direktvertrieb, Vertretervertrieb, Maklervertrieb) abstellt.[123] Vielmehr weist der BGH auf konkrete Umstände hin, die indizieren sollen, dass sich der Versicherer die Beratung des Maklers zu eigen gemacht hat. Dies leitet der BGH schon aus der Gestaltung des Antragsformulars ab, welches in der Kopfzeile sowohl den Versicherer als auch den Makler als Herausgeber bezeichnete. Das Antragsformular enthielt auch eine an den Versicherer gerichtete Erklärung des Versicherungsnehmers, wonach er über alle relevanten Punkte aufgeklärt worden sei.[124] Ob man dem vom BGH erzielten Ergebnis der Zurechnung zustimmt oder nicht:[125] Der Versuch darzutun, dass der Versicherer den Versicherungsmakler aus der Perspektive des Versicherungsnehmers zu seinem Erfüllungsgehilfen bestellt hat, überzeugt. Ebenso würde es überzeugen, eine Zurechnung vorzunehmen, weil ein nach außen unabhängig daherkommender Makler im Innenverhältnis an den Versicherer gebunden war wie ein Vertreter („Pseudomakler").[126] Solange derartige Umstände nicht vorliegen, überzeugt die Zurechnung indessen nicht.

---

122 Kritisch zu diesem Ansatz auch *Werber*, VersR 2014, 412 (417 f.); sowie *Grote/Schaaf*, GWR 2012, 477 (480).
123 BGH 26.9.2012 – IV ZR 71/11; noch deutlicher die Rechtsprechung des Fürstlich Liechtensteinischen OGH 6.12.2013 10 CG. 2009.270.
124 BGH 26.9.2012 – IV ZR 71/11.
125 Nach *Werber*, VersR 2014, 412 (418) reicht die Begründung anders als in der von ihm gut geheißenen Entscheidung des BGH 1.3.2012, VersR 2012, 619, noch nicht aus.
126 Zum Begriff eingehend *Reiff* in Münchener Kommentar VVG Band 1 (2010) § 59 Rn. 44 ff.

Das alles schließt freilich nicht aus, dass die Entscheidungen des BGH zu *Clerical Medical* im Ergebnis doch richtig sind. Immerhin vermeidet der BGH die ausdrückliche Qualifikation des Vermittlers als „Makler", sondern bezeichnet ihn nur als „rechtlich unabhängig" und als „sogenannten Strukturvertrieb".[127] Diese Anhaltspunkte für eine maklerfremde Qualifikation hätten aber vertieft werden müssen.

Im Gegensatz zum nationalen Recht spricht Art. 25 Abs. 1 IDD-Ratsposition ganz pauschal davon, dass der Vermittler **und** der Versicherer den *suitability test* durchführen müssen. Wäre damit eine kumulativ zu erfüllende Pflicht gemeint, so wäre das im Lichte der Ausführungen zum deutschen Recht der Sache nach nicht einsehbar. Zugleich würde es aus europarechtlicher Sicht einen systematischen Bruch mit den Regelungen der Informationspflichten bedeuten: Art. 15c IDD-Ratsposition belastet den Versicherer nämlich nur dann mit Informationspflichten, wenn er seine Produkte direkt, also nicht über Vermittler, vertreibt. Außerdem sprechen andere Vorschriften in der IDD-Ratsposition immer von Versicherungsvermittler **oder** Versicherer. Das gilt namentlich für die reduzierten Beratungspflichten nach Art. 25 Abs. 2 IDD-Ratsposition. Überdies ist Art. 25 Abs. 1 IDD-Ratsposition von vornherein nur auf Versicherer und Vermittler anwendbar, die Beratung anbieten. Ein Versicherer wird diese aber nicht anbieten, wenn der Kunde durch einen Makler beraten wird. Dasselbe Ergebnis folgt aus dem Systemansatz der Richtlinie: Sie will Versicherer in die Regelungen für Versicherungsvermittler einbeziehen, weil diese bisweilen den Vertrieb nicht über Vermittler, sondern direkt organisieren. In diesem Fall soll es um die Beratung des Kunden aber nicht schlechter gestellt sein als bei Einschaltung eines Versicherungsagenten.[128] Der Einschluss von Versicherern in den Anwendungsbereich der IDD soll damit nur die Fälle des Direktvertriebs betreffen, so dass eine kumulative Inpflichtnahme von Versicherungsvermittler und Versicherer ausgeschlossen sein muss.

Insgesamt sollte daher auch nach dem künftigen Richtlinienrecht der Grundsatz gelten, dass ein maklerbetreuter Versicherungsnehmer im Allgemeinen keine Beratung durch den Versicherer benötigt.

---

127 BGH 11.7.2012 – IV ZR 151/11 Rn. 48; vgl. auch *Grote/Schaaf*, GWR 2012, 477 (480).
128 Siehe Erwägungsgrund 6 IDD-Ratsposition.

2. Zielmarktorientierung

Nach Art. 21a IDD-Ratsposition, der inhaltlich weitgehend den Vorschriften der Art. 16 Abs. 3 und 24 Abs. 2 und 3 MiFID2 entspricht, haben Versicherer und ggf. auch Versicherungsvermittler ein Produktgenehmigungsverfahren einzurichten, in dessen Rahmen ein Zielmarkt von Endkunden bestimmt wird, alle Risiken des Zielmarktes analysiert werden und der Vertrieb an diesen Zielmarkt sicher gestellt ist. Dies wird nicht nur für Versicherungsanlage-, sondern für alle Versicherungsprodukte gelten. Für Versicherungsanlageprodukte schreibt jedoch die PRIIP-VO vor, dass der Zielmarkt auch im Basisinformationsblatt benannt wird.[129] Konkret wird gefordert:

„eine Beschreibung des Kleinanlegertyps, an den das PRIIP vermarktet werden soll, insbesondere was die Fähigkeit, Anlageverluste zu verkraften, und den Anlagehorizont betrifft".

Im Idealfall sollte es daher nicht (mehr) zu einem systematischen „misselling" von Produkten kommen. Eine Risikolebensversicherung kann nicht alleinstehende Kunden, die keinerlei Angehörige zu versorgen haben, als Zielmarkt ausweisen. Ebenso kann eine langfristig kapitalbildende Lebensversicherung nicht für eine ältere Bevölkerungsschicht gedacht sein. Dieser Ansatz ist bemerkenswert, weil der Verkauf der jeweiligen Produkte an Kunden, welche dem identifizierten Zielmarkt nicht angehören, wohl auch einen Beratungsfehler mindestens indiziert. Die Zielmarktidentifikation könnte also auch in Haftungsprozessen eine wesentliche Rolle spielen.

3. Produkttransparenz durch Kostentransparenz

Einen schier unendlichen Quell an Diskussionsstoff stellt die Kostenbelastung von Versicherungsanlageprodukten dar. Die Diskussion leidet etwas darunter, dass bisweilen unterschiedliche Fragen vermengt werden. Insbesondere muss der Aspekt der Produkttransparenz, die durch Offenlegung aller entstehender Kosten erzielt werden kann, von der Transparenz bestehender Interessenkonflikte auf Seiten des Vermittlers, die nur durch spezifische Offenlegung der Abschlusskosten zu erreichen ist,[130] unterschieden werden.

---

129 Art. 8 Abs. 3 lit. c iii PRIIP-VO.
130 Hierzu unten 4.

Kosten in Form der Abschluss- und Verwaltungskosten verringern gemeinsam mit der Risikoprämie den zur Anlage verfügbaren Teil der vom Versicherungsnehmer bezahlten Bruttoprämie. Dies gilt bei Versicherungen mit laufender Prämien ebenso wie bei Versicherungen mit Einmalerlag. Die Höhe des zu investierenden Kapitals ist damit produktdeterminierend, Kostentransparenz bedeutet daher Produkttransparenz, was spätestens seit den deutschen *Clerical-Medical*-Urteilen jedem deutlich geworden sein sollte.[131] Ein transparenter Ausweis der Kosten hätte jedem Anleger unmittelbar vor Augen geführt, dass die den Entscheidungen zugrunde liegenden Produkte ihre Anlageziele beinahe zwangsläufig verfehlen müssen.[132] Für die Entscheidung des Kunden erheblich ist der Kostenausweis indessen nicht nur dann, wenn die Kosten den Vertragszweck gefährden, sondern bei jeder Kapitalanlage. Wer also Produkttransparenz anstrebt, muss nicht zuletzt Kostentransparenz fordern. Dies gilt mit Blick auf sämtliche Kosten, keineswegs nur die Abschlusskosten, wie auch mit Blick auf den Risikoprämienanteil.

Die durch MiFID2 erfolgten Änderungen in IMD tragen diesem Aspekt der Kostentransparenz nicht Rechnung. Ihm ist indessen Art. 8 Abs. 3 lit. f PRIIP-VO gewidmet. Demnach hat das Basisinformationsblatt einen Gesamtkostenausweis zu enthalten. Sollten den Kunden weitere Vertriebskosten treffen, so sind diese zusätzlich vom jeweiligen Vertriebsorgan offenzulegen. Der Zweck der Produkttransparenz durch Kostenausweis kommt in der Regelung klar zum Ausdruck: Der Kostenausweis wird gefordert, um die renditesenkende Wirkung der Kosten sichtbar zu machen. Eine weitere und daher kumulativ zu erfüllende Kostenausweispflicht enthält Art. 24 Abs. 7 lit. c IDD-Ratsposition, der nicht für alle Versicherungsprodukte, sondern nur für Versicherungsanlageprodukte gilt. Auch hier hat ein Gesamtkostenausweis[133] zu erfolgen, um die renditesenkende Wirkung der Kosten sichtbar zu machen.

---

131 Siehe BGH 11.7.2012 – IV ZR 122/11; IV ZR 151/11; IV ZR 164/11; IV ZR 286/10, VersR 2012, 1237; ferner, einen anderen Versicherer betreffend, OLG Stuttgart 31.3.2011 – 3 U 148/10; vgl. zu fondsgebundenen Lebensversicherungen auch Fürstlich Liechtensteinischer OGH 6.12.2013 – 10 CG. 2009.270; 7.6.2013 – 01 CG.2009.62.
132 Zum *miss-selling* von klassischen Kapitalanlageprodukten aber auch Lebensversicherungsprodukten (auch kreditfinanzierten) durch u. a. Verschleierung der Kosten siehe *Mönnich* a.a.O. (Fn. 4) S. 129, 134.
133 Zum ebenso vorgesehenen Einzelausweis der Abschlusskosten sogleich.

4. Bekämpfung von Fehlanreizen durch Provisionsverbot oder Provisionsoffenlegung

Eine ganz andere Problematik liegt der Diskussion rund um eine Provisionsoffenlegung bzw. ein Provisionsverbot zugrunde. Ganz offensichtlich bringt eine Offenlegung nur der Provision keine, jedenfalls keine hinreichende Produkttransparenz mit sich. Die Forderung nach Provisionsoffenlegung zielt also nicht auf Produkttransparenz, sondern auf Transparenz des sich aus dem Entlohnungssystem ergebenden Interessenkonflikts insbesondere des „unabhängigen" Vermittlers, also des Versicherungsmaklers. Dieser handelt im Auftrag des Kunden, somit als ein Einkaufsorgan, wird aber über die Prämie ökonomisch gesteuert wie ein Verkaufsorgan des Versicherers.[134] Ein einziges Beispiel – viele andere könnten ergänzt werden – soll dies veranschaulichen: Es wird davon ausgegangen, ein Versicherungsmakler müsse im Rahmen seiner Beratungspflicht nicht über Versicherungsprodukte beraten, die ohne Provision, also als „Nettopolice" im Direktvertrieb angeboten werden.[135] In der Tat würde eine solche Beratungspflicht den Versicherungsmakler einkommenslos stellen, so dass der Kunde eine Empfehlung des Versicherungsmaklers zugunsten einer Nettopolice jedenfalls faktisch nicht erwarten kann. Würde der Versicherungsmakler dagegen nicht durch die Provision zum Verkauf von provisionierten Produkten angehalten, sondern über ein Honorar rechtlich verpflichtet und ökonomisch in die Lage versetzt, den Kunden völlig unabhängig zu beraten, so wäre die Erwartungshaltung der Nachfrager, auch über Nettopolicen beraten zu werden, eine Selbstverständlichkeit. Es folgt der seit Jahrzehnten bekannte und daher triviale Schluss: Die Provision macht den Versicherungsmakler mindestens zu einem bestimmten, keinesfalls unerheblichen Grad zu einem Verkaufsorgan, wiewohl er rechtlich als Einkaufsorgan aufzutreten hat. Wenn somit eine Offenlegung der Provision oder gar ein Verbot der Provisionierung gefordert wird, so geht es nicht um Produkttransparenz, sondern zu allererst um Transparenz bzw. Vermeidung von bestehenden Fehlanreizen des Versicherungsmaklers.

Diese Erwägungen lassen sich auf den abhängigen Vermittler nicht ohne weiteres übertragen. Bei ihm verläuft das durch Provisionen geschürte Verkaufsinteresse parallel zu seinen herkömmlich dem Versicherer geschuldeten Rechtspflichten. Ein „Interessenkonflikt" kann sich so gesehen nicht er-

---

134 Das ist seit langem hervorgehoben worden; z. B. *Heiss/B. Lorenz*, Europäisches Versicherungsvermittlerrecht für Österreich,1996, S. 31 ff.
135 *Reiff*, Die Informationspflichten des Versicherungsvermittlers, VR 2009, 31.

geben. Indessen zeichnet sich auch diesbezüglich im Gefolge von MiFID2[136] ein Perspektivenwechsel ab: Art. 15 Abs. 1 IDD-Ratsposition bringt den allgemeinen Grundsatz zum Ausdruck, wonach jeder Distributor – also auch abhängige Vermittler und ggf. das Versicherungsunternehmen selbst – „im bestmöglichen Interesse" seiner Kunden handeln muss. Provisionsregelungen, welche nicht die Kundeninteressen, sondern den Verkaufstrieb fördern, können dieser neuen Pflicht zuwider laufen.[137]

Die durch MiFID2 erfolgten Änderungen in der IMD bringen weder ein ausdrückliches Provisionsverbot noch eine Provisionsoffenlegungspflicht. Im neu eingefügten Art. 13d Abs. 3 IMD i. d. F. MiFID2 wird es den Mitgliedstaaten jedoch ausdrücklich erlaubt, ein Provisionsverbot zu erlassen. Damit können die Mitgliedstaaten die Interessenkonflikte des Maklers und die über Provisionen ausgeübten Verkaufsanreize auch bei Versicherungsvertretern beseitigen. Tatsächlich bestehen bereits nationale Provisionsverbote.[138] Darüber hinaus enthalten Art. 13b und c IMD i. d. F. MiFID2 allgemeine Regeln zu Interessenkonflikten.

Die nachfolgenden Ausführungen beziehen sich insgesamt auf die in der Ratsposition vom 7. November 2014 vorliegende IDD-Entwurfsfassung. Soweit diese die neuen Regelungen der IMD gleichlautend übernimmt, beziehen sich die Erläuterungen der Sache nach allerdings auch schon auf geltendes Recht.

Auch die IDD-Ratsposition behält in Art. 19 Abs. 2a zunächst die Möglichkeit der Mitgliedstaaten vor, Provisionierungen zu verbieten.[139] Die IDD-Ratsposition selbst enthält in ihrem Art. 15 Abs. 4 analog Art. 24 Abs. 10 MiFID2 ein allgemeines Gebot, wonach die mitgliedstaatlichen Gesetzgeber sicherstellen müssen

> „that insurance distributors are not remunerated … in a way that conflicts with its duty to act in the best interest of its customers.[140] In particular,

---

136 Vgl. Art. 24 Abs. 1 MiFID2.
137 Siehe Art. 15 Abs. 4 IDD-Ratsposition.
138 Laut EIOPA, Final Report on the Discussion Paper on Conflicts of Interest in direct and intermediated sales of insurance-based investment products (PRIIPS), EIOPA-CCPI-14/099 of 1 October 2014, 5, im Vereinigten Königreich, in Dänemark und in Finnland. Darüber hinaus besteht ein Provisionsverbot in den Niederlanden, siehe z.B. *van der Linden*, Banning protection commissions – the Netherlands experience, abrufbar unter http://www.covermagazine.co.uk/cover/feature/2333037/banning-protection-commissions-the-netherlands-experience.
139 Art. 19 Abs. 2a IDD-Ratsposition gilt für den Versicherungsvertrieb ganz allgemein, nicht nur für die Vermittlung von Versicherungsanlageprodukten.
140 Zu dieser Pflicht siehe Art. 15 Abs. 1 IDD-Ratsposition: „… honestly, fairly and professionally in accordance with the best interest of its customers".

an insurance distributor shall not make any arrangement by way of remuneration, sales targets or otherwise that could provide an incentive to itself ... to recommend a particular insurance product to a customer when the insurance distributor could offer a different insurance product which would better meet the customer's needs."

Wer diesen Wortlaut für sich nimmt, kann daraus mindestens für Versicherungsmakler ein Provisionsverbot ableiten. Denn fraglos konfligiert die Entlohnung über eine Provision des Versicherers mit den Loyalitätspflichten des Versicherungsmaklers gegenüber seinem Kunden. Das ist nicht nur in wissenschaftlichen Untersuchungen[141] längst im Einzelnen erläutert, sondern zuletzt auch wieder durch EIOPA – gestützt auf eine Befragung der beteiligten Verkehrskreise und keineswegs begrenzt auf Versicherungsmakler – festgestellt worden:[142]

„Most respondents agreed that remuneration provided by a third party would be one of the most relevant situations where conflicts of interests exist. In the context of remuneration, not only the different types of commissions paid by insurers were mentioned, but also retrocessions in the case of unit-linked contracts, profit-sharing agreements, internal remuneration models for employees as well as sales incentives and other (non) monetary benefits."

Liest man dagegen Art. 15 Abs. 4 IDD-Ratsposition im Kontext, so liegt es trotz allem wohl näher, der Vorschrift kein generelles Provisionsverbot – auch nicht begrenzt auf Versicherungsmakler – zu entnehmen. Darauf deutet schon der Vorbehalt in Art. 19 Abs. 2a IDD-Ratsposition hin, wonach Mitgliedstaaten Provisionsverbote und -beschränkungen erlassen dürfen. Bestimmte Provisionsformen, wie etwa Staffelprovisionen, sollten allerdings vom Verbot des Art. 15 Abs. 4 IDD-Ratsposition erfasst sein.

Folgt man dem, so kennt die IDD-Ratsposition kein Provisionsverbot, und zwar weder ein absolutes noch ein auf unabhängige Vermittler, also Versicherungsmakler, eingeschränktes. Es fehlt somit an einer expliziten Gleichstellung von Versicherungsmaklern mit Wertpapierfirmen, die eine unabhängige Anlageberatung (bzw. ein Portfoliomanagement) bieten. Für Letztere besteht ein Provisionsverbot nach Art. 24 Abs. 7 lit. b (bzw. beim Portfoliomanagement nach Art. 24 Abs. 8) MiFID2, von dem nur „kleinere

---

141 Zusammenfassend und m. w. N. jüngst *Köhne*, ZVersWiss 2014, 243 (260).
142 EIOPA, Final Report on the Discussion Paper on Conflicts of Interest in direct and intermediated sales of insurance-based investment products (PRIIPS), EIOPA-CCPI-14/099 of 1 October 2014, 6.

nichtmonetäre Vorteile"[143] ausgenommen sind, wobei diese Zuwendungen „unmissverständlich" offengelegt werden müssen.

Versicherungsmakler und andere Distributoren werden dagegen ähnlich behandelt wie Wertpapierfirmen, die keine unabhängige Beratung anbieten. Solche Wertpapierfirmen müssen nach Art. 23 Abs. 1 MiFID2 jedenfalls Maßnahmen treffen, um Interessenkonflikte „zu erkennen und zu vermeiden oder zu regeln". Hierzu zählen ausdrücklich auch Konflikte, „die auf den Erhalt von Anreizen von Dritten oder durch die eigene Vergütungsstruktur oder sonstige eigene Anreizstrukturen der Wertpapierfirma zurückgehen".[144] Die analogen Vorschriften der IDD-Ratsposition über Interessenkonflikte, Art. 22a und Art. 23 Abs. 1, verweisen – anders als der letzte Satzteil von Art. 23 Abs. 1 MiFID2 – nicht ausdrücklich auf die Vergütungen durch Dritte als Quelle eines Interessenkonflikts. Allerdings verbietet es Art. 15 Abs. 4 IDD-Ratsposition – eine Vorschrift, die der Regelung über Mitarbeitervergütungen in Art. 24 Abs. 10 MiFID2 stark gleicht – Versicherungsvermittlern ganz allgemein und nicht beschränkt auf Anlageprodukte, Renumerationen anzunehmen, welche mit der Pflicht, im bestmöglichen Interesse des Kunden zu handeln, im Widerspruch stehen.

MiFID2 präzisiert die in Art. 23 Abs. 1 für abhängig beratende Wertpapierfirmen aufgestellten Anforderungen in Art. 24 Abs. 9[145] (Auszug):

„Die Mitgliedstaaten tragen dafür Sorge, dass **nicht** davon ausgegangen wird, dass Wertpapierfirmen ihre Verpflichtungen nach Artikel 23 oder Absatz 1 dieses Artikel erfüllen, wenn sie eine Gebühr oder Provision zahlen oder eine Gebühr oder **Provision erhalten** oder einen nichtmonetären Vorteil im Zusammenhang mit der Erbringung einer Wertpapierdienstleistung oder einer Nebendienstleistung einer Partei gewähren oder von einer Partei erhalten, sofern es sich bei dieser Partei nicht um den Kunden oder eine Person handelt, die im Auftrag des Kunden tätig wird, **es sei denn**, die Provision oder der Vorteil

  a) ist dazu bestimmt, die **Qualität** der jeweiligen Dienstleistung für den Kunden zu **verbessern**, und

---

143 Art. 24 Abs. 7 lit. b Satz 2 MiFID2 lautet wörtlich: „Kleinere nichtmonetäre Vorteile, die die Servicequalität für den Kunden verbessern können und die von ihrem Umfang und ihrer Art her nicht vermuten lassen, dass sie die Einhaltung der Pflicht der Wertpapierfirma, im bestmöglichen Interesse ihrer Kunden zu handeln, beeinträchtigen, sind unmissverständlich offenzulegen und fallen nicht unter diesen Buchstaben." Vgl. für das Portfoliomanagement Art. 24 Abs. 8 MiFID2.
144 Art. 23 Abs. 1 letzter Satzteil MiFID2.
145 Hervorhebungen durch Verfasser.

b) beeinträchtigt nicht die Erfüllung der Pflicht der Wertpapierfirma, im bestmöglichen Interesse der Kunden zu handeln.

Die Existenz, die Art und der Betrag der in Unterabsatz 1 genannten Gebühr oder Provision oder — wenn der Betrag nicht feststellbar ist — die Art und Weise der Berechnung dieses Betrages müssen dem Kunden vor Erbringung der betreffenden Wertpapier- oder Nebendienstleistung **in umfassender, zutreffender und verständlicher Weise unmissverständlich offengelegt** werden. ..."

Die IDD-Ratsposition präzisiert die Regelung des Interessenkonflikts in ihrem Art. 24 Abs. 10 in ähnlicher Form wie Art. 24 Abs. 9 MiFID2. Die Annahme von Provisionen verstößt damit gegen die Regelung über Interessenkonflikte, wenn nicht bestimmte Grenzen gewahrt sind. Diese Grenzen sind erstaunlicherweise für unabhängige Versicherungsmakler weiter gesteckt als für abhängig beratende Wertpapierfirmen: Während eine Wertpapierfirma nach Art. 24 Abs. 9 lit. a MiFID2 eine Provision nur annehmen darf, wenn diese (u. a.) die Qualität der jeweiligen Dienstleistung für den Kunden verbessert, dürfen Versicherungsdistributoren eine Provision nach Art. 24 Abs. 10 IDD-Ratsposition bereits annehmen, wenn sie keine negativen Auswirkungen auf die Qualität der Dienstleistung hat.

Nach Art. 24 Abs. 9 Unterabs. 2 MiFID2 müssen Wertpapierfirmen Provisionen, die sie erhalten, jedenfalls offenlegen. Eine vergleichbare Regelung kennt Art. 24 Abs. 7 lit. c S. 2 IDD-Ratsposition als Teil einer umfassenden Kostenaufklärungspflicht:

„In particular, the existence, nature and amount of the **payment** or **benefit** referred to in paragraph 10[146] ... shall be **clearly disclosed** to the customer".[147]

Indessen könnte der Unterabsatz 2 in Art. 24 Abs. 7 lit. c IDD-Ratsposition Zweifel hervorrufen, ob die Provisionsoffenlegung nach IDD-Ratsposition tatsächlich spontan oder nur auf Nachfrage des Kunden zu erfüllen ist. Unterabsatz 2 fordert nämlich einen Gesamtkostenausweis, der die Vertriebskosten inkludiert, eine Einzelaufstellung der Kosten dagegen nur auf

---

146 Also: „fee" „commission" oder „non-monetary benefit".
147 In Deutschland ist eine Provisionsoffenlegung kürzlich diskutiert worden, das Gesetz zur Absicherung stabiler und fairer Leistungen für Lebensversicherte (Lebensversicherungsreformgesetz – LVRG) vom 1. August 2014, BGBl. 2014 Teil I Nr. 38, enthält die ursprünglich vorgeschlagene Provisionsoffenlegung (Regierungsentwurf, BT-Drucks. 242/14, Art. 2 Abs. 2, der einen neuen § 61 Abs. 3 VVG vorschlug) aber nicht mehr.

Nachfrage des Kunden hin. Das wäre m.E. eine Fehlinterpretation. Die Einzelaufstellung der Gesamtkosten, auf die Unterabsatz 2 verweist, kann sich nur auf andere Kostenpositionen als die Provision beziehen (Risikokosten, Verwaltungskosten, etc.), wohingegen lit. c für Provisionen speziell eine klare Offenlegung gerade auch des Betrags fordert. Damit ist diese Kostenposition immer und spontan gesondert auszuweisen.

Insgesamt gilt: Die Provisionsregelung der IDD-Ratsposition bleibt mit Blick auf unabhängige Berater weit, mit Blick auf abhängige etwas hinter der Regelung für Wertpapierfirmen nach MiFID2 zurück.

Strengere Regelungen für Versicherungsvermittler und insbesondere auch ein Provisionsverbot analog Art. 24 Abs. 7 (und ggf. 8) MiFID2 könnten sich bei Versicherungsanlageprodukten allerdings durch eine Präzisierung der Generalnorm des Art. 23 Abs. 1 („Conflicts of interest") IDD-Ratsposition ergeben. Nach Art. 23 Abs. 3 IDD-Ratsposition hat die Kommission die Macht, durch delegierte Rechtsakte festzulegen, welche Schritte zur Vermeidung und Offenlegung von Interessenkonflikten zu setzen sind (lit. a). Außerdem kann sie in den delegierten Rechtsakten Kriterien festlegen, nach denen zu bestimmen ist, welche Typen von Interessenkonflikten die Interessen der Kunden beeinträchtigen können (lit. b).

Wie derartige Präzisierungen dereinst aussehen werden, lässt sich nicht voraussagen. Indizien aber liegen vor: Das Recht, delegierte Rechtsakte zu erlassen, hat nämlich bereits MiFID2 als Art. 13c Abs. 3 in die geltende IMD eingefügt. Auf dieser Grundlage hat die Kommission EIOPA um technischen Rat nachgefragt.[148] EIOPA hat dementsprechend auf der Grundlage eines „Discussion Paper" eine Konsultation durchgeführt und auf Grundlage von Antworten aus den beteiligten Verkehrskreisen am 1. Oktober 2014 einen Final Report zum „Discussion Paper on Conflicts of Interest in direct and intermediated sales of insurance-based investment products (PRIIPS)" veröffentlicht.[149] Dort liest man wenig Überraschendes:

> „...respondents expressed strong concerns regarding L2 measures which could lead to a situation where solely commission based business models could *de facto no longer be pursued*. They argued, amongst others, that

---

148 Formal Request vom 19.5.2014, Dok. Nr. Ref. Ares (2014) 1622155; abrufbar unter www.eiopa.europa.eu//consultations/consultation-papers/2014-closed-consultations/may-2014/discussion-discussion-paper-on-conflicts-of-interest-in-direct-and-intermediated-sales-of-insurance-based-investment-products-priips/index.html.
149 Dok. Nr.: EIOPA-CCPFI-14/099; das Discussion Paper ist im Internet (Adresse siehe vorige Fußnote) abrufbar.

the general rules on conflicts of interests introduced under the amended IMD would not provide an appropriate legal basis for such a wide-reaching prohibition and that such a ban would dramatically change traditional market structures and would force many (small) intermediaries to give up their business, leading to less competition to the detriment of customers.

Another consequence would be that only high net-worth customers could afford advice on investment products, whereas especially the average customer would need the expertise of an advisor. Instead of a ban on inducements, some respondents stated their preference for enhanced transparency and full disclosure of the costs encountered and remuneration/ benefits provided by third parties, including all types of inducements. Other respondents argued strongly in favour of a ban of inducements (especially in the context of advised sales) and referred to the fact that a ban on inducements had already been successfully introduced in some national regimes, such as in the UK, Denmark and Finland.

EIOPA has no intention to ban commission-based business models or to introduce requirements that lead to a de facto ban of those models. Notwithstanding this, EIOPA intends to propose in its technical advice to the Commission appropriate steps to be taken in order to address the conflict of interest resulting from the reception of inducements paid by third party, as explicitly requested by the Commission."

Ein Provisionsverbot wird somit nicht angestrebt. Klar wird aus den Ausführungen lediglich, dass die Fehlanreize der Provisionierung erkannt und als regelungsbedürftiges Problem vorgemerkt sind. Durch die Ablehnung eines Provisionsverbots wird es aber jedenfalls bei einer Privilegierung von Versicherungsmaklern gegenüber unabhängig beratenden Wertpapierfirmen bleiben.

Indem der Final Report von EIOPA die Inhalte der von den Befragten erhaltenen Antworten skizziert, bringt er auch den Grund für die Privilegierung von unabhängigen Versicherungsmaklern zum Ausdruck. Er besteht zu allererst im sprunghaften Ansteigen der Mortalitätsrate bei Versicherungsmaklern (und übrigens auch Versicherungsvertretern) als Folge staatlicher Regulierung.[150] Das Klagen über ein Aussterben des Versicherungsmak-

---

150 EIOPA, EIOPA-CCPFI-14/099, 5; von einem „Zusammenbruch des Maklermarkts" infolge des Provisionsverbots in skandinavischen Ländern berichtet z.B. *Werber*, Erste Betrachtungen zum Vorschlag einer neuen Vermittlerrichtlinie (IMD2), VersR 2012, 1467 (1470).

lers setzt aber nicht erst bei der Diskussion eines Provisionsverbots[151] ein, sondern schon bei der Diskussion einer Offenlegungspflicht.[152] Laut einem Bericht im Versicherungsjournal[153] vom 24. Oktober 2013 haben *Matthias Beenken* und *Michael Radtke* eine Studie vorgelegt, nach der jegliche Provisionsregelung ein erhebliches Makler- bzw. Vermittlersterben auslöst. Laut Bericht unterscheiden die Autoren der Studie zwischen drei möglichen Szenarien: **Soft** disclosure, also Offenlegung nur auf Nachfrage des Kunden und unterstellt, dass nur wenige Kunden nachfragen werden, die ca. 30% der Versicherungsvermittler vom Markt verschwinden lässt. **Hard** disclosure, also die Pflicht, die Provision spontan (ungefragt) offenzulegen, soll 40% der Versicherungsvermittler umbringen, ein Provisions**verbot** gar 45%.[154] Die Konsequenz wird von den Autoren der Studie ebenfalls hervorgehoben: Dem Bürger droht eine Unterversorgung mit Versicherungsschutz. Die beschriebene Unterversorgung droht nach von EIOPA im Final Report zitierten Antworten der befragten Verkehrskreise insbesondere dem Durchschnittskunden, der sich eine Honorarberatung nicht leisten könnte.[155] Derartige Studien und Argumente zeichnen ein krasses Bild der europäischen Vermittlerlandschaft nach einer Provisionsregulierung. In seinen Dimensionen gleicht das Bild der Vorstellung vom Heiligen Römischen Reich (deutscher Nation) nach Ende des Dreißigjährigen Krieges: Die Wege der EU-Regulierungssoldaten sind von Vermittlerleichen gesäumt, die Bevölkerung hungert nach Versicherungsanlageprodukten und steht, wenn sie überhaupt eines bekommt, der Versicherungswirtschaft wehrlos, weil ohne Berater gegenüber. Wer der Studie und den gegenüber EIOPA geltend gemachten Argumenten Glauben schenken will, muss eine nicht gerade ins Auge fallende Schlussfolgerung ziehen: Die unabhängige Beratung des (jedenfalls durchschnittlichen) Versicherungskunden lässt sich nur dann sicherstellen, wenn der Makler vom Versicherer bezahlt wird und der Versicherungsnehmer möglichst nicht erfährt, in welcher Höhe dies der Fall ist. So gewendet,

---

151 Auf diesen Fall beziehen sich in den Antworten der befragten Verkehrskreise zum Ausdruck kommenden Sorgen im Final Report von EIOPA, EIOPA-CCPFI-14/099, 5.
152 Gegen eine solche aus ökonomischer Sicht zuletzt *Köhne*, ZVersWiss 2014, 243 (256 ff.), der auch die Thesen anderer Gegner wiedergibt.
153 www.versicherungsjournal.de.
154 Demgegenüber berichtet *van der Linden*, Banning protection commissions – the Netherlands experience, abrufbar unter http://www.covermagazine.co.uk/cover/feature/2333037/banning-protection-commissions-the-netherlands-experience, dass in den Niederlanden nach Einführung des Provisionsverbots zwar die Zahl der Beratungsfirmen nicht aber die Zahl der Berater zurückgegangen sei; auch im Final Report von EIOPA, EIOPA-CCPFI-14/099, 5, wird auf Antworten von Beteiligten verwiesen, die ein Funktionieren von Provisionsverboten behaupten; siehe das wörtliche Zitat soeben im Text.
155 EIOPA-CCPFI-14/099, 5 (Hervorhebung durch Verfasser): „Another consequence would be that *only high net-worth customers* could afford advice on investment products, …".

drängt sich aufs Neue die Frage auf: Geht es den Beteiligten – insbesondere den Branchenvertretern, den Politikern und den Autoren der Studie – wirklich um den Schutz der unabhängigen Beratung des Kunden? Oder wird hier doch wieder politisch verteidigt, was ich eingangs als „anti-kapitalanlagerechtlichen Schutzwall", hinter dem man es sich gemütlich eingerichtet hat, apostrophiert habe? Wer mit der Antwort zögert, wird sich mindestens die empirischen Daten der Zukunft ansehen müssen. Es wird also die Aufgabe von Wissenschaft und Politik sein, die Ergebnisse, welche PRIIP, MiFID2 und IDD bringen werden, auszuwerten und gegenüberzustellen. Sollten die Provisionsverbote bzw. Offenlegungspflichten nach MiFID2, IDD und nationalen Versicherungsrechtsordnungen[156] das Sterben unabhängiger Berater nicht oder doch nicht wie angekündigt[157] mit sich bringen, sehe ich keine Grundlage, die unterschiedlichen Regulierungen insbesondere von Versicherungsmaklern und unabhängigen Wertpapierfirmen dauerhaft beizubehalten. Fragwürdig ist die differenzierende Behandlung zweifelsohne schon heute.

Wer den apokalyptischen Abgesängen der Branche keinen Glauben schenken will, muss umgekehrt bedenken, dass weder Provisionsoffenlegung noch Provisionsverbot für sich genommen bereits paradiesische Verhältnisse schaffen werden. Sie können nur als Bausteine einer Vertriebsregulierung verstanden werden. Die politischen Widerstände rund um solche Vorschläge, die kaum überwindbar scheinen, lenken den Blick ohnehin auf ökonomische Mittel, die ohne Gesetzgebung auskommen. In den Tageszeitungen wird berichtet, dass einzelne Unternehmen die Vergütung der Mitarbeiter nicht mehr am Abschluss, sondern an der Kundenzufriedenheit ausrichten.[158] Auch ist die jüngst entbrannte Debatte rund um die Zulässigkeit und womöglich sogar den Zwang, „Nettotarife" anzubieten, nicht zuletzt als Suche nach einem alternativen Weg zum Honorarsystem anzusehen.[159] Auch der Direktvertrieb steht – nicht nur aus Kundeninteressen – im Blickpunkt.[160] So haben die langwierigen und teilweise unergiebigen Debatten rund um die Provisionsoffenlegung und das Provisionsverbot mindestens dazu beigetragen, die Kreativität des Marktes und der Rechtswissenschaft zu beflügeln. Insofern darf man in Zukunft auf eine buntere Debatte hoffen.

---

156 Vgl. den Vorbehalt strengerer nationaler Vorschriften in Art. 19 Abs. 2a IDD-Ratsposition.
157 So gibt es z. B. nach den Ausführungen von *van der Linden*, Banning protection commissions – the Netherlands experience, abrufbar unter http://www.covermagazine.co.uk/cover/feature/2333037/banning-protection-commissions-the-netherlands-experience seit der Einführung eines Provisionsverbots in den Niederlanden weniger Beratungsfirmen jedoch gleich viele Berater.
158 Vgl. *Becker*, Anreize statt Abzocke, Süddeutsche Zeitung vom 9.9.2014, 26.
159 Vgl. die These von *Schwintowski* in Bruck/Möller, VVG, 9. Aufl. 2010, § 59 VVG Rn. 125 f.; dagegen *Freund*, Kartellrechtlicher Anspruch auf Nettopolice?, VersR 2014, 1289.
160 „Eine Branche entdeckt das Internet", Süddeutsche Zeitung vom 4.11.2014, 25.

Aus der Diskussion*

Prof. Dr. Gerhard Wagner, Berlin

Ich möchte mit einer Bemerkung zum Private Enforcement beginnen und damit auf die Einwände eingehen, die Sie, liebe Frau *Langenbucher*, so eloquent vorgetragen haben. Sie haben mit Recht hervorgehoben, dass die Sanktionierung durch private Schadensersatzklagen nicht systematisch erfolgt, sondern auch vom „Zufall" abhängt. Deshalb ist es möglich, dass die Rechtsdurchsetzung defizitär bleibt oder auch übertrieben wird, wie es uns die räuberischen Aktionäre vorführen. Richtig ist auch, dass die Sanktion eindimensional ist – es gibt Schadensersatz oder es gibt keinen. Eine Abstufung nach Verschuldensgraden und sozialer Relevanz des Normverstoßes ist nicht möglich. Diese drei Kritikpunkte sind zweifellos berechtigt. Ich meine aber, dass man sie bewältigen kann.

Zunächst zur Zufälligkeit der Sanktionierung: Insoweit will ich nur darauf hinweisen, dass es für die verhaltenssteuernde Wirkung der Haftung ausreicht, wenn der Schädiger mit einer hinreichenden Wahrscheinlichkeit mit einer Inanspruchnahme rechnen muss. Es kommt nicht darauf an, dass wirklich in jedem einzelnen Fall Klage erhoben wird, sondern es muss nur hinreichend wahrscheinlich sein, dass es zur Rechtsdurchsetzung kommt, notfalls mit gerichtlicher Hilfe. Diese Aussicht reicht aus, um einen rationalen Akteur zu motivieren, von einem Handeln abzulassen, dessen Schadenskosten größer sind als der dadurch entstehende Nutzen. Deshalb ist der Umstand, dass nicht jeder einzelne Fall einer Gesetzesverletzung sanktioniert wird, für die Präventionswirkung einer Verschuldenshaftung kein so großes Problem. Im Übrigen reicht selbstverständlich die außergerichtliche Geltendmachung eines Anspruchs und dessen gütliche Beilegung völlig aus, wenn der Vergleich nur „im Schatten des Rechts" geschlossen wird. Kämen alle Streitigkeiten vor die Gerichte, würde die Justiz sofort zusammenbrechen. Das System der Rechtsschutzes und der Rechtsdurchsetzung funktioniert so, dass einzelne Streitigkeiten vor die Gerichte kommen und daran die Akteure ihr zukünftiges Verhalten ausrichten. Das scheint mir eine sehr effektive und kostengünstige und deshalb auch effiziente Art der Verhaltenssteuerung zu sein. Ich sehe deshalb keinen gravierenden Nachteil darin, dass nicht jeder Normverstoß einen Rechtsstreit auslöst.

---

* Worterteilungen und Danksagungen durch den Diskussionsleiter (Prof. Dr. Dr. h. c. mult. *Claus-Wilhelm Canaris*) sowie Anreden und Danksagungen der Redner wurden weggelassen.

Die Gefahr der Überabschreckung durch räuberische Kläger, die den beklagten Unternehmen mit Hilfe unbegründeter Klagen hohe Summen abpressen, besteht in Deutschland nicht. In den USA liegen die Dinge wegen des dortigen Kostenrechts anders. Wegen der sogenannten *American Rule* – keine Erstattung von Anwaltskosten im Fall des Obsiegens – kann es sein, dass für einen Beklagten die Beilegung eines Streits im Vergleichswege billiger ist als die Verteidigung gegen den Anspruch, auch wenn die Obsiegenswahrscheinlichkeit sehr hoch ist. Speziell im Bereich der Kapitalmarkthaftung (*securities litigation*) kommt hinzu, dass die Anwälte die eigentlichen Initiatoren der Klagen sind und die Unternehmensorgane, der Vorstand bzw. die *officers and directors*, die eigentliche Zielgruppe. In einer solchen Konstellation haben beide Seiten, die Klägeranwälte und die Organwalter, einen Anreiz, sich quasi zu Lasten der Gesellschaft zu vergleichen. Und die Streiterledigung im Vergleichswege ist hier natürlich die Regel. Eine solche Praxis ist in Deutschland wegen des anderen Kostenrechts gar nicht möglich. Ein Kläger wird keine Klage erheben, deren Erwartungswert negativ ist, bei der also der erwartete Ertrag in Gestalt eines günstigen Urteils wegen geringer Obsiegenswahrscheinlichkeit kleiner ist als der erwartete Anteil des Klägers an den von ihm zu tragenden Prozesskosten. Nach der ZPO muss ein Kläger, der vor einem deutschen Gericht unterliegt, eben nicht nur die eigenen Kosten tragen, sondern auch noch die Kosten der Gegenseite. Die Beklagtenseite wiederum hat keinen Anreiz, sich allein wegen der Lästigkeit der Klage zu vergleichen. Vielmehr kann sie darauf hoffen, ihre Kosten ersetzt zu bekommen, wenn sie den Streit bis zum Ende führt. In den Normalfällen privater Schadensersatzklagen besteht daher überhaupt kein Erpressungspotential, über das man sich Sorgen machen müsste. Die Probleme, die wir in Deutschland mit räuberischen Klagen haben, liegen in Bereichen, in denen die Klage dem Unternehmen einen über die Prozesskosten hinausgehenden Nachteil zufügt. Das ist im Gesellschaftsrecht, speziell im Umwandlungsrecht, der Fall. Soweit eine Beschlussmängelklage eine Registersperre auslöst, die die Umsetzung gesellschaftsrechtlicher Strukturmaßnahmen verhindert, werden dem Unternehmen Verluste zugefügt, die über das Prozesskostenregime der §§ 91 ff. ZPO nicht ersetzt werden. Es sind diese Verluste, die eine *Hold-out*-Situation zu Lasten des Unternehmens begründen, die von den räuberischen Aktionären zum eigenen privaten Vorteil ausgenutzt wird. Bei Schadensersatzklagen hingegen besteht kein solches Erpressungspotential. Deswegen halte ich das Risiko räuberischer Klagen hier für vernachlässigenswert. Schließlich kennen wir weder im allgemeinen Haftungsrecht noch etwa im Vertragsrecht räuberische Klagen. Das deutsche Kostenrecht scheint diese ziemlich zuverlässig zu verhindern.

Das Problem der Eindimensionalität der Sanktion – alles oder nichts, voller Schadensersatz oder Klageabweisung – führt zu der Frage der Schadensberechnung. Alles oder nichts ist eigentlich nicht die Regel des BGB, maßgebend ist die Differenzhypothese. Es kommt deshalb darauf an, wie sich die Vermögenssituation des Anlegers bei richtiger Information im Zeitpunkt der letzten mündlichen Verhandlung darstellen würde. Es ist keineswegs richtig, stets zu unterstellen, dass der Anleger die aufgrund einer Falschinformation oder -beratung investierten Mittel noch ungeschmälert in der Tasche hätte, wenn er richtig informiert oder beraten worden wäre. In den meisten Fällen liegt es doch so, dass der Anleger, hätte er *diese* Anlageentscheidung nicht getroffen, eine *andere* getroffen hätte, bei der er womöglich auch Verluste erlitten hätte. Maßgebend ist also der hypothetische Zustand des Vermögens des Anlegers bei pflichtgemäßem Verhalten der informations- oder beratungspflichtigen Partei. Das Marktrisiko trägt dann stets der Anleger.

Dies bringt mich zu meinem dritten Punkt: Kausalität. Liebe Frau *Langenbucher*, Sie haben die komplexe Rechtsprechung zu den §§ 37b, 37c WpHG, § 826 BGB, zur Prospekthaftung sowie zur Vertragshaftung für fehlerhafte Anlageberatung mit bewundernswerter Klarheit aufgearbeitet. Ich meine, es wäre schon möglich und sinnvoll, diesbezüglich zu einer Querbereinigung im Sinne einer Harmonisierung der rechtlichen Maßstäbe zu kommen. Diese müsste Kausalität und Haftungsumfang zugleich in den Blick nehmen. Zunächst zur Naturalrestitution durch Rückabwicklung, wobei es sich gar nicht um Rückabwicklung im eigentlichen Sinn handelt, denn diejenige Partei, die dem geschädigten Anleger das Finanzinstrument verkauft hat, ist in aller Regel nicht identisch mit derjenigen, der eine Pflichtverletzung vorzuwerfen ist. Es geht also gar nicht um Rückabwicklung, sondern um die Erstattung des Kaufpreises. Für die Prospekthaftung ist diese Rechtsfolge gesetzlich vorgesehen. Sie setzt voraus, dass der Anleger die Wertpapiere aufgrund des Prospekts erworben hat, wobei der Beklagte die Beweislast trägt (§ 23 Abs. 2 Nr. 1 WpPG). Der Differenzschadensersatz erfordert diesen Nachweis jedoch nicht. Das hat die Rechtsprechung zur Kapitalmarktinformationshaftung nach § 826 BGB meines Erachtens verkannt. Dort hat man entschieden, auch für den Differenzschadensersatz müsse nachgewiesen werden, dass die Anlageentscheidung gerade auf der Fehlinformation beruhte, dass sie also anders ausgefallen wäre, wenn richtig informiert worden wäre. Das ist nach meiner Auffassung nicht richtig. Für den Differenzschadensersatz muss nur nachgewiesen werden, dass der Kaufpreis ein anderer gewesen wäre, wenn die Fehlinformation unterblieben wäre. Das heißt, die Kausalitätsanforderungen sind diesbezüglich sehr niedrig; es reicht der Nachweis, dass die Falschinformation den Preis für das Wertpapier – bei börsengehandelten Papieren: den Börsenkurs – beeinflusst hat. Ist zum Beispiel nachgewiesen, dass es infolge einer übermäßig optimistischen Information einen Preisaufschlag gegeben hat, steht die Preiskausalität fest. Der zusätzliche Nachweis einer Transaktionskausalität ist nicht erforderlich. Diese Überlegungen sind der Kern der US-amerikanischen *fraud-on-the-market theory*. Es gibt finanzwissenschaftliche Tools, mit denen man die Verursachung einer Preisreaktion durch eine bestimmte Information ziemlich verlässlich feststellen kann. Das ist, glaube ich, eigentlich kein Problem. Das Abstellen auf den Differenzschadensersatz führt im Übrigen weg vom Alles-oder-nichts-Prinzip, weil der Anleger eben nicht den Einstandspreis in vollem Umfang erstattet erhält und ihm das allgemeine Marktrisiko nicht abgenommen wird. Ist der Markt während des Zeitraums zwischen der Fehlinformation und ihrer Aufdeckung herunter gegangen, macht der Anleger diesen Rückgang mit, weil er aus dem Schadensersatz herausgerechnet ist. Der Anleger bekommt nur denjenigen Betrag ersetzt, der die Differenz zwischen dem wegen der Fehlinformation gezahlten Preis und dem hypothetischen Preis bei richtiger Information reflektiert. Dies ist nach meiner Ansicht ein perfekt eingestelltes Instrument. Schwieriger, viel schwieriger, ist die Naturalrestitution, also der Anspruch auf Erstattung des Einstandspreises, Zug um Zug gegen Übertragung der – nunmehr häufig wertlosen – Wertpapiere. In diesem Kontext ist entscheidend, wie man die Anforderungen an den Kausalitätsnachweis einstellt. Werden sie streng gefasst, läuft der Anspruch praktisch leer, weil keinem Anleger der Nachweis gelingen wird. Es gibt einen Fall zu § 826 BGB, in welchem es dem Anleger gelang, im Rahmen seiner Parteivernehmung darzulegen, er sei quasi direkt nach Erhalt der unrichtigen Informationen von seinem Computer zu seinem Telefon gelaufen ist, um die Sparkasse anzurufen und den Order für den Kauf der Wertpapiere zu erteilen. Nachdem die Gerichte die Parteivernehmung des Klägers in den meisten Fällen abgelehnt haben, ist geprellten Anlegern zu raten, den Ersatzanspruch an den Ehepartner abzutreten, damit sie selbst als Zeugen darüber aussagen können, was in ihnen vorgegangen ist, als sie die Falschinformationen erhalten und die Anlageentscheidung getroffen haben. Das ist, so meine ich, nicht der richtige Weg. Das WpPG arbeitet hier mit einer Beweislastumkehr (§ 23 Abs. 2 Nr. 1 WpPG), und nur deshalb funktioniert die Prospekthaftung in der Praxis. In den übrigen Bereichen bedarf es ähnlicher Instrumente, wenn der Anspruch auf Naturalrestitution effektiv sein soll. Dem Anleger muss aus seiner Beweisnot geholfen werden, sei es mit einer Beweislastumkehr, sei es mit einer Kausalitätsvermutung wie der Vermutung aufklärungsrichtigen Verhaltens oder gesetzlich. Weiter muss man sich fragen, ob eine scharf eingestellte Naturalrestitution die richtige Antwort sein kann. Das Grundproblem reiner Vermögensschäden liegt darin, dass es sich häufig um bloße Umverteilungsschäden handelt – ein Anleger verliert, erleidet einen Schaden, während ein anderer Anleger gewinnt, eine Bereicherung erfährt. Aus volkswirtschaftlicher Sicht ist voller Schadensersatz keine angemessene Antwort auf Fälle, in denen nicht Ressourcen vernichtet, sondern lediglich zwischen zwei Parteien hin- und hergeschoben werden, zumal wenn diese Parteien auch noch gleichermaßen „unschuldig" sind. So schwierig es ist, Ressourcenschäden von Umverteilungsschäden zu unterscheiden, lässt sich im Kapitalmarktrecht mit einer zugegebenermaßen groben, aber vielleicht doch überzeugenden Unterscheidung arbeiten, nämlich derjenigen zwischen Primärmarkt und Sekundärmarkt. Im Primärmarkt geht es tatsächlich darum, ob bestimmte Investitionsprojekte überhaupt durchgeführt werden sollen, z. B. der Bau eines Windparks in der Nordsee. Hier ist die richtige Information der Anleger erforderlich, damit nicht gutes Geld in sinnlosen Projekten „versenkt" wird – wenn ich im Bild bleiben darf. Mit der Information der Anleger soll vermieden werden, dass Projekte realisiert werden, die keinen positiven Erwartungswert haben oder einen solchen, der kleiner ist als derjenige von Alternativprojekten. Hier ist Naturalrestitution – das heißt der Anspruch auf Rückabwicklung der Investition – aus Steuerungsgründen die richtige Rechtsfolge, denn damit wird der Anreiz gesetzt, nicht Geld für ein Projekt einzusammeln, das niemals hätte realisiert werden sollen. Beim Sekundärmarkt liegen die Dinge jedoch anders. Hier ist das Investitionsprojekt bereits durchgeführt worden, die Papiere kursieren bereits im Markt. Aus volkswirtschaftlicher Sicht geht es also nicht mehr um Schleusung knapper Investitionsmittel zu den lukrativsten Projekten. Das für den Sekundärmarkt typische Szenario besteht darin, dass ein unschuldiger Anleger, der vielleicht gerade ein Haus bauen will und deswegen das in der Anlage gebundene Geld benötigt, an einen anderen unschuldigen Anleger verkauft, der dann einen Schadensersatzanspruch gegen den Emittenten geltend macht, der auch wieder unschuldigen Anlegern gehört. Der Schadensausgleich bewirkt hier lediglich eine Umverteilung im Anlegerkreis. Das ist der Grund dafür, dass Naturalrestitution generell unangemessen ist. Bei Umverteilungsschäden bedarf es einer Sanktion nur deshalb, weil ein Anreiz gesetzt werden soll, die gesetzlichen Informationspflichten einzuhalten und dadurch das Vertrauen der Anleger in die Seriosität des Kapitalmarkts zu stärken. Ein dringendes Interesse daran, individuell erlittene Schäden auszugleichen, gibt es nicht. Deshalb sollte sich die Rechtsordnung hier mit bloßem Differenzschadensersatz begnügen.

Ich möchte kurz eine letzte Bemerkung machen. Herr *Heiss* hat ganz am Ende seines Referats die Produktregulierung angesprochen. Muss man sich diese Frage nicht auch mal im Kapitalanlagerecht stellen? Bedarf nicht auch dieser Bereich der Produktregulierung, bis hin zu Produktverboten?

Es gibt schon lange die Rechtsprechung zur Vermittlung von Warentermingeschäften als Fall einer vorsätzlichen sittenwidrigen Schädigung im Sinne von § 826 BGB. Der BGH sagt, dem Anleger müsse in Fettdruck klargemacht werden, dass er mit diesen Verträgen nur Verluste machen kann, dass es gar nicht anders möglich ist, als dass er Schäden erleidet. Das verstehe ich als eine Produktregulierung im Sinne eines Produktverbots, die in haftungsrechtlichem Gewand daherkommt. Auch die Rechtsprechung zu den *Spread-Ladder-Swaps* kommt einem Produktverbot nahe. Denn wenn dem Kunden erklärt werden muss, dass das, was er kauft, einen negativen Wert hat – welcher Kunde würde dann kaufen? Wahrscheinlich niemand. Somit stellt sich die Frage, in welchen Fällen Produktverbote angemessen sind und ob sie durch die Rechtsprechung oder durch den Gesetzgeber angeordnet werden sollten. Das Thema der kapitalmarktrechtlichen Produktverbote scheint weitere Forschungsanstrengungen zu lohnen.

Prof. Dr. Hans-Jürgen Ahrens, Osnabrück

Frau *Langenbucher*, ich kann mich der Gratulation von Herrn *Wagner* uneingeschränkt anschließen. Mit meinem Diskussionsbeitrag möchte ich auf einen Punkt eingehen, den Sie nicht akzentuiert haben. Ich stelle die Frage, ob wir nicht unter einem Übermaß an Informationen leiden. In der Rechtsprechung meines Senates am OLG Celle haben wir mit Fällen zu tun gehabt, in denen die Kapitalanleger, wenn ihnen vorgehalten wurde, sie hätten doch einen Prospekt mit 30, 40 oder 50 Seiten ausgehändigt bekommen, den Einwand erhoben haben, das sei eben einfach zu viel gewesen, weshalb Passagen mit Hinweisen auf besonders gefährliche Umstände schwarz umrandet hätten hervorgehoben werden müssen. Sie haben offenbar Informationen in einer Fülle bekommen, vor der sie kapituliert und überhaupt nichts gelesen haben, nimmt man den Einwand für bare Münze.

Wirft man die Frage nach einer Beschränkung der Informationen und – wenn ja – welcher Beschränkungen auf, ist als nächstes die Grundsatzfrage zu klären, warum bzw. wofür wir überhaupt Informationen benötigen. Und weiter: Was berechtigt zu einer Regulierung des Kapitalanlagemarktes und wo sind die Grenzen der Regulierung zu ziehen? Im Vordergrund steht aus meiner Sicht das öffentliche Interesse daran, eine funktionierende Kapitalallokation zu erreichen, damit die Akteure auf den Gütermärkten gut mit Kapital versorgt werden. Erst wenn man den Akzent von diesem Regulierungsansatz auf den Verbraucherschutz verschiebt, taucht das Problem der Überinformation auf.

Frau *Langenbucher*, Sie haben die Verbraucherleitbilder angesprochen. Die Tendenz der Regulierung wird vermutlich hin zu der dargestellten dritten Variante des Verbraucherleitbilds gehen. Wir haben es mit immer weiter ausufernden Informationspflichten zu tun. Das kann man auch in der Rechtsprechung des BGH beobachten. Ich will das an einem Beispiel demonstrieren, das die zusammengebrochene Göttinger Gruppe betrifft.

Vor etwa zehn Jahren hat der Gesellschaftsrechtsenat des BGH mit seiner Rechtsprechung dafür gesorgt, dass dieses Unternehmen letztlich versenkt wurde, indem er Informationspflichten wie ein Kaninchen aus dem Hut gezogen hat. Kapitalanleger hatten in vielen parallelen Prozessen vorgebacht, die ratierliche Auszahlung von Gesellschafterguthaben in Form einer Rente sei nach dem Kreditwesengesetz genehmigungsbedürftig, jedoch nicht genehmigt gewesen. Diese Behauptung lag materiellrechtlich eher fern. Wenn man die dafür in Bezug genommene Novelle zum KWG anschaute, war in den Gesetzgebungsmaterialien eigentlich kein entsprechender Hinweis auf einen entsprechenden Regelungswillen des Gesetzgebers zu finden. Der BGH hat sich nicht für die Richtigkeit der Rechtsauffassung interessiert, die in erster Linie von der Verwaltungsgerichtsbarkeit zu klären gewesen wäre, sondern gesagt, auf die darüber geführte Diskussion hätte hingewiesen werden müssen. Nachdem zuvor zehn Jahre lang sämtliche Schadensersatzprozesse gegen die Göttinger Gruppe gescheitert waren, führten sie aufgrund dieser behaupteten und verletzten Informationspflicht zu einem Massenerfolg der Schadensersatzbegehren; damit war das Ende dieses Unternehmens besiegelt. Ob es aus anderen Gründen nicht vielleicht sowieso zusammengebrochen wäre, kann ich nicht beurteilen; das spielt auch keine Rolle. Man sieht an diesem Beispiel, wie man durch die Erfindung immer verfeinerter Informationspflichten bewirken kann, dass Unternehmen vom Markt verschwinden.

Ich will an dieser Stelle zunächst abbrechen, möchte aber im Verlauf der Diskussion gerne noch zwei weitere Punkte ansprechen, nämlich die Rechtsprechung zum aufklärungsrichtigen Verhalten und das Verhalten der Kapitalanlegeranwälte bei der prozessualen Durchsetzung der Ansprüche.

Prof. Dr. Johannes Köndgen, Bonn

Frau *Langenbucher* hat nicht nur die Details kenntnisreich entfaltet, sondern auch schon auf ein Grundlagenproblem hingewiesen. Das hat Herr *Canaris* dann mit seiner Schlussbemerkung aufgegriffen, es gehe hier letztlich auch um die Abgrenzung und die Funktionsverteilung zwischen Zivilrecht und öffentlichem Recht. Ich würde das für meine Zwecke etwas umformulieren:

Es geht um die Funktionsverteilung zwischen den drei Staatsgewalten, natürlich mit einem verfassungsrechtlichen Primat der Legislative, aber ganz besonders im Verhältnis zwischen Zivilrechtsprechung einerseits und Exekutive (verkörpert durch die Aufsichtsbehörde) andererseits. Schaut man sich diese Funktionsverteilung einmal aus rechtsvergleichender Perspektive an, dann erkennt man hier erstaunliche Unterschiede. In Deutschland finden wir – der Detailreichtum Ihres Vortrages, Frau *Langenbucher*, hat das eindrucksvoll unter Beweis gestellt – geradezu eine Hypertrophie des privaten Haftungsrechts. Österreich folgt schon mit gewissem Abstand; in Frankreich oder Italien ist die Bedeutung des Haftungsrechts und der Haftungsrechtsprechung eher marginal; und in England – ausgerechnet im Mutterland des Richterrechts – finden wir so gut wie keine Rechtsprechung; alles erledigt die Aufsichtsbehörde mit furchterregend voluminösen *rule books*. Bei diesem Befund darf man sich tatsächlich fragen: Woher kommt das? Sind das lediglich irgendwelche Pfadabhängigkeiten? Mag sein, aber diese Erklärung bliebe an der Oberfläche. Eine tiefere Ursache liegt möglicherweise in spezifischen Funktionsdefiziten der einzelnen Gewalten.

Ich beginne mit der Gesetzgebung. Im Finanzmarktrecht kommt sie zu 90 % aus Brüssel, und zwar mit einer ganzen Kaskade von Rechtsquellen unterschiedlicher Konkretisierungsstufe (Lamfalussy-Prozess). Was sind ihre Schwächen? Nun, sie ist nur reaktiv, sie ist langsam, und sie ist qualitativ wenn vielleicht nicht unterirdisch, so doch in ihrer Detailwut und verworrenen Begrifflichkeit auch nicht gerade vorbildlich. Weiter: Gesetzgebung ist lückenhaft. Das lässt sich im Verlauf der letzten drei Jahrzehnte plastisch zeigen. Immer wieder musste die Rechtsprechung hier als Ersatzregulierer einspringen. So war es zunächst beim sog. grauen Kapitalmarkt. Dort hatte sich bekanntlich ein kasuistischer Wust von Richterrecht entwickelt, in dem sich allenfalls noch eine Handvoll Spezialisten auskannte. Erst das Kapitalanlagegesetzbuch vom Sommer 2013 hat mit der erstmaligen Erfassung der geschlossenen Fonds versucht, etwas Struktur in diesen Markt und seine Regulierung zu bringen. Dafür haben wir jetzt ganz neuerdings und unversehens ein Problem mit den Genussscheinen (Prokon-Insolvenz). Und das ist auch wieder kein Zufall. Die Anbieter bzw. die Emittenten stürzen sich dann eben auf die noch unregulierten Produkte. Jetzt dürfen Sie dreimal raten, was der Gesetzgeber als nächstes regulieren wird. So weit zu den Defiziten der Legislative.

Wie steht es nun mit den Defiziten der Aufsicht? Bekannter- und befremdlicherweise gehört der Schutz des privaten Anlegers in Deutschland nicht zu den gesetzlichen Aufgaben der BaFin. Warum ist das so? Es ist ein uraltes und vordergründiges fiskalisches Argument. Man wollte die Aufsichtsbehörde gegen massenhafte Anlegerklagen (Amtshaftungsklagen) abschirmen. Wiederum ausgerechnet in England – jetzt als dem Mutterland des Kapitalismus – denkt man anders. Die *Financial Services Authority* (inzwischen bezeichnenderweise umbenannt in *Financial Conduct Authority*) ist schon im Jahr 1998 mit einer Kompetenz für den individuellen Anlegerschutz ausgestattet worden. Hierzulande hat jetzt immerhin das Nachdenken darüber begonnen, ob man dem britischen Beispiel nicht folgen sollte.

Angesichts der evidenten Defizite der beiden ersten Gewalten ist, wie schon angedeutet, die dritte Gewalt als Lückenbüßer und Ersatzregulierer eingesprungen. Inzwischen hat diese Funktionsverlagerung sogar eine Art Momentum gewonnen. Das hängt nicht zuletzt damit zusammen, dass sich im Hintergrund eine Armada (man könnte fast sagen: eine Industrie) von Anlegerschutzanwälten entwickelt hat – und dies bemerkenswerterweise ohne die gebührenrechtlichen Anreize, wie sie etwa die amerikanischen Anwälte, insbesondere die Matadoren der *class actions*, haben. Aber was ist das Resultat dieser „regulatorischen" Rechtsprechung? Zunächst: Regulierung durch Rechtsprechung ist extrem teuer, denn die Gerichte arbeiten nicht umsonst und die Anwälte schon gar nicht. Regulierungsfortschritte entwickeln sich typischerweise in langjährigen Prozesskampagnen, die diese Kosten dramatisch multiplizieren. Zweitens: Rechtsprechung ist langsam; es dauert, bis aus einem Urteil ein gefestigtes Richterrecht wird. Drittens: Regulierung durch Rechtsprechung ist im Vergleich zur Regulierung durch Gesetzgebung und Exekutive eher planlos und richtungslos – jedenfalls im Kapitalanlegerrecht. Diese These ist keineswegs so ungeheuerlich, wie sie zunächst klingen mag. Rechtsprechung empfängt ihren Input durch Klagen. Das Klägerverhalten im Kapitalanlegerschutz wiederum wird durch eine häufig dem Herdentrieb folgende Anwaltschaft gesteuert. Zwei Beispiele: Da wird es plötzlich zur Frage, ob der Ausfall von Schuldverschreibungen durch den Einlagensicherungsfonds kompensiert wird. Dutzende von Prozessen sind hierzu geführt worden, um eine Rechtsfrage zu klären, auf die es eigentlich von vornherein nur eine richtige Antwort geben konnte. Nicht viel besser stand es um die Qualität der Argumente zum Problem, ob anlageberatende Banken bei einem Festpreisgeschäft ihre Gewinnspanne offenlegen müssen. Das war zwar nicht ganz so abwegig wie die vorige Diskussion, aber die eigentlich interessante Frage: warum der Autohändler offenbar nicht über seine Gewinnspanne beim Verkauf, wohl aber die Bank beim Verkauf von Zertifikaten über ihre Marge Aufklärung schulden soll, diese Frage ist erst gar nicht thematisiert worden.

Die Schlussfolgerung drängt sich auf: Aktivierung und Effektuierung der Aufsicht unter Schaffung geeigneter Kompetenzgrundlagen. Dem Vernehmen nach denkt die Bundesregierung jetzt immerhin darüber nach, diese empfindliche Lücke zu schließen. Wo muss ein Schwerpunkt der aufsichtsrechtlichen Aktivität liegen? Nicht nur wie bisher beim Vertrieb, sondern eben auch bei der Produktkontrolle. Das habe ich schon vor einigen Jahren in der Festschrift für *Klaus Hopt* am Beispiel jener Zertifikate und strukturierten Produkte gefordert, die in Deutschland so viel Unheil angerichtet haben. Insofern erfreut es mich, heute in der Person von *Gerhard Wagner* prominente Gefolgschaft gefunden zu haben.

Was sind im Detail die anstehenden Aufgaben? Nun, das Feintuning von Anlegerschutz, Verbraucherschutz und Gesellschafterschutz stimmt immer noch nicht ganz. Das sieht man neuerdings wieder an den Genussscheinen. Auch Anlegerschutz und Verbraucherschutz ist keineswegs dasselbe; das ist in der heutigen Diskussion schon angeklungen. Und eine weitere Baustelle: die sogenannten kapitalmarktrechtlichen Wohlverhaltenspflichten. Soll es hier – wie es der XI. Zivilsenat gerne möchte – tatsächlich einen „gespaltenen Tarif" für aufsichtsrechtliche Pflichten einerseits und für (vertrags- oder deliktsrechtliche) Haftungsstandards andererseits geben? Die Frage ist aus meiner Sicht der Dinge allenfalls rhetorisch. Ich lasse jetzt mal das Europarecht beiseite – das ist von Frau *Langenbucher* dankenswerterweise heute schon angesprochen und von Herrn *Roth* (Bonn) kürzlich in der ZBB eindringlich diskutiert worden. Wiederum zeigt die Rechtsvergleichung: Der duale Pflichtenstandard ist ein deutscher Sonderweg. Und dass der XI. Zivilsenat sich jetzt gegenüber dem Aufsichtsrecht geradezu abschotten will, ist keineswegs immer so gewesen. Selbst die Nicht-Kapitalmarktrechtler werden sich erinnern: Vor gut 20 Jahren, sozusagen in der guten alten Zeit, hat der damalige Fachsenat des BGH in dem vielzitierten und -akklamierten „Bond-Urteil" die Gebote der Anlegergerechtigkeit und Anlagegerechtigkeit als Standards für gute Beratung entwickelt. Das war in Wahrheit nichts anderes als ein rechtliches Transplantat aus dem amerikanischen Aufsichtsrecht, zuvor durch *Friedrich Kübler* in die deutsche Diskussion eingeführt. Motto: Was im Aufsichtsrecht gilt, kann für das Zivilrecht nicht falsch sein. Die herrschende Lehre in Deutschland hat sich inzwischen immerhin auf eine bildhafte, aber völlig undogmatische Kompromissformel verständigt, die sog. „Ausstrahlungswirkung" des Aufsichts- auf das Zivilrecht. Demgegenüber sollten wir erkennen, dass sich hinter diesen marktbezogenen Pflichten einheitliche *policies* und einheitliche Teleologien verbergen – und dass die Theorie des dualen Standards möglichst bald in der Rechtsgeschichte verschwinden sollte. Der Gleichklang der Standards ist dann irgendwo auch eine Frage der Rechtssicherheit.

Prof. Dr. Katja Langenbucher, Frankfurt am Main

Zum Diskussionsbeitrag von Herrn *Wagner*: Sie wenden sich gegen das von mir vorgetragene „Zufälligkeitsargument". Solange eine gewisse Wahrscheinlichkeit besteht, dass es zu privaten Klagen kommt, reicht das für eine hinreichende Steuerungswirkung durch Private Enforcement hin. Das mag sein, nur bleibt der Aspekt der Sachwidrigkeit. Wenn die Charakteristika eingereichter Klagen gleich wie die Charakteristika tatsächlich vorkommender Fälle verteilt sind, und das liegt wahrscheinlich Ihrer Annahme zugrunde, dann erreicht man in der Tat eine hinreichende Steuerungswirkung allein mit Blick auf die Wahrscheinlichkeit, dass überhaupt eine Klage erhoben werden könnte. Wenn es aber bei bestimmten Sachverhaltskonstellationen typischerweise viele Klagen gibt, bei anderen Konstellationen hingegen überhaupt keine Klagen, entsteht wohl doch keine optimale Steuerungswirkung. Insofern hängt Ihr Argument stark von der Empirie ab, die wir, glaube ich, noch nicht haben.

Ein anderer Aspekt kommt hinzu. Die BaFin hat auf der Grundlage des Ordnungswidrigkeiten- und ggf. des Strafrechts eine behördliche Ermessensentscheidung zu treffen, ob eingeschritten werden soll. Hierbei scheint mir die Wahrscheinlichkeit, dass auf der Grundlage von Sachargumenten über die Sanktionierung entschieden wird, hoch zu sein. Setzt man stattdessen auf Private Enforcement als Sanktionsmechanismus, würde es wie beschrieben nur dann zu im selben Maße sachgemäßer Sanktionierung kommen, wenn eine hinreichende Wahrscheinlichkeit einer Klageerhebung gerade in sachlich gerechtfertigten Fallkonstellationen besteht, so dass eine ausreichende Abschreckungswirkung entstünde.

Der räuberische Anleger, so sagten Sie, ist nur ein amerikanisches Problem. Empirie hierzu liegt mir nicht vor. Intuitiv darf ich auf die große Zahl von Anspruchsgrundlagen auch im deutschen Recht verweisen, die Rückabwicklung und Schadensersatz gewähren. Zwar entsteht das Blockadepotential der klassischen Anfechtung aktienrechtlicher Hauptversammlungsbeschlüsse nicht. Die Gefahr etwa der Rückabwicklung nach einer erfolgreichen Prospekthaftungsklage ist aber bei Anlegerschutzklagen durchaus ernst zu nehmen. Man denke beispielhaft an die Rückabwicklung eines Telekombörsengangs – ein Anreiz zu einem Vergleich mit hierauf abzielenden Klägern mag durchaus attraktiv erscheinen.

Zustimmen kann ich Ihnen teilweise, wenn es um Haftungsklagen geht, die im Zwei-Personen-Verhältnis zwischen beratenem Anleger und seiner Bank abgewickelt werden. Jedenfalls solange kein Reputationsschaden droht, lässt sich diese Fallkonstellation nicht mit Klagen räuberischer Aktionäre in eins setzen. Je mehr „räuberische Anleger" sich freilich zusammentun oder je lauter sie trommeln, desto eher wird ein großes Bankhaus aber mit Blick auf seine Reputation durchaus Interesse daran haben, sich im Vorfeld zu vergleichen.

Was Ihren Einwand mit Blick auf die von mir gerügte „Eindimensionalität" der Sanktionierung durch Private Enforcement angeht, bin ich mir nicht sicher, ob wir über dasselbe gesprochen haben. Eindimensionalität bedeutet für mich, dass es bei privater Normdurchsetzung nur Schadensersatz in Form einer Geldzahlung gibt oder eben nicht gibt. Es existiert keine Parallele zu dem breit gefächerten Spektrum an Eingriffsmöglichkeiten der BaFin, sondern entspräche einer Situation, in welcher die BaFin nur Bußgeldzahlung verhängen könnte oder nicht.

Ihren Bemerkungen zur haftungsbegründenden und haftungsausfüllenden Kausalität kann ich in weiten Teilen zustimmen. Das gilt auch für Ihre Bemerkung, Naturalrestitution leuchte Ihnen im Einklang mit der herrschenden Meinung ein, soweit es um den Primärmarkt geht. Auseinanderliegen dürften wir bei Ihrem „Umverteilungsargument", mithin der Frage, ob die Aktionäre des Emittenten, zu deren Lasten die erfolgreiche Durchsetzung von Prospekthaftungsansprüchen geht, stets zu Unrecht belastet werden. Immerhin ist durchaus denkbar, dass sich für diese Aktionärsgruppe eine gewisse Corporate-Governance-Mitverantwortung realisiert.

Ihr letzter Punkt betraf die Angemessenheit von Produktregulierung. *De lege lata* existiert Produktregulierung bereits in verschiedener Hinsicht. So gibt das KAGB vor, wie Investmentprodukte strukturiert sein müssen. Ähnliches haben wir beim Pfandbriefgesetz, auch hierbei handelt es sich um Produktregulierung. Selbst das Aktiengesetz ist eine Art der Produktregulierung. Wenn Sie unter Produkt*regulierung* nur ein Produkt*verbot* verstehen darf ich auf die Kompetenzen der ESMA verweisen. Zwar setzt die ESMA-VO für Produktverbote einen schweren drohenden Systemschaden voraus. Zugleich wird die ESMA aber über die MiFID-II-Reform schon bevollmächtigt, wenn Gründe des Anlegerschutzes einschlägig sind. Die genaue Abgrenzung ist im Moment noch offen. Die Frage, ob sich Produktverbote überhaupt empfehlen, gehört sachlich zu meinen Ausführungen zum paternalistisch-bedürftigen Anlegerleitbild. Immerhin droht hier insofern eine Entmündigung des Anlegers als ihm bestimmte Produkte vollständig vorenthalten werden. Auch wenn verhaltensökonomische Empirie sich hierfür in Anspruch nehmen lässt, geht doch eine unglaubliche Verantwortung an die Behörde damit einher. Hinzu kommt eine Art Produktwettlauf: Die

Fondsindustrie wird versuchen, Produkte so zu strukturieren, dass ein etwa ausgesprochenes Produktverbot nicht greift, Behörde und Industrie befinden sich dann in einem Wettlauf um die Erfassung von Finanzinnovationen. Zuletzt entstehen komplizierte Probleme für diejenigen, die ein Produkt schon in Händen halten, wenn es verboten wird. Entstehen hier Rückgaberechte und, wenn ja, zu welchen Bedingungen?

Zum Diskussionsbeitrag von Herrn *Ahrens*: Ihnen stimme ich in sehr vielem zu. Sie haben völlig zu Recht das Information-Overload-Problem betont und haben auch richtig die Frage nach Möglichkeiten und Grenzen der Informationsgewähr aufgeworfen. Nach der Effizienzmarkthypothese gewährleistet Information das Funktionieren von Marktmechanismen. Je mehr Information in einen Kapitalmarkt gespeist wird, so die Annahme, desto eher bewegen sich die Preise an die „richtige" Stelle. Richtig soll dabei für viele heißen: mit Fundamentalwerten korrespondierend. Auf dieser Basis fordert die EU seit vielen Dekaden Transparenz, auch wenn diese sehr viel Geld kostet, man denke an Kosten für Berater, eigene Kosten der Emittenten, Anwälte etc. Sie haben angemahnt, der Retail-Anleger verstehe die Information ohnehin nicht. Allein auf diesen Gesichtspunkt wird man nicht abstellen können, denn die Effizienzhypothese nimmt vor allem Informationsarbitrageure in den Blick. Solange die Information überhaupt am Markt ist, werden sich Akteure finden, die diese Information korrekt verarbeiten. Es wird folglich zu informationsinduzierten Transaktionen kommen und das entsprechende Finanzprodukt richtig bepreist. Insofern macht die Veröffentlichung von Information zunächst einmal unabhängig davon Sinn, ob individuelle Anleger hieraus korrekte Schlüsse ziehen können.

Zu Recht haben Sie gefragt, ob Transparenz nicht zu übersteigerten Informationspflichten führt. Dem sollen etwa Gesetzesinitiativen zu informatorischen Kurzblättern abhelfen, auch ein „Ampelmodell" geht in diese Richtung. Ob freilich eine derartige Zertifizierung im Finanzbereich überhaupt erfolgversprechend ist, darf man bezweifeln.

Zum Diskussionsbeitrag von Herrn *Köndgen*: Auch bei Ihnen habe ich mir viel Zustimmung notiert. Sie haben darauf hingewiesen, dass wir in Deutschland sehr viel privates Haftungsrecht haben. Verglichen mit den USA wird man dem nicht zustimmen können. Dort gibt es Untersuchungen, die zeigen, dass mehr als die Hälfte des Geldes, das infolge von Kapitalmarktrechtsverstößen bezahlt werden muss, auf Private Enforcement zurückgeht. Vergleicht man hingegen Deutschland mit England stimme ich Ihnen zu, wenn dort auch bedeutsame informelle Funktionsmechanismen zu berücksichtigen sind.

Betont haben Sie Schwächen und Lückenhaftigkeit der Gesetzgebung. Dem möchte ich gern entgegenhalten: Sehr oft sind das bewusst in Kauf genommene Schwächen. So mag in bestimmten Ländern, man denke an England, die bewusste Strategie verfolgt werden, private Haftungsprozesse nicht zu ermuntern. Viele Jahre wurde in London die sogenannte „Light Touch"-Regulierung verfolgt, die in eine ähnliche Richtung zielt. Auch in Deutschland sind bewusste gesetzgeberische Entscheidungen gefallen, etwa mit Blick auf die Förderungen von Zertifikaten, die auf dem deutschen Finanzmarkt zahlreicher sind als auf vergleichbaren Märkten. Ebenso war die Entscheidung, den grauen Kapitalmarkt nicht zu regulieren, nicht etwa eine Lücke, sondern das bewusste Festhalten an Deregulierung. Ob es sich hierbei um ein Defizit des Gesetzgebers handelt ist zweifelhaft – jedenfalls ist es ein bewusstes Defizit.

Ihren Ausführungen zur Sanktionierung durch Behörden stimme ich zu. In der Tat hat die BaFin nur ein ganz eingeschränktes Verbraucherschutzmandat. Anders verhält es sich mit der Gründung der FRC in England. Auch in den USA existiert eine eigene Behörde mit eigenem, wenn auch sachlich begrenztem Verbraucherschutzmandat. Die BaFin hat immerhin neuerdings einen Verbraucherbeirat.

Ich stimme Ihnen auch insoweit zu, als Sie richtig darauf hingewiesen haben, dass Rechtsprechung teuer ist. Man kann nicht auf Kostenvorteilen des Private Enforcement beharren und dabei die Kosten des Justizapparates nicht mit einbeziehen.

Was Ihre Ausführungen zur Aufklärung über Gewinnspannen betrifft, muss man wohl differenzieren. Die Rechtsprechung behauptet, es sei für den Anleger „evident", dass eine Bank Gewinne macht. Empirisch ist das sicher nicht für alle Anlegerklassen zutreffend. Insbesondere für Retail-Anleger indizieren empirische Erhebungen das Gegenteil. Man denke an Laborversuche, in denen gebildete Versuchsteilnehmer mittleren Alters schon an einfachen Divisionsrechnungen scheiterten. Bei dem „Evidenzargument" des BGH muss es sich deshalb eigentlich um ein normatives Argument handeln, soll heißen: Die Rechtsprechung erwartet von den Anlegern, sich darüber ins Bild zu setzen. So verstanden sollte sich die Diskussion auf die Frage richten, ob (1) dieses Ziel sinnvoll zu verfolgen ist und (2) die Rechtsprechung das tun sollte. Zweifellos kommt der Rechtsprechung Breitenwirkung über den einzelnen Prozess hinaus zu, stückweise wirkt deshalb eine derartige normative Annahme erzieherisch. Dafür gibt es Argumente.

Zuletzt hatten Sie die von mir als „Verklammerungsthese" apostrophierte Ansicht für das Zivilrecht vertreten. Mich hat diese Frage weniger sachlich als instrumentell interessiert. Fokus des Referats war die Ausdeutung der Frage, welche Rechtsbehelfe das deutsche Recht derzeit bereithält. Unter diesem Blickwinkel bietet das deutsche Recht wenig, weil der Gleichklang der „Verklammerungsthese" nicht akzeptiert wird. Dem BGH stimme ich vollständig zu, soweit auf die Gesetzesmaterialien Bezug genommen wird, die mir recht eindeutig zu belegen scheinen, dass ein solcher Gleichklang nicht gewünscht ist. *De lege ferenda* mag man das überdenken. Mir scheint allerdings behutsames Vorgehen angezeigt zu sein. Die §§ 31 ff. WpHG sind mit der Breite des behördlichen Sanktionsapparates im Kopf geschrieben. Ein Verstoß gegen diese Normen wird behördlich sanktioniert, und zwar unter Umständen nur durch eine Anordnung oder zum Beispiel durch ein Bußgeld etc. Dem Normenkomplex liegt nicht die Annahme zugrunde, dass jeder Verstoß zu einem Schadensersatzprozess privater Anleger Anlass gibt. Besonders deutlich wird dies, wenn man an Corporate-Governance-Vorgaben oder das Honoraranlageberatungsgesetz denkt. Hier eine breitflächige Drittschutzwirkung anzuerkennen, scheint mir nicht sinnvoll.

Prof. Dr. Hans Christoph Grigoleit, München

Ich möchte zur Ergänzung der außerordentlich instruktiven Vorträge drei Überlegungen beitragen.

1. Die erste meiner Erwägungen betrifft die „Gleichlaufthese", also die Frage, ob aufsichtsrechtliche Verhaltenspflichten automatisch auch privatrechtlich anerkannt werden sollten. *Katja Langenbucher* hat in ihrem Referat diesen Gleichlauf in Frage gestellt, Herr *Köndgen* hat dann in der Diskussion die Gleichlaufthese befürwortet. Tatsächlich scheint auf den ersten Blick – insbesondere im Lichte des Gedankens der „Einheit der Rechtsordnung" – die Gleichlaufthese nahezuliegen. Warum sollte eine aufsichtsrechtlich verankerte und auf individuelle Vertragskontakte bezogene Pflicht nicht auch im vertragsrechtlichen Kontext Beachtung finden?

Sicherlich kann eine bloß begriffsjuristische Entgegensetzung von öffentlich-rechtlicher und privatrechtlicher Einkleidung das Erfordernis einer differenzierenden Herangehensweise nicht überzeugend rechtfertigen. Die Bedenken gegen die Gleichlaufthese erhalten aber dadurch Substanz, dass man – wie dies im Referat von *Katja Langenbucher* angeklungen ist – den unterschiedlichen funktionalen Rahmen der beiden Rechtsgebiete berücksichtigt, namentlich die elementaren Unterschiede der jeweiligen Sanktionen. Aufsichtsrechtlich eingekleidete Verhaltenspflichten sind auf den öffentlich-rechtlichen Sanktionsrahmen ausgerichtet; sie weisen die Durchsetzung Behörden zu und gewähren diesen in der Regel gewisse Spielräume, um die Rechtsfolgen zu steuern. Der auf privatrechtliche Pflichten zugeschnittene Sanktionsrahmen unterscheidet sich von dem aufsichtsrechtlichen ganz elementar. Eine privatrechtlich anerkannte Pflicht, etwa eine Aufklärungspflicht, steht in einem bestimmten Sanktionskontext – etwa durch die Überantwortung der Durchsetzung an eine Privatperson nach Maßgabe von deren Eigeninteressen, durch die Anerkennung eines Schadensersatzanspruchs sowie durch dessen nähere materiellrechtliche oder beweismäßige Voraussetzungen (z. B. Vermutung aufklärungsrichtigen Verhaltens). Dieser privatrechtliche Sanktionskontext mag unter bestimmten Umständen auch für aufsichtsrechtlich formulierte Pflichten passen; notwendig ist dieser Zusammenhang allerdings keinesfalls.

Die Unterschiede hinsichtlich des Sanktionskontexts stellen die Gleichlaufthese aus systematischer bzw. nationalrechtlicher Perspektive in Frage. Aus europarechtlicher Sicht kommen weitere gewichtige Einwände hinzu. Der privatrechtliche Anlegerschutz ist geprägt durch Richterrecht auf der Basis generalklauselartiger Standards (etwa Bond-Rechtsprechung). Die detailreichen und vielzähligen Aufklärungsvorgaben der EU-Richtlinien überlagern den richterrechtlichen Anlegerschutz. Würde man den (zwingenden) „Geltungsanspruch" des europarechtlich basierten Aufsichtsrechts auf das Privatrecht erstrecken, wäre die Gültigkeit wesentlicher Bereiche des privatrechtlichen Anlegerschutzrechts, namentlich die gesamte Beratungshaftung, in Frage gestellt. Der EuGH würde in den – ja nicht gerade seltenen – Rechtsstreitigkeiten über fehlgeschlagene Kapitalanalagen zu einer Art Superrevisionsinstanz. Da die Reichweite eines etwaigen Geltungsanspruchs der europarechtlichen Vorgaben nicht rechtssicher bestimmbar ist, könnte sich die Vorlagepflicht auf unabsehbar viele Detailfragen des Anlegerschutzrechts erstrecken. Das wäre nicht nur aus nationaler, sondern auch aus europäischer Perspektive nicht erwünscht. Der EuGH ist jedenfalls zur Übernahme einer derart weitreichenden zivilgerichtlichen Revisionsaufgabe strukturell ungeeignet. Es ist daher kein Zufall, sondern Ausdruck eines wohldurchdachten Regelungsplans, dass die europäischen Finanzdienstleistungs-Richtlinien unzweideutig auf eine aufsichtsrechtlich-behördliche Umsetzung ausgerichtet sind. Es bietet sich an, den europäischen Gesetzgeber beim Wort zu nehmen und eine Bindungswirkung im Hinblick auf die nationalen Privatrechtsordnungen abzulehnen.

Das Verhältnis zwischen Aufsichts- und Privatrecht kann danach durchaus sinnvoll mit dem – von Herrn *Köndgen* wieder einmal diskreditierten – Begriff „Ausstrahlungswirkung" umschrieben werden. Damit sollte primär jedweder Form einer automatischen bzw. zwingenden Übernahme der von Seiten der (nationalen und europäischen) Gesetzgeber aufsichtsrechtlich eingekleideten (und auch, wenn überhaupt, nur in diesem Rahmen durchdachten) Vorgaben eine Absage erteilt werden. Sekundär ist es den Zivilgerichten aufgegeben, die aufsichtsrechtlichen Vorgaben im jeweiligen Normkontext als einen wichtigen Auslegungsbelang zu würdigen, wobei ihnen aber ein weiter Beurteilungsspielraum zugestanden werden sollte. Daraus kann sich im Einzelfall durchaus eine Art Gleichlauf ergeben, ohne dass dieser aber bereits positivrechtlich vorgegeben wäre.

Eine privatrechtliche Sanktionierung aufsichtsrechtlich formulierter Pflichten ist daher sicherlich nicht ausgeschlossen – aber eben auch nicht grundsätzlich kraft positivrechtlicher Anordnung geboten. Es ist sehr erfreulich, dass der BGH diese Position jüngst noch einmal unzweideutig bekräftigt hat.

2. Als zweiten Punkt möchte ich das Alles-oder-nichts-Prinzip ansprechen, das allgemein bei der auf Beratungsfehler gegründeten schadensrechtlichen Abwicklung von Anlagegeschäften herangezogen wird. Wird eine fehlgegangene Anlage wegen einer Aufklärungspflichtverletzung abgewickelt, erhält der Anleger in der Regel seine gesamte Investition zurück. Das Anlagegeschäft war aber aus der Ex-ante-Perspektive – ungeachtet der Aufklärungspflichtverletzung – zumeist auch mit Gewinnchancen verbunden. Nicht selten war sogar eine Gewinnerzielung für den Anleger *ex ante* überwiegend wahrscheinlich.

Angesichts der Gewinnchancen ist eine Erstattung der gesamten Investitionssumme unter dem Gesichtspunkt des – im Schadensrecht anerkannten – Bereicherungsverbots fragwürdig. Dies wird vor allem dann deutlich, wenn man sich einen streuenden Anleger vorstellt, der bei einer Vielzahl von Anlagegeschäften unzureichend beraten worden ist, bei einigen dieser Transaktionen aber gleichwohl Gewinne erzielt hat. Wenn er nunmehr aufgrund der Aufklärungspflichtverletzung für die anderen, ungünstig verlaufenen Investitionen volle Erstattung erhält, dann wird ihm insgesamt ein Anlageerfolg zugewiesen, der auch bei perfekter Beratung nicht erzielbar gewesen wäre, nämlich eine Realisierung von Anlagechancen unter Vermeidung der Risiken.

Ich meine daher, dass Anlagechancen, die tatsächlich *ex ante* vorhanden waren, bei der schadensrechtlichen Abwicklung angerechnet werden sollten. Dabei könnte an die Grundsätze der Vorteilsausgleichung angeknüpft werden. Im Ergebnis wäre der Anlageschaden daher aufzuteilen, wenn und weil der Anleger eine erhebliche Gewinnchance hatte, auch wenn sich diese aufgrund der nachträglichen Entwicklung nicht realisiert hat. Das Hauptproblem einer solchen Aufteilung besteht darin, die *ex ante* bestehende Anlagechance *ex post* (auch: nach ihrem Ausfall) angemessen zu bewerten. Diese schwierige Frage sowie weitere dogmatische Details der Anrechnung bedürfen noch näherer Analyse.

3. Schließlich möchte ich noch als dritten Komplex das Thema Produktverbote aufgreifen. *Gerhard Wagner* hat zu Recht darauf hingewiesen, dass das Spread-Ladder-Swap-Urteil des BGH *de facto* auf ein Produktverbot hinausläuft. Die Anforderungen an die Anlageberatung werden in dieser Entscheidung so scharf gefasst, dass sie kaum mehr erfüllbar sind. Die zentrale Frage lautet dann: Was ist der Maßstab für ein solches Produktverbot? *Gerhard Wagner* hat bezogen auf das Spread-Ladder-Swap-Urteil sinngemäß von einer absolut ungünstigen Anlage gesprochen und darauf verwiesen, dass der BGH dafür das Kriterium des negativen Marktwerts herangezogen hat.

Ich meine, man sollte bei der Bewertung von Anlagegeschäften, namentlich bei der Bezugnahme auf einen „negativen Marktwert", sehr vorsichtig und akribisch vorgehen. Der BGH hat das Verdikt des negativen Marktwerts in der Spread-Ladder-Swap-Entscheidung auf den Refinanzierungsaufwand der Bank, namentlich auf die Einpreisung einer 4%-igen Marge, gestützt.[1] Dieser Ansatz überzeugt nicht. Denn es entspricht den üblichen Rahmenbedingungen von Anlagegeschäften (und auch von anderen Marktransaktionen), dass ein Anleger (oder ein anderer Leistungsempfänger) durch eine Transaktion in seinem Vermögen keinen dem Geldabfluss gänzlich äquivalenten Vermögenswert realisieren kann. Insbesondere kann ein Anleger (oder ein anderer Leistungsempfänger) in aller Regel den Erwerbspreis eines Produkts einschließlich der Transaktionskosten nicht unmittelbar durch eine (Wieder-)Verwertung des erworbenen Produkts vollständig zurückerlangen. Das ergibt sich u. a. schon daraus, dass die unternehmerische Kalkulation als eines ihrer Elemente die Handelsspanne einschließt, mit deren Deckung im Vermögen des Anlegers (oder des sonstigen Leistungsempfängers) kein (verwertbarer) Wertzufluss korrespondiert. Aus diesem Grund müsste man

---

1 Vgl. BGH = BGHZ 189, 13 = VersR 2011, 1183 = NJW 2011, 1949, Tz. 35. Näher zur hier angerissenen Position *Grigoleit*, Grenzen des Informationsmodells – Das Spread-Ladder-Swap-Urteil des BGH im System der zivilrechtlichen Informationshaftung, in: Habersack/Mülbert/Nobbe/Wittig, Anlegerschutz im Wertpapiergeschäft – Verantwortlichkeit der Organmitglieder von Kreditinstituten (Bankrechtstag 2012/2013), S. 25 ff., insbesondere S. 48 ff.

wohl fast jedem Geschäft, das wir als Endverbraucher tätigen – ob das der Kauf eines Autos oder eines Hauses ist, der Abschluss einer Versicherung oder die Aufnahme eines Darlehens – zum Zeitpunkt des Erwerbs im Sinne der Spread-Ladder-Swap-Entscheidung einen negativen Marktwert bzw. einen negativen Erwartungswert zumessen. Dies gilt insbesondere für risikobezogene Produkte wie Finanzanlagen oder auch Versicherungen, bei denen die Erwartungswerte stets leicht zu Gunsten des Unternehmens kalibriert sein sollten. Anderenfalls müsste übrigens die Versicherungs- bzw. Finanzaufsicht einschreiten.

Die Frage sollte daher nicht lauten, ob der Anleger durch das Finanzprodukt zu einem „negativen Marktwert" im Sinne der vom BGH verwendeten Parameter erwirbt, sondern allein, wie hoch der jeweilige Vermögensverlust ist. Man könnte insoweit untechnisch vom Margen- bzw. Kostenanteil des Finanzprodukts sprechen und darunter alle Preisbestandteile fassen, die vom Anleger nicht durch eine Verwertung realisiert werden können. Es wäre zu wünschen, dass im Diskurs – gerade auch unter Einbeziehung des bei der Bankwirtschaft gesammelten Sachverstands – repräsentative Zahlen für eine „angemessene Kostenbelastung" von Finanzprodukten entwickelt würden; es versteht sich von selbst, dass hierbei einige Differenzierungen erforderlich werden würden und nur grobe Orientierungsgrößen ermittelt werden könnten. Eine grobe Faustformel könnte der Grundstückskauf bilden, hinsichtlich dessen eine Kostenquote von 10 bis 15 % noch im Bereich des Üblichen liegen dürfte. In diesem Sinne hat der BGH in verschiedenen Urteilen eine Aufklärungspflicht dann postuliert, wenn in Immobilien*fonds* mehr als 15 % des Anlagewerts durch verdeckte Innenprovisionen aufgezehrt werden. Freilich ist diese Grenze verhältnismäßig hoch angesetzt, sie sollte überprüft werden: Liquide Finanzprodukte sollten eine deutlich niedrigere Kostenquote aufweisen als der Erwerb einer Liegenschaft.

Ein anderes, ebenfalls in der Spread-Ladder-Swap-Entscheidung anklingendes Kriterium für mögliche Produktverbote ist das Risikomaß. Das Urteil hatte einen Swap zum Gegenstand, der zwar klar formuliert bzw. kalkuliert war; er war aber mit erheblichen Verlustrisiken verbunden, deren Eintrittsbedingungen nicht leicht aus den verwendeten Formeln zu entschlüsseln waren. Freilich war das Maß des übernommenen Risikos nicht so extrem, dass man daraus gerade auch im Vergleich zu anderen Finanzprodukten ein Produktverbot hätte ableiten können. Insbesondere war der Swap so gestaltet, dass der Anleger mit überwiegender Wahrscheinlichkeit einen Gewinn erwarten konnte. Überhaupt dürfte es kaum möglich sein, ein beanstandungswürdiges Risikomaß subsumtionsfähig festzulegen. Ähnliches gilt grundsätzlich für den Versuch, ein bestimmtes Maß an Komplexität als Auslöser für Produktverbote heranzuziehen. Allerdings mag man die Komplexität von Finanzprodukten beanstanden, wenn sie nicht mehr durch Beratung aufgelöst werden kann oder wenn sie vermeidbar ist, d. h. wenn das jeweilige Finanzprodukt mit demselben Charakteristikum auch hätte erheblich einfacher dargestellt werden können.

Abgesehen von den Unsicherheiten der zu verwendenden Standards wird man sich auch darüber verständigen müssen, wer überhaupt zur Formulierung von Produktverboten berufen sein sollte. Soll der nationale oder europäische Gesetzgeber tätig werden? Sollen die (nationalen oder mitgliedsstaatlichen) Aufsichtsbehörden auf generalklauselartiger Basis Produktverbote konkretisieren? Oder ist die Formulierung von Produktverboten gar eine Aufgabe der Zivilgerichte – wie dies der BGH in der Spread-Ladder-Swap-Entscheidung auf dem Umweg über eine unerfüllbare Aufklärungspflicht anzudeuten scheint. Ich meine: Die Zivilgerichtsbarkeit ist grundsätzlich nicht zur Formulierung von Produktverboten berufen, weil sie funktional und ressourcenmäßig nicht dazu geeignet ist, Finanzprodukte systematisch zu überprüfen und zu bewerten. Die nötigen Feststellungen können (wenn überhaupt) wohl am effektivsten und flexibelsten durch Aufsichtsbehörden getroffen werden. Sicherlich benötigen diese dazu eine gesetzliche Ermächtigung. Sehr allgemein gehaltene Ansätze dafür finden sich in der MifiR. Allerdings sollte man sich – gerade aus deutscher Perspektive, für die ein hohes Maß an normativer Präzision und erhebliche Vorbehalte gegenüber behördlicher Gestaltungsmacht im Einzelfall charakteristisch ist – bewusst machen, dass bei Produktverboten eine strikte Regelförmigkeit kaum rechtssicher praktiziert werden kann. Produktverbote sind nur um den Preis erheblicher Beurteilungsspielräume der Aufsichtsbehörden zu haben.

Prof. Dr. Thomas Lobinger, Heidelberg

Als erster Nichtkapitalmarktrechtler werde ich jetzt wahrscheinlich sehr naive Fragen stellen. Ich möchte gerne anschließen an die erste Einlassung von Herrn *Wagner*, was die Zufälligkeit des Sanktionierens betrifft, wenn man, neudeutsch formuliert, über Private Enforcement vorgeht. Denken wir zunächst einmal rein zivilrechtlich und damit vor allem an Schadensersatzansprüche, dann ist diese Zufälligkeit doch eigentlich kein Problem. Denn zivilrechtlich ist vor allem wichtig, dass derjenige, der aufgrund eines rechtswidrigen und schuldhaften Handelns anderer einen Schaden erlitten hat, diesen Schaden zuverlässig geltend machen kann. Ob er das dann will und ob er das macht, ist an sich seine Sache. Diese Zufälligkeit liegt also schlicht und ergreifend im zivilrechtlichen System und ich hätte auch kein Problem damit, dass dann, wenn ich mal den Begriff des Haufens aufgreifen darf, eben bestimmte Haufen häufiger und andere weniger häufig vor Gericht gelangen. Beklagt man demgegenüber die zu geringe Steuerungswirkung dieses Systems, dann versteckt sich dahinter etwas, was auch hier in der Diskussion immer wieder angesprochen wurde. Denn dann sieht man im Zivilrecht offenbar auch ein Instrument zur Realisierung öffentlicher Interessen, wofür ja in der Tat auch gerade der Begriff des Private Enforcement steht. Eine solche Mediatisierung des Zivilrechts trifft sich in diesem Punkt möglicherweise mit dem Plädoyer für eine Stärkung des Aufsichtsrechts. Denn hier geht es ja ganz sicher um öffentliche Interessen. Deshalb jetzt meine Frage: Wo liegen denn diese öffentlichen Interessen ganz präzise? Das würde ich gerne einmal hören. Und wie unterscheiden sie sich dann eigentlich von den privaten? Denn das mag dann auch möglicherweise eine Antwort darauf geben, inwieweit wir tatsächlich die Pflichten, über die wir reden, voneinander trennen können, so dass wir einmal sagen können, das ist reines öffentliches Recht, und das andere Mal, das ist reines Zivilrecht. Hier hätte ich gerne noch mehr Klarheit.

Ein zweiter Punkt: Jeder, der bisher gesprochen hat, ob im Vortrag oder in der Diskussion, lässt eine große Bereitschaft zur Regulierung erkennen. Und zwar ganz egal, ob diese nun zivilrechtlicher Natur ist oder öffentlich-rechtlicher Natur. Deshalb ist meine Frage jetzt vielleicht tatsächlich naiv: Brauchen wir wirklich so viel Regulierung auf diesem Markt zum Anlegerschutz? Traut man dem Markt selber eigentlich gar nichts mehr zu? Wir haben es doch hier mit einem Markt zu tun, der jedenfalls aus meiner Sicht kein für die Anleger existenziell bedeutsamer ist. Denn diese haben ja im Prinzip, wenn man das einmal ein wenig salopp formulieren darf, ein bisschen Geld übrig und schauen deshalb, wo sie es gewinnbringend unterbringen können. Existenziell bedeutsam sind die Märkte in unseren Fällen dagegen sicherlich für die Anbieter. Sie müssen das Geld akquirieren für ihre Projekte. Aber kann man sich nicht in dieser Situation auch ein bisschen zurücklehnen und sagen, dann müssen halt mal ein paar von den Anlegern auf die Nase fallen, wenn sie nicht rechnen können und noch nicht einmal wissen wollen, dass Banken vor allem darauf aus sind, Geld zu verdienen. Möglicherweise bringt dann ja auch der Markt genau die Informationsinstrumente, die wir für hinreichend informierte Entscheidungen brauchen, selber hervor, weil man erkennt, dass sich die Anleger sonst von den Produkten zurückziehen und mit ihrem Geld woanders hingehen werden. Das erscheint manchem vielleicht zu liberal. Aber ich bin ja auch kein Kapitalmarktrechtler und darf deshalb den Kollegen diesen rein privatrechtlichen Spiegel einmal vorhalten.

Prof. Dr. Claus-Wilhelm Canaris, München

Ich habe schon zwei Funktionen heute wahrnehmen müssen und wahrnehmen dürfen. Ich erlaube mir jetzt, auch noch eine dritte Rolle zu übernehmen, nämlich die des Diskussionsteilnehmers. In früheren Jahren habe ich mir das mitunter ausdrücklich vorbehalten, doch stellt es, wie ich glaube, eine generelle Regel dar, dass der Diskussionsleiter nicht automatisch davon ausgeschlossen ist, auch mal zur Diskussion etwas beizutragen, wenn er glaubt, auf diese Weise lasse sich das, was er zur Sache sagen möchte, besser unterbringen als in den Zwischenbemerkungen, die man als Diskussionsleiter ohnehin machen kann und darf. Also gestatten Sie mir, jetzt selbst ans Pult zu gehen und ein paar Worte der Ergänzung zu Ihrem Vortrag zu sagen, liebe Frau *Langenbucher*.

Ich möchte zunächst etwas beitragen zum Verständnis der Themenstellung. Diese heißt ja „Anlegerschutz durch Haftung" und daran haben Sie sich streng gehalten, und zwar völlig mit Recht. Aber natürlich kann man vor dem Hintergrund des Gegensatzes von privatrechtlichem und öffentlichrechtlichem Schutz fragen, ob es nicht noch ein anderes Instrument des privatrechtlichen Schutzes gibt, und in der Tat gibt es ein solches. Das ist das Widerrufsrecht. Dieses haben wir – wir heißt Herr *Lorenz* nach Rücksprache mit mir – bewusst herausgelassen, um das Thema nicht sowohl zu groß als auch zu heterogen zu gestalten. Das *Karlsruher Forum* hat traditionsgemäß einen deutlichen Fokus auf dem Schadensersatz- und Haftungsrecht und so ist das Widerrufsrecht außen vor geblieben. Man sollte sich aber im Hinterkopf immer bewusst halten, dass dieses Instrument dem Privatrecht auch noch zur Verfügung steht. Die Berührungspunkte sind sogar relativ eng. Mit Recht sind Sie, Frau *Langenbucher*, und auch Sie, Herr *Wagner*, auf die Problematik der Rückgängigmachung von Verträgen durch Naturalrestitution zu sprechen gekommen. Das ist zugleich die Rechtsfolge des Widerrufs und im Übrigen ist das ja ein altes Thema, das wir seit Jahrzehnten kennen – nämlich seit der BGH zum ersten Mal die *culpa in contrahendo* als Instrument für die Aufhebung von Verträgen benutzt hat. Nach einigem Nachdenken hat die Rechtswissenschaft gesagt „au wei", vor allem Herr *Medicus* hat Alarm geschlagen mit der Begründung, dass diese Konstruktion mit § 123 BGB kollidiere, also einem spezifisch aufhebungsrechtlichen Instrument. Haftung einerseits und Widerruf, Anfechtung usw. andererseits können also parallel laufen.

Mir selbst erscheint hier immer als ein besonders wichtiges Instrument die seinerzeitige Einführung des Gebotes der Effektivzinsausweisung. Einige von Ihnen werden sich an jene dunklen Zeiten erinnern, in denen die Banken in ihren Darlehensbedingungen keinen Effektivzins anzugeben brauchten. Das war der Gipfel der Intransparenz. Ich erinnere mich noch, dass ich, als wir vor ungefähr 30 Jahren unser Haus gekauft haben, mir bei fünf bis sechs großen Instituten Angebote habe machen lassen. Ich konnte trotz einiger Vorkenntnisse mit dem besten Willen nicht herausfinden, welches unter zinsmäßigen Gesichtspunkten das günstigste war. Hier ist ein großer Fortschritt erzielt worden. Und hier zeigt sich meines Erachtens dreierlei. Nämlich erstens, dass Privatrecht sehr viel bewirken kann. Denn das können wir nur mit Privatrecht machen, dass wir solche Aufklärungspflichten vorschreiben. Was sollte man denn sonst machen? Verträge etwa zu vorgegebenen Zinsen für alle? Das wäre natürlich das Ende des Wettbewerbs und der vertraglichen Inhaltsfreiheit. Nein, das geht nur über Privatrecht. Zweitens ist das Gebot der Effektivzinsausweisung sehr signifikant für die Fruchtbarkeit des sogenannten Aufklärungsmodells im Unterschied zum Inhaltsschrankenmodell und natürlich wieder auch im Gegensatz zum öffentlichen Recht. Man klärt den Verbraucher oder den Darlehenssucher eben einfach auf über das, was auf ihn zukommt, und tut das in einer verständlichen Sprache. Der Effektivzins ist nämlich sehr leicht zu verstehen. Und drittens – das muss zum Lobe der europäischen Gemeinschaft auch mal gesagt werden – ist das ein Problem, welches in der Tat sinnvoll nur europaweit oder jedenfalls EU-weit gelöst werden kann, und so sind die Anstöße denn auch von Richtlinien der EG ausgegangen. Das ist schon deswegen nötig, weil sich zahlreiche Einzelfragen nur einheitlich entscheiden lassen. Es gibt zum Beispiel zwei unterschiedliche finanzmathematische Methoden, wie man den Effektivzins berechnen kann. Da kann man von Seiten der Gesetzgebung her gar nichts anderes machen, als eine der Methoden vorzugeben; sonst ist die Vergleichbarkeit wieder dahin. In diesem Beispiel – darum bringe ich es – kommen viele Vorteile zusammen sowohl des Privatrechts zum einen als auch der europäischen Rechtsvereinheitlichung zum anderen.

Dann habe ich noch eine zweite Ergänzungsbemerkung, liebe Frau *Langenbucher*. Sie haben uns mit dem Wirrwarr der Einzelregelungen konfrontiert, der hier inzwischen entstanden ist. Auch das ist ein altes Problem. Schon vor Jahrzehnten habe ich mich darüber geärgert und daran irgendetwas zu verbessern versucht, dass wir bei der sogenannten börsenrechtlichen Prospekthaftung Regelungen hatten, die mit der *culpa in contrahendo* schlechterdings nicht in volle Übereinstimmung zu bringen waren. Dass wir den Wirrwarr jetzt haben, beruht also nicht auf purer Unfähigkeit des heutigen Gesetzgebers, sondern ist ein altes Problem. Dabei kann man freilich dem damaligen Gesetzgeber auch nicht Unfähigkeit vorwerfen, im Gegenteil: Dieser war sehr fortschrittlich. Er war nämlich der Erste, der das Problem erkannt und geregelt und dann verständlicherweise mit der Schwelle der groben Fahrlässigkeit wieder einzuschränken versucht hat, bis später die Rechtsprechung über die *culpa in contrahendo* gekommen ist und das ganze Lösungsmodell doppelspurig gemacht hat.

Und jetzt kommt der Kern meiner Ergänzungsüberlegung, Nicht explizit vorgekommen ist bei Ihnen, Frau *Langenbucher*, der neue § 311 Abs. 3 BGB. Wir haben nämlich seinerzeit in der „Kommission Leistungsstörungsrecht" versucht, in dieser Vorschrift nicht nur die *culpa in contrahendo* als solche zu regeln, sondern auch die Dritthaftung aus *culpa in contrahendo*. Und das ist nun in der Tat eine generalklauselartige Vorschrift geworden, die das ganze Spektrum der möglichen Dritthaftungsfälle abzudecken versucht, also auch die Prospekthaftung, soweit diese nicht spezialgesetzlich geregelt ist. Ich lese Ihnen das mal vor, weil ich nicht voraussetzen kann, dass das Ihnen allen präsent ist. Es geht in § 311 BGB unter der amtlichen Überschrift „rechtsgeschäftliche und rechtsgeschäftsähnliche Schuldverhältnisse" im Wesentlichen um eine Regelung der *culpa in contrahendo*. Die beiden ersten Absätze suchen das allgemein bekannte Gedankengut über die *c.i.c.* zusammenzufassen. Und dann kommt der hier einschlägige Absatz 3: „Ein Schuldverhältnis mit Pflichten nach § 241 Abs. 2 BGB – das sind die sogenannten Schutzpflichten bei Schuldverhältnissen ohne primäre Leistungspflichten – kann auch zu Personen entstehen, die nicht selbst Partei werden sollen." Es folgt der im vorliegenden Zusammenhang zentrale zweite Satz: „Ein solches Schuldverhältnis entsteht insbesondere, wenn der Dritte in besonderem Maße Vertrauen für sich in Anspruch nimmt und dadurch die Vertragsverhandlungen oder den Vertragsschluss erheblich beeinflusst." Diese Regelung ist im Prinzip natürlich einschlägig für Börsenprospekte und sonstige Erklärungen von Emittenten, Darlehensgebern usw. Vor diesem Hintergrund frage ich mich nun doch, Frau *Langenbucher*, ob man entgegen dem derzeitigen Stand der Meinungen nicht statt des Vorrangs der Spezialvorschriften eine Anspruchskonkurrenz annehmen könnte. Um darauf eine voll durchdachte Antwort zu geben, wird es erst tieferer Durchdringung dieses § 311 Abs. 3 BGB bedürfen. Natürlich müssten die Schwellen in § 311 Abs. 3 BGB dann höher liegen als in den Spezialgesetzen, sonst gehen diese selbstverständlich vor. Aber dafür gibt es Anknüpfungspunkte, indem das Gesetz hier die Worte enthält „… wenn der Dritte in besonderem Maße Vertrauen in Anspruch genommen hat". Dahinter steht eine bestimmte Rechtsprechung des BGH, die es damals, als unsere Kommission diese Vorschrift entworfen hat, schon gab und die man ausweiten und konkretisieren und vertiefen könnte. Und dann heißt es weiter, auch das lehnt sich an die Rechtsprechung des BGH an, präzisiert diese aber ein bisschen: „„… Vertrauen für sich in Anspruch nimmt und dadurch die Vertragsverhandlungen oder den Vertragsabschluss erheblich beeinflusst". Das sind also schon relativ strenge, zugleich aber auch konkretisierungsfähige Vorschriften, so dass ich mir hier doch eine gewisse Auflösung dieses Konkurrenzverhältnisses im Sinne einer zumindest subsidiären Geltung von § 311 Abs. 3 BGB vorstellen kann.

Nun möchte ich noch eine dritte Ergänzungsbemerkung machen, die sich mit dem Ihrem Referat zugrunde liegenden durchlaufenden Grundgedanken einer Kombination von privatrechtlichen und aufsichtsrechtlichen Instrumenten befasst. Sie haben völlig richtig die Schwäche des Privatrechts in der Beweislastproblematik gesehen. Und ich pointiere das noch. Eigentlich kommen immer potenziell relativ viele ungerechte Entscheidungen heraus. Denn entweder lässt man die Beweislast – Sie haben das alles klar gesagt, aber ich akzentuiere es ein bisschen anders –, entweder lässt man die Beweislast da, wo sie nach den allgemeinen Regeln ist, nämlich beim Anleger. Dann läuft dieser Gefahr, die Voraussetzungen seines Anspruchs nicht beweisen zu können, obwohl er ihn eigentlich hat, oder man kehrt die Beweislast um – zum Beispiel nach der Regel über das aufklärungsrichtige Verhalten –, dann ist der andere Teil in einer misslichen Lage, da diese Vermutung fast eine *probatio diabolica* ist. Ich bin zwar selbst ein Anhänger dieser Vermutung und habe das in der Festschrift für *Hadding* auch geschrieben; denn in dieser Vermutung sehe ich immer noch das kleinere Übel, aber ein Übel bleibt sie. Denn es kann genauso gut sein, dass dem Anleger ein Vorteil zuwächst, den er gar nicht verdient hat, weil er sich sowieso falsch entschieden und also das Geld jedenfalls verloren hätte. Die Bank kann ihm das aber nun ebenfalls nicht nachweisen. Das ist ein deutlicher Nachteil des privatrechtlichen Lösungsmodells, darin stimme ich Ihnen völlig zu. Man sollte vielleicht hinzufügen, dass der Grund hierfür in der besonderen Art der Kausalität liegt. Meistens geht es nämlich um die sogenannte psychische, d. h. die psychisch vermittelte Kausalität: Es müssen Entschlüsse oder Motive bewiesen werden, also etwas, das tief innen bleibt. Einige kuriose Beispiele, die einer meiner Vorredner gebracht hat, haben ja schon deutlich gemacht, welche Tricks man anwenden kann, um den Versuch eines Beweises dessen zu unternehmen, was man sich angeblich im Innersten gedacht hat. Diese Problematik der psychischen Kausalität ist sicher ein gewichtiger Nachteil des privatrechtlichen Ansatzes.

Zum Abschluss komme ich zu einem bisher nicht genannten und, soweit ich sehe, auch in der Literatur kaum oder gar nicht diskutierten Vorteil der aufsichtsrechtlichen Lösung. Um diesen zu erkennen, müssen wir den Blick mal wenden zugunsten des Emittenten, also potenziell der Bank. Wenn sie öffentlich-rechtlich in Anspruch genommen wird, hat sie das gesamte Repertoire des öffentlich-rechtlichen Schutzinstrumentariums zur Verfügung. Insbesondere hat sie gegenüber Eingriffen der Aufsichtsbehörden den Grundrechtsschutz sowie die Behelfe des Verfahrensschutzes, also etwa der Verwaltungsgerichtsordnung. Und da steht sie unter Umständen viel besser und wird vor allem gerechter behandelt, als wenn sie dieser doch ziemlich plumpen Umkehrung der Beweislast im Privatrecht ausgesetzt ist. Ich spreche hier auch aus Erfahrung. Früher habe ich sehr, sehr viel Bankvertragsrecht gemacht und darüber auch ein dickes Buch in mehreren Auflagen geschrieben, aber eben Vertragsrecht. Daraufhin habe ich immer mal wieder Gutachtenaufträge erhalten, welche auch aufsichtsrechtliche Probleme einschlossen, durch deren Behandlung ich viel über das Aufsichtsrecht gelernt habe. Denn die Auftraggeber wollten es häufig nicht akzeptieren, wenn ich gesagt habe, es tue mir sehr leid, aber für diesen Fall sei ich wissenschaftlich nicht kompetent und daher müssten sie sich bitte an einen Öffentlichrechtler wenden. Die Antwort war fast immer. das müsse ich doch auch können und das solle ich also unbedingt ebenfalls übernehmen. Und da die Probleme meistens de facto doch relativ eng zusammenhingen, habe ich das dann letztlich getan und mich halt in das öffentliche Recht eingearbeitet. Das war ein überaus lehrreiches Erlebnis für mich, weil mir dabei die fundamentalen Unterschiede zwischen Privatrecht und öffentlichem Recht auch in praktischer Hinsicht unmittelbar und oft sehr drastisch vor Augen gekommen sind, wodurch zugleich die tiefe teleologische Berechtigung dieser von uns Kontinentaleuropäern hochgehaltenen fundamentaldogmatischen Unterscheidung gewissermaßen aus der anderen Richtung klar ins Licht tritt. Man stößt auf völlig andere Argumentationsmuster, sobald man ein bisschen tiefer in das Aufsichtsrecht einsteigt. Das klang bei Ihnen auch an, aber Sie haben es von der Gegenseite her betrachtet. Ich wende es jetzt sozusagen zur Schutzseite hin und betone, dass es im öffentlichen Recht Schutzinstrumente für den Betroffenen gibt, zu denen wir im Privatrecht gar kein Äquivalent haben, die aber viel flexibler und damit im Ergebnis auch gerechter sind, obgleich oder sogar gerade weil sie in der Konsequenz mitunter weniger anlegerfreundlich sind.

Prof. Dr. Katja Langenbucher, Frankfurt am Main

Diskussionsbeitrag Herr *Grigoleit*: Deinen Ausführungen zur „Verklammerungsthese" stimme ich zu. Festhalten möchte ich für den hier zugrunde gelegten instrumentellen Fokus, dass infolge der Ablehnung der Verklammerungsthese, die ich sachlich mittrage, ein Defizit des privaten Haftungsrechts besteht. Der von Dir präferierte Fokus auf den Einzelfall führt notwendig zu höheren Rechtsverwirklichungskosten und weniger Rechtssicherheit.

Was Deine Bezugnahme auf das Bereicherungsverbot betrifft, bin ich mir erneut nicht ganz sicher, ob mein Punkt der „Eindimensionalität" der Sanktionierung so aufgefasst wurde, wie ich ihn gemeint habe. „Eindimensionalität" nimmt Bezug auf einen Vergleich des behördlichen mit dem privaten Sanktionsspektrum. Dabei soll nicht „privatrechtlich" oder „öffentlichrechtlich" gedacht werden, sondern nur gefragt werden, welche Rechtsfolgen ein Verstoß hat. Mit Blick darauf scheint es mir vorteilhaft zu sein, flexibel und mit einem breiten Rechtsfolgenspektrum sanktionieren zu können. Genau diese Breite bietet das Privatrecht mit seiner Fokussierung (nur) auf Geldersatz nicht. Die Breite des behördlichen Instrumentariums lässt sich privatrechtlich nicht abbilden.

Was Deinen Hinweis auf das Bereicherungsverbot betrifft, könnte ein Blick nach Frankreich und die dortige „perte d'une chance"-Lehre interessant sein.

Mit Blick auf Produktverbote sagtest Du, wenn ich Dich richtig verstanden habe, es gehe um Produkte mit negativem Marktwert. Dem kann ich auf den ersten Blick nicht zustimmen, am plakativsten fasst dies der Spruch „every product will sell at a price above zero" zusammen. Die entscheidende Frage ist die jeweils einschlägige Risiko-Rendite-Relation. Möglicherweise wolltest Du betonen, dass die betroffenen Produkte insofern einen negativen Marktwert haben, als gewisse Transaktionskosten angefallen sind. Deine These würde dann lauten, ein Produktverbot sollte immer dann ausgesprochen werden, wenn die Transaktionskosten in einem Missverhältnis stehen zum Fundamentalwert des Produkts. Nur auf Transaktionskosten abzustellen, hängt aber wiederum eng mit der Liquidität des Marktes zusammen, ein möglicherweise sachfremdes Kriterium. Die einzige Produktregulierung, die es derzeit gibt, ist in Belgien. Die dortige Aufsicht richtet ihr Einschreiten nur an Risikogesichtspunkten aus, nicht an einem Missverhältnis zwischen Preis und Produkt.

Diskussionsbeitrag Herr *Lobinger*: Ihren Ausführungen zu meiner „Zufälligkeitsthese" stimme ich im Wesentlichen zu. Selbstverständlich ist es auch, wie Sie ausführen, die freie Entscheidung des Geschädigten, Klage zu erheben oder eben nicht. In meinem Referat ist stattdessen eine instrumentelle Perspektive zugrunde gelegt worden, also gefragt worden, wie sanktioniert wird. Aus diesem Grund habe ich die „Zufälligkeit" des Privatrechts kritisiert: Die Sanktionierung hängt von der aus Sicht des Schädigers ganz zufälligen Entscheidung ab, ob geklagt wird oder nicht. Setzt man als Gesetzgeber auf eine effiziente Sanktionierung durch Private Enforcement, ist das ein Nachteil, weil ein Sanktionierungsdefizit entsteht. Am klarsten wird diese Sichtweise vielleicht, wenn wir uns eine Welt vorstellen, in der wertpapierrechtliche Ge- und Verbote ausschließlich privatrechtlich sanktioniert würden. Das hätte zur Folge, dass manche Private sich zu einer Klage entschließen würden, andere nicht. Können wir in dieser Situation auf effiziente Sanktionierung hoffen? Das hängt davon ab, da sind wir wieder bei Herrn *Wagner*, ob diese Verteilung wenigsten gleichmäßig erfolgt. Kann man davon ausgehen, dass für sämtliche denkbaren Verstöße eine hinreichende Wahrscheinlichkeit existiert, dass irgendein Privater eine Klage mit hinreichendem Abschreckungspotential erheben wird, mag man sich hiermit zufrieden geben. Je höher aber die Wahrscheinlichkeit, dass entweder Klagen ungleichmäßig verteilt sind oder kein hinreichendes Abschreckungspotential entsteht, desto lückenhafter erfolgt die Sanktionierung.

Ihr zweiter Einwand richtete sich auf die Begründung eines öffentlichen Interesses an der Normdurchsetzung. Vermutlich lässt sich dies erneut unter Rückgriff auf die Kapitalmarkteffizienzhypothese verdeutlichen. Auf Finanzmärkten treten unterschiedliche Akteure auf und es werden unterschiedliche Finanzprodukte angeboten. Idealiter wären alle Informationen für alle Teilnehmer frei verfügbar und alle Transaktionen würden nichts kosten. Das ist sozusagen die strengste Form der Kapitalmarkteffizienzhypothese. Was würde in diesem Gedankenmodell passieren? Jede Information würde in Transaktionen umgesetzt und auf diese Weise „eingepreist". Damit wäre der sogenannte Fundamentalwert, sprich der Wert, den das Unternehmen oder das verkaufte Finanzprodukt tatsächlich hat, im Preis widergespiegelt. Wenn wir annehmen wollen, dass wir in dieser idealen ökonomischen Welt lebten, bräuchten wir Anlegerschutz in viel geringerem Umfang. Denn dann wäre immerhin geklärt, dass alles, was der Anleger kauft, richtig bepreist ist. Der Anleger müsste sich nicht um die Frage sorgen, ob er ein Produkt erhält, welches „sein Geld wert" ist, sondern nur eine für ihn adäquate Risikoentscheidung treffen. Liquide Märkte unterstellt, könnte er außerdem immer zu einem in diesem Sinne richtigen Preis wieder verkaufen. Märkte, so die Annahme, tragen dazu bei, Informationen über die „korrekte" Bepreisung der auf ihnen gehandelten Güter zu liefern.

Sie treten dem entgegen und verweisen auf die eigenverantwortliche Risikoentscheidung: Wer Geld in risikoreiche Finanzprodukte investieren möchte, darf das, ist aber nicht schutzwürdig, wenn er sein Geld verliert, so lese ich Sie. Damit sind wir wieder bei den unterschiedlichen Anlegertypen, die ich eingangs vorgestellt hatte – Sie würden sich auf einem marktrational-optimistischen Anleger festlegen. Volkswirtschaftlich möchte man sich hiermit allerdings noch nicht zufrieden geben, sondern die Ströme dieser investitionsbereiten Anleger dort hinlenken, wo sie am effizientesten eingesetzt werden. Je schlechter die Rahmenbedingungen eines Kapitalmarkts, je intransparenter und ineffizienter dort gewirtschaftet wird, desto mehr Geld wird, wenn Sie so wollen, „verbrannt", anders ausgedrückt: ineffizient investiert. Der volkswirtschaftlich begründete Anreiz, sich um ein funktionierendes Kapitalmarktordnungsrecht zu bemühen, ist das öffentliche Interesse, welches Sie vermisst haben.

Nicht sicher bin ich, ob ich Ihrer Ansicht beitreten kann, Anleger seien ganz grundsätzlich nicht schutzwürdig. Denken Sie beispielhaft an institutionelle Anleger, die Vermögen Dritter verwalten und investieren. Nicht selten geht risikofreudiges Verhalten nicht zu Lasten des Investors, sondern eben Dritter. Hinzu treten die bereits erwähnten kognitiven Defizite und Verhaltensanomalien einfacher Anleger: Auch das klassische Privatrecht kennt bekanntlich vielfältige Lösungsmöglichkeiten vom Vertrag. Wegen der für das Kapitalmarktrecht typischen Drei- oder Mehrpersonenbeziehung, lassen sich diese privatrechtlichen Kernrechte aber nicht reibungslos verwirklichen. Zuletzt mag man auf die Verve verweisen, mit der in den vergangenen Dekaden Investitionen auf Kapitalmärkten politisch gefördert wurden.

Diskussionsbeitrag von Herrn *Canaris*: Sie haben richtig auf die Möglichkeit von Widerrufsrechten hingewiesen. Im Primärmarkt existiert ein solches mit der Prospekthaftung, zumindest was die Lösung vom Vertrag anbelangt. Am Sekundärmarkt scheint mir ein Lösungsrecht vom Vertrag zu beträchtlichen und (zu) komplexen Folgeproblemen zu führen. Am Primärmarkt akzeptiert man diese, am Sekundärmarkt nicht.

Diskutiert wird zusätzlich das Verhältnis von Fernabsatzverträgen zu Finanzinvestitionen. Die herrschende Meinung bewegt sich von diesem Konzept weg, vermutlich nicht ganz zu Unrecht. Die Grundidee, die hinter dem Widerrufsrecht bei Fernabsatzverträgen steht und übrigens eine zeitliche Limitierung des Widerrufsrechts mit sich bringt, passt auf Finanzprodukte schlecht. Ob hier „etwas Falsches" gekauft wurde, hängt weder notwendig mit der Tatsache des Fernabsatzes zusammen noch stellt sich dies typischerweise innerhalb einer kurzen Widerrufsfrist heraus. Im Kapitalmarktrecht wäre also allenfalls an andere Dinge anzuknüpfen, beispielsweise einen Risiko-Trigger. Hinzu tritt aber die Versicherungsproblematik. Sie versichern über ein Widerrufsrecht jeden Anleger gegen den Kauf eines für ihn unpassenden Produktes.

Ob die Zinsaufklärungspflicht tatsächlich nur über Privatrecht zu verwirklichen ist, möchte ich bezweifeln. Gerade Aufklärungspflichten werden aufsichtsbehördlich nachgefragt und überprüft. Die BaFin fasst etwa durchaus nach, ob korrekte Produktinformationsblätter verwendet werden, ob sie anständig beraten, ob Protokolle geführt werden etc.

Sie haben richtig auf die lange Tradition der Börsenprospekthaftung hingewiesen. Mir scheint das nicht nur ein *c.i.c.*-Problem zu sein, es tritt auch der gesellschaftsrechtliche Problemkomplex der Kapitalerhaltung hinzu. Weil der Käufer am Primärmarkt Rückabwicklung verlangen darf, kauft die Aktiengesellschaft das Papier zurück. Das widerspricht aber an sich den gesellschaftsrechtlichen Kapitalbindungsvorschriften. Der EuGH hat sich der auch in Deutschland schon herrschenden Meinung angeschlossen, wonach die Kapitalbindungsvorschriften hinter die Prospekthaftung zurücktreten.

Was Ihren Hinweis auf die Dritthaftungsproblematik, § 311 Abs. 3 BGB, betrifft, stecken ähnliche Gedanken in der Tat in der bürgerlich-rechtlichen Prospekthaftung. Ich habe diesen Aspekt deshalb in der Gliederung als Kapitalmarktvertrauenshaftung bezeichnet. Ihrer Anmerkung kommt möglicherweise eine Mindermeinung nahe, die sich dafür ausspricht, eine zweite Spur neben diesen Spezialgesetzen zu eröffnen. Dafür scheint mir der *Rupert-Scholz*-Fall, das hatte ich versucht anzudeuten, auch Ansatzpunkte zu bieten. Dabei sollte man allerdings nicht so weit gehen, im Anwendungsbereich des Spezialgesetzes die *c.i.c.* zusätzlich zur Anwendung zu bringen. Wird etwa spezialgesetzlich nur für Vorsatz und grobe Fahrlässigkeit gehaftet, kann die *c.i.c.* nicht darüber hinausschießen. Noch nicht gesagt ist damit, wieweit hierauf für solche Tatbestände zurückgegriffen werden kann, die gar nicht dem Anwendungsbereich des Spezialgesetzes unterfallen. In der Entscheidung *Rupert Scholz* ging es um Folgendes: Geworben wurde mit einem Prospekt, damals unreguliert. Dem Prospekt waren zwei Dinge beigelegt: Ein Interview mit *Rupert Scholz*, erschienen in einer Börsenfachzeitschrift, und zusätzlich ein Hinweis auf die Stellung von *Rupert Scholz* als Hochschullehrer in München für Finanzmarktrecht. Mit diesen Materialien ging der Fonds an die Öffentlichkeit. Streitgegenständlich war die Frage, ob Prospekthaftungsansprüche gegen *Rupert Scholz* in Betracht kommen, und zwar mit Blick auf seine Stellung als Experten, auf den man sich verlassen sollte. Der BGH hat bekanntlich nicht auf Gedanken der Expertenhaftung zurückgegriffen, sondern seine bürgerlich-rechtliche Prospekthaftung weit ausgelegt. Zugrunde gelegt wurde eine „Gesamtbetrachtung", welche den Einbezug des beigelegten Interviews und des Zusatzzettels in den Prospektbegriff erlaubte. Ob man auch eine Fallkonstellation wie die Werbung etwa von *Manfred Krug* für die Zeichnung von Telekomaktien hierunter fassen könnte, ist derzeit offen.

Canaris: Da steht man natürlich vor der bewusst aufgerichteten Schranke, des § 131, Abs. 3, dass er in besonderem Maße Vertrauen in Anspruch genommen hat. Und wenn man die frühere Rechtsprechung des BGH dazu anschaut, da kann man nur lachen, dass der *Rupert Scholz* da besonderes Vertrauen in Anspruch genommen hat.

Zutreffend ist auch Ihr Hinweis auf die Beweislastproblematik. Zu beachten ist zusätzlich die Vermutung aufklärungsrichtigen Verhaltens, die natürlich die Bank beweisen muss. Haftungsausschließend wirkt der Nachweis, der Anleger hätte auch bei korrekter Aufklärung dieselbe Investitionsentscheidung getroffen.

Zustimmen kann ich zuletzt Ihrem wichtigen Hinweis auf die Einbeziehung des Grundrechtsschutzes im Rahmen aufsichtsrechtlicher Sanktionierung.

Prof. Dr. Rolf Sack, Mannheim

Ich möchte ergänzend auf drei Punkte kurz eingehen.

(1) In ihrem sehr differenzierten Vortrag hat Frau Kollegin *Langenbucher* in der Einleitung ausführlich zu den *Anlegerleitbildern* Stellung genommen. Dieser Gesichtspunkt zog sich durch das gesamte Referat. Mir als *Wettbewerbsrechtler* drängt sich natürlich sofort die naheliegende Parallele zum *Verbraucherleitbild* auf. Im UWG hat das Verbraucherleitbild eine besondere Bedeutung erlangt. Nach inzwischen etablierter Meinung ist im Recht gegen den unlauteren Wettbewerb bei verbraucherbezogenen Geschäftspraktiken der Durchschnittsverbraucher maßgeblich, der angemessen gut unterrichtet und angemessen aufmerksam und kritisch ist. So steht es auch wörtlich in der Richtlinie gegen unlautere Geschäftspraktiken von 2005 in Erwägungsgrund Nr. 18. Das ist auch ständige Rechtsprechung des EuGH. Ich sehe natürlich, dass das eine Generalklausel ist. Denn wer ist *angemessen* gut unterrichtet und wer ist *angemessen* aufmerksam und kritisch? Dieses Verbraucherleitbild wird vor allem beim Irreführungsverbot des UWG relevant, und das wettbewerbsrechtliche Irreführungsverbot gilt natürlich auch für die Werbung für *Kapitalanlagen*.

(2) Das deutsche UWG bietet mit Unterlassungs- und Beseitigungsansprüchen vor allem *präventiven* Schutz gegen irreführende Angaben. Es gewährt hingegen dem geschädigten *Verbraucher* nach herrschender Meinung keine Schadensersatzansprüche, die in der heutigen Veranstaltung im Vordergrund

standen. Es gibt nur eine kleine Mindermeinung, die vor allem von mir vertreten wird (vgl. aus neuerer Zeit meine Ausführungen in GRUR 2011, 953, 959 ff., 962 f., mit ausführlichen Nachweisen), allerdings seit 40 Jahren vergeblich. Sie besagt, dass aus dem UWG nicht nur dem geschädigten Mitbewerber (so ausdrücklich § 9 UWG), sondern auch dem durch unlauteren Wettbewerb geschädigten Verbraucher Schadensersatzansprüche zu gewähren sind. Ich gebe meine Hoffnung noch nicht auf, nachdem das Österreichische UWG und das Schweizer UWG durchaus auch Schadensersatzansprüche von Verbrauchern aus dem UWG kennen. In Österreich und in der Schweiz kann der Verbraucher, der durch unlauteren Wettbewerb geschädigt worden ist, Schadensersatz aus dem nationalen UWG verlangen.

(3) Im Zusammenhang mit dem Irreführungsverbot ist mir in den Gesetzestexten aufgefallen, dass in einigen Paragraphen das Begriffspaar „unrichtig oder unvollständig" verwendet wird, so in § 21 Abs. 1, § 22 und § 23 WpPG, § 20, 1 Vermögensanlagegesetz und § 306 Abs. 1 KAGB. An anderer Stelle heißt es hingegen „unrichtig, irreführend oder ...", nämlich in § 306 Abs. 2 KAGB. Der Begriff „Irreführung" ist im Wettbewerbsrecht nach herkömmlicher Definition weiter als das Begriffspaar „unrichtig und unvollständig". Wir kennen im Wettbewerbsrecht darüber hinaus auch die Irreführung mit wahren, also mit richtigen Angaben. Die Frage ist, wie sich die Begriffe in den genannten Vorschriften zueinander verhalten. Ich kann dazu noch ergänzend sagen, dass es zum alten UWG Rechtsprechung gab, die manchmal die Begriffe „unrichtig" und „irreführend" gleichgesetzt hat. Das macht der BGH heute nicht mehr. Er unterscheidet danach, ob etwas objektiv unrichtig ist oder ob Fehlvorstellungen auf anderen Gründen beruhen. Es stellt sich die Frage, warum der Gesetzgeber in den genannten Paragraphen einmal die Worte „unrichtig oder unvollständig" und einmal die Worte „unrichtig, irreführend oder ..." verwendet. Ist damit Verschiedenes gemeint? Das waren meine ergänzenden Hinweise.

Prof. Dr. Nils Jansen, Münster

Es war ein weites Feld – ein sehr weites Feld –, durch das Du (Prof. *Langenbucher*) uns sehr klar geführt hast.

Mein erster Punkt ist folgender: Muss man, wenn man über Anlegerschutz auf der einen Seite spricht und über Normdurchsetzung auf der anderen Seite, nicht auch die Wirkungen von Haftungsnormen auf das Verhalten von Anlegern mit in den Blick nehmen? Normen, auch Regeln zum Anlegerschutz, werden ja immer verletzt. Anleger werden ihr Verhalten deshalb danach ausrichten, ob und in welchem Umfang ein etwaiger Schaden ersetzt wird. Entweder werden sie, wenn das nicht der Fall ist, ihr Aktivitätsniveau absenken, also weniger investieren. Oder sie werden mehr in ihre Sorgfalt investieren, also sich einen unabhängigen teuren Berater einkaufen.

Nun erfolgen solche Anlegerentscheidungen nach alldem, was wir wissen, häufig irrational. Deutsche Anleger tendieren beispielsweise dazu, sich vom Markt fernzuhalten. Auch darin sieht man wesentliche Unterschiede zwischen dem amerikanischen und dem deutschen System. In Amerika ist viel mehr privates Geld auch für die Altersvorsorge investiert als bei uns: auch in Aktien und ähnlich riskante Produkte. Deutsche Anleger meiden riskante Investitionen; sie sind offenkundig deutlich risikoaverser als amerikanische Investoren. Amerikaner lassen sich offenbar einfacher motivieren, eine kompetente Beratung einzukaufen. Solche Verhaltensdispositionen muss man m. E. mit in den Blick nehmen, wenn man die Verhaltenswirkungen von Regeln diskutiert.

Man muss sich deshalb auch fragen, wieweit es sachgerecht ist, Anleger zu instrumentalisieren, wie man das tut, wenn man Haftungsregeln mit Blick auf die Marktsteuerung kalibriert. Bei zwei Gruppen von Anlegern scheint eine solche Instrumentalisierung aus deutscher Perspektive inakzeptabel, weil wir nicht bereit sind, den wirtschaftlichen Ruin dieser Anlegergruppen als Ergebnis von Marktprozessen hinzunehmen. Das gilt zum einen für Anleger, die in ihre Altersvorsorge investieren. Wir lassen unsere Rentner und Pensionäre nur ganz ungern sozusagen „hinten runter" fallen. Zum anderen gilt das ganz ähnlich für Gemeinden. Das ist der Grund, warum wir auch eine kompetent beratene Gemeinde immer noch paternalistisch schützen. Auch Gemeinden möchten wir nicht wirtschaftlich ruiniert sehen.

Daneben gibt es allerdings eine ganze Reihe anderer Anleger. Diese Anleger könnte man durchaus, wie Herr *Lobinger* das formuliert hat, „auf die Nase fallen" lassen. Solche Anleger kann man wahrscheinlich auch steuern und damit auch den Markt steuern lassen. Damit komme ich zu meiner eigentlichen Frage: Ist es nicht sinnvoller, in Kategorien wie Produktformen oder Investitionsfunktionen zu denken anstatt in Verbraucher- oder Anlegerleitbildern? Man müsste dann versuchen, den Markt wieder ein Stück weit zu segmentieren, wie man das früher mit Pfandbriefen und mündelsicheren Anlagen gemacht hat. Man könnte also Pensionsanlagen schaffen, für die unter Umständen andere Regeln gelten würden als für andere Investitionsformen.

Und schließlich noch ein kleiner Punkt zu Produktverboten. Auch Verbote wird man unter Umständen differenziert behandeln müssen, so dass für verschiedene Märkte verschiedene Verbote gelten. Insoweit gibt es gar keine strikte Alternative zwischen einer gesetzlichen und einer gerichtlichen Regelung von Produktverboten. Wenn man sich den Innovationswettlauf auf heutigen Finanzmärkten bewusst macht, dann ist völlig klar, dass man um eine gerichtliche Mitsteuerung jedenfalls nicht umhinkommt. Das ist schon deshalb erforderlich, um Anleger von den Risiken innovativer Produkte zu entlasten und mit diesen Risiken diejenigen zu belasten, die da versuchen, auf Kosten von Anlegern unsaubere Geschäfte zu machen.

Prof. Dr. Katja Langenbucher, Frankfurt am Main

Zum Diskussionsbeitrag von Herrn *Sack*: In der Tat ist der Dialog zwischen UWG und Kapitalmarktrecht ein ganz besonders spannendes, derzeit ungelöstes Thema.

Vielen Dank auch für Ihren Hinweis auf den Vergleich des Anlegerleitbilds mit dem Verbraucherleitbild des UWG. Mir fehlt die Kompetenz in diesem Bereich, immerhin erinnere ich hoffentlich richtig, dass im Wettbewerbsrecht die Gerichte auch empirisch zugreifen und das Leitbild deshalb gerade nicht (nur) normativ, sondern auch empirisch bestimmen. Im Kapitalmarktrecht, bei der Konkretisierung des Begriffs des „vernünftigen Anlegers", arbeitet man jedenfalls derzeitig nicht empirisch.

Ihre Frage zum Verhältnis von „unrichtig" und „irreführend" kann ich auflösen. Der Begriff „irreführend" findet sich im Normtext betreffend Informationsblätter, die alle drei von mir benannten Gesetze verlangen. Auf der Grundlage einer fehlerhaften Zusammenfassung haftet man nur, wenn sie „irreführend", nicht bereits, wenn sie „unrichtig" ist. „Irreführend" ist damit der engere Begriff, dies mit Blick darauf, dass für Kurzinformationsblätter unter engeren Voraussetzungen gehaftet wird als für den ausführlichen Prospekt. Wertungsmäßig leuchtet das ein: Der ausführliche Prospekt birgt weit weniger Irreführungspotential als die knappen Informationsblätter.

Zum Diskussionsbeitrag von Herrn *Jansen*: Vielen Dank für den Hinweis auf die verhaltenssteuernde Wirkung der besprochenen Instrumente und für den Hinweis auf die Frage, auf welche Weise wir das Modellbild des Anlegers bestimmen sollten bzw. für wen ein verhaltenssteuernder Effekt eintritt. Der Gesetzgeber steht meines Erachtens vor der Wahl, sich an der Empirie auszurichten oder insofern steuernd Recht zu setzen, als ein empirisch noch nicht erreichtes, aber normativ gewünschtes Leitbild vorgegeben wird. Letzteres scheint mir beispielsweise im Unterhaltsrecht nach der Ehescheidung der Fall gewesen zu sein, wenn dort die Berufstätigkeit von Müttern auch verhältnismäßig kleiner Kinder verlangt wird, obgleich die Empirie in Deutschland jedenfalls derzeit die hier implizit vorausgesetzten Kinderbetreuungsmöglichkeiten noch nicht durchgängig bietet. Ähnlich könnte der Gesetzgeber einen kundigen Anleger voraussetzen, auch wenn dem jedenfalls derzeit die Empirie nicht vollständig entspricht. Derartiges gesetzgeberisches Vorgehen führt häufig dazu, dass sich die Lebenswirklichkeit dem Leitbild auf der Grundlage von Lerneffekten annähert. Zugleich sind die Kollateralschäden von „lessons learnt" hinzunehmen. Im Kern scheint mir dies eine rechtspolitische Entscheidung zu sein.

Vielen Dank noch für den Hinweis auf die Verbindung zwischen Produktverboten und Produktinnovationen. In der Tat wird hier heftig diskutiert, ob und inwieweit Produktverbote Innovationen hindern.

Prof. Dr. Gerald Spindler, Göttingen

Die Betonung der *Behavioral Economics* ist vollkommen berechtigt. Dennoch ist deren normative Umsetzung außerordentlich schwierig, da es an einer entsprechenden Leitlinie fehlt.

Die Behandlung des Anlegers, insbesondere des professionellen, erscheint mir oft zweifelhaft: Im Handelsrecht sind wir es gewöhnt, den Kaufmann streng zu behandeln – keine Formvorschriften, hohe Anforderungen an kaufmännische Handelsgeschäfte, geringe Schutzbedürftigkeit des Kaufmanns, selbst bei kleinsten Unternehmen. Im Kapitalmarktrecht dagegen wird eine GmbH selbst mit Unterstützung einer Diplomvolkswirtin nicht als professioneller Anleger behandelt, sondern als schutzbedürftig qualifiziert – keine Rede von der geringen Schutzbedürftigkeit von Kaufleuten. Offenbar entfernt sich das deutsche Recht in einigen Bereichen vom Handelsrecht und schafft ein Sonderrecht für nicht einschlägig vorgebildete Anleger. Abgesehen von den Friktionen zum Handelsrecht wird die Frage, ob die MiFID hier vollharmonisierende Wirkung entfaltet, virulent. Gerade wenn die MiFID den Binnenmarkt stärken soll, erscheinen strengere zivilrechtliche Anforderungen fraglich, zumal wenn es um professionelle Anleger und Kaufleute geht. Dies gilt erst recht im Hinblick auf die Kick-back-Rechtsprechung.

Zum Stichwort Produktregulierung: Hier ist das Verhältnis von Produktsicherheitsrecht als Teil des öffentlichen Rechts und der zivilrechtlichen Produkthaftung von Interesse. Vieles, was wir hier diskutieren bei Finanzprodukten, findet seine Parallelen seit Jahrzehnten in der Produkthaftung. Warum sollte eine Bank nicht verpflichtet sein, Konstruktionsfehler eines Finanzproduktes zu vermeiden? Warum sollte sie nicht verpflichtet sein, den Kunden entsprechend seinen Kenntnissen zu instruieren – was praktisch mit den Pflichten zur Beratung im Bank- und Kapitalmarktrecht gleichläuft, etwa hinsichtlich der Regel „know your customer"? Warum sollte die Bank nicht verpflichtet sein, Schäden, die im Hinblick auf ihr „Finanzprodukt" auftreten, am Finanzmarkt zu beobachten, insbesondere wie Anleger das Produkt verstehen, welche Risiken sich als typisch herausgestellt haben. Der wechselseitige Einfluss zwischen Produktsicherheit- und Produkthaftungsrecht im Hinblick auf „technische Standards" könnte auch im Bank- und Kapitalmarktrecht fruchtbar gemacht werden, indem unterhalb der Gesetzes- und Verordnungsebene Standards für Finanzprodukte festgelegt werden, insbesondere hinsichtlich der Anforderungen an die Transparenz etc.

Der stillschweigend geschlossene Beratungsvertrag sollte als Rechtsfigur aufgegeben werden zugunsten eines breiteren Konzepts der Aufklärungspflichten oder der Behandlung der Wohlverhaltensregeln als Schutzgesetz.

Hinsichtlich der Frage der Beweislast, insbesondere des aufklärungsrichtigen Verhaltens, spielen die neuen Dokumentationspflichten im Anlageberatungsgespräch eine gewichtige Rolle – entgegen den Intentionen des Gesetzgebers nicht unbedingt zugunsten des Kunden, sondern zugunsten der Bank, insbesondere bezüglich der Vermutung der Richtigkeit und Vollständigkeit für das Beratungsgespräch.

Schließlich zur aufsichtsrechtlichen Durchsetzbarkeit der §§ 31 ff. WpHG: Man gewinnt den Eindruck, dass die §§ 31 ff. WpHG offenbar eher eine „fleet in being" sind als tatsächlich durch Aufsichtsmaßnahmen umgesetzt werden. Ob und wie tatsächlich die Aufsicht hier tätig wird, bedürfte der rechtstatsächlichen Aufarbeitung.

Schließlich steht das Verhältnis des Informationsfreiheitsgesetzes und der Bankenaufsicht in Rede, insbesondere im Hinblick auf die Anlegerschutzprozesse. Das ist etwas, was Anlegerschutzanwälte seit ungefähr zwei oder drei Jahren als neue Strategie entdeckt haben, über das Informationsfreiheitsgesetz. Massive Auskunftsersuchen an die BaFin über das Verhalten von Banken eben anzustellen. Und über diese Schiene dann sämtliche Substantiierungs- und entsprechende Beweislasten zwar nicht zu umgehen, aber dann doch erhebliche Erleichterung zu bekommen. Das sieht in der Praxis dann so aus, dass die BaFin mehr als zwei Räume komplett mit Aktenordnern zur Verfügung stellen muss und die vorher auch noch alle schwärzen muss, weil ja auch die entsprechenden Geheimnisse eben da nicht preisgegeben werden dürfen. Aber das spielt eine eminente Rolle im Moment in Anlegerschutzprozessen und das wird noch verschärft, und zwar durch die Informationsfreiheitsgesetze. Es gibt eine neue Richtlinie der EU bzw. diese Richtlinie ist noch mal modifiziert und erweitert worden. Und es ist überhaupt nicht die Rede davon, dass die Kapitalmarkt- und Bankenaufsicht davon ausgenommen wird. Die Schweizer haben es getan. In der Schweiz gibt es z. B. einen kompletten Ausschluss, was das angeht, aber europarechtlich überhaupt nicht. Das übrigens nur „by the way", weil Du das FinDAG erwähnt hast. Interessanterweise gibt es für die ESMA und für die EBA keinerlei Ausnahmen von der Staatshaftung. Die haften voll. Das ist offenbar auch etwas, was, gelinde gesagt, übersehen worden ist, und Herr *Sack* hat es schon mit dem UWG erwähnt. Das zuckte mir nämlich auch durch den Kopf. Das UWG ist eigentlich das schärfste Schwert in einer privatrechtlichen Durchsetzung der Enforcement. Also wenn man sozusagen darauf baut, dann wäre es vielleicht wirklich sinnvoll. Und ähnliche Diskussionen haben wir beispielsweise im Datenschutzrecht auch, dass man einfach UWG-Klagen ermöglicht, auch von Wettbewerbern, eben untereinander. Das kann wesentlich effizienter sein als alles andere.

Prof. Dr. Manfred Wandt, Frankfurt am Main

Ich möchte mich zum Aspekt der Rechtssicherheit äußern. Wir haben ja über bestimmte Defizite der Gesetzgebung und der Rechtsprechung gesprochen. Herr *Köndgen* hat es sehr scharf artikuliert. Ich sehe es weniger dramatisch, aber gleichwohl: Wir haben eine Gesetzgebung (und eine sie begleitende Rechtsprechung), die nicht immer dem Ideal entspricht, planvoll, konzeptionell Recht zu setzen. Vor allem wirtschaftliche Krisenzeiten führen dazu, dass der Gesetzgeber auf bestimmte Entwicklungen selektiv und sehr speziell reagiert. Dabei läuft er Gefahr, nur die pathologischen Fälle oder die pathologischen Märkte im Auge zu haben. Mein Appell an die Gesetzgebung geht dahin, immer doch auch die Normalfälle im Auge zu behalten. Es geht mir darum, dass der Gesetzgeber Versicherung auch als ein dem Gemeinwohl dienendes soziales Gut begreift und als Schutzgut betrachtet. Dies muss den Gesetzgeber vorausschauend zu der Frage veranlassen: Was ist zu tun, damit gesetzliche Regelungen dieses soziale Gut nicht beeinträchtigen?

Die gesetzliche Regelung der Umstellung vom alten VVG zum neuen VVG gibt ein Beispiel. Art. 1 Abs. 3 EGVVG gab der Versicherungswirtschaft eine Übergangszeit von einem Jahr, um die alten AVB an das neue Recht anzupassen. Die Versicherer waren gehalten, dem Versicherungsnehmer die geänderten Versicherungsbedingungen unter Kenntlichmachung der Unterschiede mitzuteilen. Diese Regelung war problematisch, weil unklar war, was „Kenntlichmachung der Unterschiede" exakt bedeutet. Die Versicherer waren verständlicherweise verunsichert. Sie fragten sich insbesondere, ob eine Art Sammelverfügung genüge, die beispielsweise übergreifend regelt, dass für die Verletzung von Obliegenheiten die Rechtsfolgen im Sinne von § 28 VVG vereinbart sind, oder ob für jede einzelne Obliegenheitsklausel eine Synopse von bisheriger und neuer Regelung erforderlich sei, oder ob für die Kenntlichmachung der Unterschiede eine Hervorhebung des neuen Regelungsgehalts durch Fettdruck ausreiche. Die Folgen dieser Unklarheit haben wir ja gesehen. Viele Versicherer haben schlicht nichts gemacht, manche wohl auch aus bloßen Kostenüberlegungen, was vor dem Hintergrund der gesetzlichen Regelung und aus Transparenzgründen nicht akzeptabel wäre. Die darauf folgende Entscheidung des BGH verweigerte den Versicherern eine ergänzende Vertragsauslegung. Diese Entscheidung war meines Erachtens durch die Gesetzeslage vorgezeichnet – auch wenn ich meine, dass eine ergänzende Vertragsauslegung durchaus in Betracht kommt, wenn ein Versicherer nicht gänzlich von einer Umstellung der Bedingungen abgesehen hat, sondern die Umstellung infolge unrichtiger Auslegung des unklar formulierten Art. 1 Abs. 3 EGVVG lediglich fehlerhaft vollzogen hat. Lassen Sie uns aber mit Blick auf den Gesichtspunkt der Rechtssicherheit einen Schritt zurücktreten und fragen, ob Art. 1 Abs. 3 EGVVG einem optimalen gesetzgeberischen Handeln entsprach? Ich meine: nein. Es hätte bessere gesetzgeberische Lösungen gegeben als Art. 1 Abs. 3 EGVVG, um die wichtige Übergangsfrage, die den gesamten Altbestand betraf, problemloser zu regeln.

Mit dem Appell an die Gesetzgebung verbinde ich einen Appell an die Rechtsprechung. Mein Eindruck ist, dass manche Entscheidungen zu stark ergebnisorientiert begründet werden, ohne die dogmatischen Folgefragen hinreichend zu artikulieren. Dies ist partiell nicht vermeidbar, weil die Rechtsprechung in manchen Bereichen als Ersatzgesetzgeber fungiert und mit der Entscheidung im Einzelfall nicht immer ein komplettes Konzept vorlegen kann. Aber es ist eine wichtige Aufgabe, das dogmatische Gerüst, soweit möglich, mitzuliefern. Ein Beispiel ist in der Diskussion schon angeklungen. Man kann natürlich gewisse Zurechnungsfragen im Versicherungsvertreter- und Maklerbereich rechtspolitisch so oder so beantworten.

Aber man muss doch für konzeptionelle Klarheit sorgen, damit die Gesamtkonzeption, die nun mal auf einer klaren und scharfen Trennung zwischen Makler und Versicherungsvertreter beruht, nicht beeinträchtigt wird. Ein anderes Beispiel gibt die BGH-Entscheidung zu *Clerical Medical*, die ebenfalls bereits angesprochen worden ist. Der BGH unterstellte die betreffende fondsgebundene Lebensversicherung als Anlageprodukt seiner allgemeinen Rechtsprechung zu Aufklärungspflichten für Anlageprodukte. Der BGH argumentiert unter anderem, bei diesem Lebensversicherungsprodukt sei ja für den Todesfall nur 101 % des Rücknahmepreises vorgesehen. Dies soll sagen, es finde eigentlich kein Risikotransfer statt. Wenn man aber genauer hinschaut, sieht man, dass es sich um ein von Großbritannien kommendes Lebensversicherungsprodukt mit endfälligen Garantien handelt. Es geht deshalb um 101 % des deklarierten Rücknahmepreises und die Konzeption dieses Produktes war so, dass jedes Jahr der Laufzeit ein höherer Rücknahmepreis versprochen werden musste. Das heißt, man hat buchungsmäßig einen Rücknahmepreis aufgebaut, der aber nur zur Endfälligkeit in 20 Jahren oder eben im Todesfall zum Zuge kam. Es gab also sehr wohl einen Risikotransfer. Deshalb hätte man der BGH-Entscheidung gerne entnommen, welche Kriterien die Einordnung bestimmen, ob eine kapitalbildende Versicherung als „reines" Lebensversicherungsprodukt nur dem Versicherungsrecht unterworfen ist oder als Anlageprodukt auch unter die allgemeine Rechtsprechung zu Aufklärungspflichten für Anlageprodukte fällt. Noch einmal: Die Verarbeitung von krisenhaften Entwicklungen des Marktes durch Fortentwicklung des Rechts ist notwendig und bisweilen notwendig auch ein länger währender Entwicklungsprozess, aber die zu Grunde liegende Dogmatik muss möglichst mitgeliefert und auch artikuliert werden. Denn sonst beeinträchtigt man wiederum die Rechtssicherheit als wichtige Rahmenbedingung des Marktes.

Prof. Dr. Oliver Brand, Mannheim

Ich möchte zunächst zu der schon verschiedentlich angesprochenen Beweislastumkehr Stellung nehmen, und zwar für Fälle, in denen der Anleger behauptet, er hätte bei ordnungsgemäßer Information oder Beratung das Produkt gar nicht gezeichnet. Die Beweislastumkehr ist ein sehr scharfes Mittel. Sie zwingt den neu beweisbelasteten Emittenten dazu, seine Beweismittel aus einer Sphäre zu ziehen, die nicht die seine ist. Über die relevanten Informationen verfügt in der Regel nur der Anleger. Es stellt sich die Frage, wie der Emittent auf dieser Grundlage überhaupt den Entlastungsbeweis führen kann. Im Versicherungsrecht stellt sich ein Parallelproblem – nämlich bei unzutreffender Beratung des Versicherungsinteressenten im Vorfeld eines Vertragsschlusses. Bei fehlerhafter Beratung gilt die Schadensersatznorm des § 6 Abs. 5 VVG. Diese Vorschrift ermöglicht es, den Versicherungsvertrag im Wege der Naturalrestitution rückabzuwickeln, wenn der Versicherungsnehmer nachweist, dass er bei ordnungsgemäßer Beratung überhaupt nicht gezeichnet hätte. Was den Nachweis der Tatbestandsvoraussetzungen anbelangt, hat die Rechtsprechung ursprünglich auch einmal angenommen, es sei eine Beweislastumkehr zu Gunsten des Versicherungsnehmers angebracht. Vor etwa zehn Jahren haben sich die Gerichte dann aber anders besonnen, weil sie Beweislastumkehr als zu weit gehendes Entgegenkommen gegenüber dem Versicherungsnehmer empfanden. Seitdem beschreiten sie mit einem Anscheinsbeweis beratungsgerechten Verhaltens einen klugen Mittelweg, der auf der einen Seite der klaren Konzentration der Beweismittel in der Sphäre des Versicherungsnehmers (bzw. des Anlegers) Rechnung trägt, auf der anderen Seite es diesem aber nicht unmöglich macht, seinen Schadensersatzanspruch zu verfolgen. Vielleicht ließe sich dieser Ansatz vom Versicherungsrecht auf das Anlagerecht übertragen.

Mein zweiter Punkt gilt den angesprochenen Gewinnchancen, die, wenn ich es richtig verstanden habe, hier zumindest von Herrn *Grigoleit* als Abzugsposten in die Differenzhypothese eingestellt werden sollen. Mir persönlich ist das sehr sympathisch. Wenn man das aber tut, müsste man umgekehrt auch anerkennen, dass entgangene Chancen entgangener Gewinn im Sinne des BGB sind. In Frankreich ist dies nach der Rechtsfigur der „perte d' une chance" der Fall und auch das englische Recht zeigt sich offen. Wie ich unsere heimische Rechtsprechung verstehe, ist sie freilich einstweilen nicht bereit, den Ersatz bloßer Gewinn- oder Heilungschancen anzuerkennen, indem sie sagt, eine bloße Chance beinhalte kein hinreichendes Maß an Sicherheit eines Gewinns, das die Schwelle des § 252 S. 1 BGB überschreite. Wenn wir im Kapitalmarktrecht, möglicherweise auch im Versicherungsrecht, anders werten wollen, wofür ich – wie gesagt – persönlich leicht einzunehmen bin, ist dies dann aber nicht die Regelung eines Detailproblems im Sonderprivatrecht; dann setzen wir zu einer Änderung der Gesamtrechtslage auch im allgemeinen Schadensrecht an. So ein Systemumsturz will gut überlegt sein.

Mein dritter Punkt betrifft die Einwendung von Herrn *Canaris*, das Widerspruchsrecht sei zu Unrecht aus den bisherigen Überlegungen ausgeklammert geblieben. Ich bin mir nicht sicher, ob man das so sehen muss. Frau *Langenbucher* hat schon darauf hingewiesen, dass Widerrufsrechte unter Umständen ineffizient sein können, weil sich – zumindest bei längerfristigen Verträgen – das maßgebliche Ereignis, etwa der Versicherungsfall, vielfach gar nicht innerhalb der Widerrufsfrist ereignet. Gerade bei Verträgen, die Dauerschuldverhältnisse sind, stellt sich das weitere Problem, was geschehen soll, wenn die Bedingungen, die für den Lauf der Widerrufsfrist bestimmt sind, nicht eingehalten werden. Im Versicherungsrecht haben wir im Dezember vergangenen Jahres ein Urteil des EuGH zur Kenntnis nehmen müssen, in dem er uns gesagt hat, dass tatsächlich ein ewiges Widerrufsrecht entsteht, wenn der Versicherer den Versicherungsnehmer nicht oder nicht richtig über das Widerrufsrecht belehrt hat. Ein solches ewiges Widerrufsrecht ist für Dauerschuldverhältnisse sehr misslich. Man denke nur an die bereicherungsrechtlichen Folgen, die entstehen, wenn man Dauerschuldverhältnisse über Jahrzehnte hinweg einer Rückabwicklung zugänglich macht und so zumindest faktisch gewährter Versicherungsschutz am Ende gar nicht abgegolten werden muss. Das sind Sachverhalte, die im Einzelfall einer Überprüfung auf Rechtsmissbrauch bedürfen. Schon diese Problematik spricht aus meiner Sicht dafür, das Widerrufsrecht aus einer Betrachtung der Beratungs- und Informationspflichten auszuklammern. Zudem muss man sich auch fragen, ob es Widerrufsrechte überhaupt jenseits von Überrumpelungssituationen braucht. Wenn unsere Informations- und Beratungspflichten hinreichend konkret und hinreichend genau bestimmt sind, dann müsste ja ein „level playing field" zwischen den Parteien hergestellt sein. Wenn aber Parität zwischen den Parteien herrscht, dann gibt es keinen sachlichen Grund, einer bestimmten Partei ein im wesentlichen voraussetzungsloses Vertragslösungsrecht zuzusprechen.

Erlauben Sie, dass ich mich auch Herrn *Heiss* zuwende. Wir haben über Anlageprodukte gesprochen. Insbesondere was die Alters- und Gebrechlichkeitsvorsorge anbelangt, drängt der Staat seine Bürger seit einiger Zeit nachgerade dazu, Versicherungsnehmer zu werden – nämlich in der privaten Renten- und Pflegeversicherung. Das derzeit geltende gesetzliche Rentenmodell hat sich demographisch als übertrieben optimistisch erwiesen. Entgegen dem Schöpfer dieses Modells, einem Herrn *Schreiber*, hat der Gesetzgeber gemeint, die Kinderlosigkeit nicht einpreisen zu müssen. In politischen Kreisen wird trotz der historisch niedrigen Geburtenrate, welcher der „Generationenvertrag" nicht standhalten kann, weiterhin eine zentrale Rolle der gesetzlichen Rentenversicherung für die Zukunft herbeigewünscht. Dabei wissen wir heute schon, dass künftige Generationen ihre Altersvorsorge zu einem großen Anteil privat werden ansparen müssen. Da werden – trotz Niedrigzinsphase – Lebensversicherungsprodukte eine immer bedeutendere Rolle spielen. Durch die Indienstnahme der Lebensversicherung für die Kernversorgung im Alter hat der Staat weitere Kosten der sozialen Sicherung auf die Bürger verlagert, die er – zumindest faktisch – in die Anlegerschaft zwingt. Wenn der Staat vor diesem Hintergrund hergeht und Anlageprodukte reguliert, wie wir das heute in zwei Referaten gehört haben, dann muss er auch über die Kostenlast, die ein erweiterter Anlegerschutz mit sich bringt, nachdenken. Die Kosten für einen solchen erweiterten Schutz tragen nämlich die Anleger. Auf dem Gebiet des Versicherungsrechts hat der Reformgesetzgeber von 2007 einmal ehrlich in die Motive zum neuen VVG hineingeschrieben, dass er bewusst mehr Kosten für die Versicherungsnehmer in Kauf nimmt, um das Schutzniveau zu ihren Gunsten anzuheben. Ich meine, das ist eine fragwürdige Entscheidung, weil das Kosteninteresse – zumindest nach Erreichen eines gewissen Schutzniveaus – dem Schutzinteresse der Versicherungsnehmer gleichrangig ist. Wenn der Staat – wie in der Alters- und Gebrechlichkeitsvorsorge – den Versicherungsnehmer zudem noch dazu drängt, ein solcher zu werden, dann muss man sich überlegen, ob der Staat nicht auch zur Finanzierung dieser Mehrkosten durch Steuermittel heranzuziehen ist.

Ein letzter Punkt betrifft das Provisionsverbot. Dieses wird ja nicht nur von der Maklerschaft, sondern auch von der Versicherungswirtschaft stark angefeindet, weil man das Zusammenbrechen traditioneller Vertriebsstrukturen fürchtet. Ich persönlich habe mit großer Freude die Offenheit des Referenten gegenüber dieser Frage zur Kenntnis genommen. Wenn man ein Provisionsverbot – und sei es nur ein partielles – klug umsetzt, bietet sich aus meiner Sicht eine gute Chance, ein schwieriges Feld, nämlich die Fehlberatung in der Versicherungsbranche, anzugehen, die oft eben durch Fehlanreize bei der Provisionshöhe oder der Verknüpfung bestimmter Provisionen mit bestimmten Produkten verursacht wird. Dieses Feld zu bestellen, sollten wir – auch wegen der Ausstrahlungswirkungen, die über das Versicherungsrecht hinausgehen würden – mutig versuchen und entsprechend den europäischen Vorstößen nicht vorschnell, von Dortmunder Auguren verschreckt, das Wasser abgraben.

Prof. Dr. Christian Armbrüster, Berlin

Es geht mir um den Vortrag von Herrn *Heiss* und um das Thema der anlegergerechten Beratung des Versicherungsnehmers. *Sedes materiae* ist für Versicherer § 6 VVG und für Vermittler § 61 VVG. Dazu habe ich zwei Fragen. Die erste betrifft die vom Versicherer nach § 6 Abs. 1 VVG zu leistende Beratung des Versicherungsnehmers. Im Referat war von „risikogerechter" Beratung die Rede. Ich würde eher „bedarfsgerecht" sagen, weil das Gesetz ja (unter anderem) auf die Bedürfnisse des Versicherungsnehmers abhebt.

Vergegenwärtigt man sich dies, so lässt sich für die Summenversicherung, insbesondere auch für fondsgebundene Lebens- und Rentenversicherungen, Folgendes sagen: „bedarfsgerecht" bedeutet, auch am Anlegerschutz orientiert. Im Ergebnis liegen wir dann gar nicht so weit auseinander. Denn im Referat wurde ja auch deutlich, dass es lediglich stärker auf den Anlegerschutz zugespitzt wird, wenn die europäischen Anforderungen auf eine anlegergerechte Beratung hinauslaufen. Dieser Befund führt zu meiner ersten Frage, nämlich, ob denn für den deutschen Gesetzgeber hier überhaupt ein Handlungsbedarf besteht? Wenn die Vorgaben der IMD2 umgesetzt werden, dann betrifft dies unmittelbar nur den Anwendungsbereich von § 61 VVG. Aber das deutsche Recht geht ja davon aus, dass die Beratungspflicht des Versicherers in Parallele zu derjenigen des Vermittlers zu sehen ist; § 6 VVG ist dementsprechend in wichtigen Teilen wörtlich dem § 61 VVG nachgebildet.

Meine zweite Frage betrifft § 6 Abs. 6 VVG. Dort steht unter anderem, dass dann, wenn der Vertrag durch einen Makler vermittelt worden ist, den Versicherer keine eigene Beratungspflicht trifft. Wie Herr *Heiss* dazu ausgeführt hat, wollte der Gesetzgeber durch diese Regelung eine überflüssige und für den Kunden vielleicht eher belastende Doppelberatung vermeiden. Allerdings wurde dabei eine bestimmte Situation nicht bedacht, nämlich diejenige, dass der Makler im konkreten Fall überhaupt nicht zur Beratung verpflichtet ist. Dazu kann es in zwei Fällen kommen: Zum einen, wenn der Makler sich von vornherein auf die Vermittlung beschränkt, also die laufende Beratung gar nicht erst übernimmt. Dieser Fall ist in der Praxis eher atypisch. Der zweite Fall kommt schon häufiger vor. Es ist derjenige, dass der Maklervertrag im Laufe der Zeit – aus welchen Gründen auch immer – beendet wird. In diesem Fall entsteht für die laufende Beratung des Versicherungsnehmers nach § 6 Abs. 4 VVG, wenn man das Gesetz beim Wortlaut nimmt, eine Schutzlücke. Meines Erachtens lässt sie sich dadurch füllen, dass man den Makler für verpflichtet hält, den Versicherer darüber zu informieren, dass das Maklermandat endet oder dass es sich von vornherein nur auf die Vermittlung beschränkt hat; dann setzt eine Beratungspflicht des Versicherers ein (teleologische Reduktion von § 6 Abs. 6 Fall 2 VVG). Die Statuierung einer solchen Informationspflicht ist dogmatisch angreifbar, wenn Makler und Versicherer einander nicht durch einen Vertrag verbunden sind, bei dem man die Informationspflicht als Nebenpflicht einordnen könnte. Ich meine aber, dass man die Informationspflicht durchaus schuldrechtlich begründen kann. Auch durch das zwischen Versicherer und Makler stets bestehende gesetzliche Schuldverhältnis entstehen nämlich Pflichten gem. § 241 Abs. 2 BGB. Meine Frage lautet nun, ob diese Thematik für die anlegergerechte Beratung eine Rolle spielt. Anders gewendet, ist denn für die laufende Beratung i. S. von § 6 Abs. 4 VVG (die manchmal fälschlich als „nachvertragliche" bezeichnet wird) auch in Bezug auf die Anlegerschutzaspekte ein Anwendungsfeld eröffnet? Oder betrifft die anlegergerechte Beratung ausschließlich die Phase vor Vertragsschluss?

Prof. Dr. Katja Langenbucher, Frankfurt am Main

Zum Diskussionsbeitrag von Herrn *Spindler*: Vielen Dank für den Hinweis auf die Schwierigkeiten der angemessenen Berücksichtigung empirischer Ergebnisse im Rahmen normativer Wertungen. Gerade im Kapitalmarktrecht scheint mir die Versuchung besonders groß, ökonomische Theorien mehr oder weniger unbesehen in Recht zu transformieren.

Zu Deinem Verweis auf die Frage, ob im Kapitalmarktrecht nicht ein Übermaß an Schutz besteht, etwa wenn man es mit dem Handelsrecht vergleicht: Hier wird man sorgfältig zu differenzieren haben, wann es sich tatsächlich um Schutznormen handelt und wann nur Rechtsreflexe einer im Kern auf Marktfähigkeit und Arbitrageure ausgerichteten Regulierung in Rede stehen.

Danke auch für den Hinweis auf die Diskussion zur Vollharmonisierung im Rahmen der MiFID. In der Tat bin ich auf diese Frage im Referat nicht eingegangen. Bei der Bestimmung, ob und wie Europarecht auf den nationalen Pflichtenstandard einwirkt, sind zwei Aspekte auseinanderzuhalten. Mein Begriff der „Verklammerung" betrifft nur diejenigen Autoren, die davon ausgehen, Europarecht wirkt in der Weise auf Privatrecht ein, dass wir einen relativ hohen Standard, nämlich die privatrechtliche Sanktionierung sämtlicher europarechtlichen Pflichten, gewähren sollen. Zu einer noch weiter gehenden nationalen Normierung wird zunächst einmal gar nichts gesagt. Du weist nun darauf hin, dass möglicherweise die MiFID II Vollharmonisierung anstrebt, so dass schärfere nationale Regeln ausscheiden. Für die hier vorgetragene instrumentelle Sichtweise würde daraus eine weitere Einschränkung der Sanktionierung durch Privatrecht folgen.

Du bist auf die Frage behördlicher Produktregulierung eingegangen. In der Tat werden bisweilen Parallelen etwa zur Funktionsweise der Food/Drug Authority in den USA gezogen. In diese Richtung deuten auch neuere Behördengründungen sowohl in England als auch in den USA. Es bleibt die Frage, inwieweit diese Finanzprodukte mit Produkten im engeren Sinne vergleichbar sind. Lassen sich diese tatsächlich durch Sicherheitsregeln bewältigen? Ähnliches gilt für die Zertifizierung, für die „Produktampel" und derartige Initiativen. Entsteht nicht die Scheinsicherheit, ein Produkt sei „sicher" in einem Sinne wie etwa ein Auto oder ein Lebensmittel „sicher" sein kann. Mir scheint ein vergleichbares Niveau an Verlässlichkeit jedenfalls nicht durchgängig erreichbar zu sein. Immerhin stehen Finanzprodukte häufig in einem wechselseitigen Verhältnis mit dem Marktumfeld, so dass möglicherweise Grenzen der Zertifizierung, der Sicherheitslösung, der Produktbeobachtung usw. existieren.

Diskussionsbeitrag Herr *Wandt*: Ihre Ausführungen betreffen im Wesentlichen den Vortrag von Herrn *Heiss*. Vielen Dank für den Hinweis auf den § 6 Abs. 5 VVG. Der BGH hat sich ausdrücklich auf die Annahme einer Beweislastumkehr festgelegt. Gegenläufig wirkt immerhin der Einwand rechtmäßigen Alternativverhaltens, die Entscheidung wäre sowieso gefallen. Ursprünglich hatte der BGH die Beweislastumkehr davon abhängig gemacht, ob ein Entscheidungskonflikt bestand, man erinnert sich an das Arzthaftungsrecht. Allerdings spielt im Arzthaftungsrecht dieser Entscheidungskonflikt eine ganz andere Rolle. Nunmehr hat das Gericht diese Einengung der Beweislastumkehr aufgegeben und die Bezugnahme auf den Entscheidungskonflikt aufgegeben. Zulässig ist aber nach wie vor die Erschütterung dieser Beweislastumkehr, indem die Bank nachweist, dass der betroffene Anleger die Investitionsentscheidung auch bei korrekter Aufklärung getroffen hätte. Das erscheint auf den ersten Blick ein kaum zu führender Beweis zu sein. Bei näherem Hinsehen kommt es aber darauf an, was die Gerichte dafür akzeptieren werden. War beispielsweise die Prämisse der Beratung, ein bestimmtes Steuersparmodell auszuwählen, mögen von vornherein nur ein, zwei, drei Filmfonds überhaupt in Betracht kommen. Haben diese alle die gleichen Charakteristika, mag der Gegenbeweis durchaus zu führen sein. Möglicherweise nähert sich auf diesem Umweg die Rechtsprechung doch der versicherungsrechtlichen an.

Prof. Dr. Helmut Heiss, Zürich

Von meiner Seite viel Zustimmung zu den Kommentaren, die ich bekommen habe, und einige Anmerkungen dazu.

Natürlich sind 101 % nicht immer gleich 101 %, das haben Prozentangaben häufig so an sich. Daher mag ein Gericht hier auch mal falsch liegen. Aber wenn man sich den derzeitigen Stand der Regulierungsvorschläge betreffend Anlageprodukte ansieht, dann verliert das Produkt seinen Anlagecharakter auch dann nicht, wenn man die „101 %" „richtig" versteht. Überhaupt ist die Tatsache, dass ein Versicherungsschutz mit einhergeht noch kein Grund, nicht von einem Anlageprodukt i. S. d. Regulierungsvorschläge zu sprechen. Nach dem PRIPs-Vorschlag geht es nur darum, dass die Wertentwicklung des Produkts in irgendeiner Weise, wenn auch nur teilweise und/oder nur indirekt, Marktschwankungen ausgesetzt ist. Man mag über dieses Begriffsverständnis streiten, wenn man es aber so akzeptiert, dann fällt auch die klassische kapitalbildende Lebensversicherung darunter, denn mindestens bei der Gewinnbeteiligung hängt sie natürlich von Marktschwankungen ab.

Eine andere Frage ist es, ob das Kriterium der Abhängigkeit von Marktschwankungen zur Differenzierung taugt. Sie, Herr *Canaris*, haben auf das Bond-Urteil des BGH hingewiesen. Ich habe einmal gesagt, wenn der betreffende Bankangestellte nicht Bonds, sondern ein Sparbuch empfohlen hätte, wäre vielleicht die Verzinsung schlecht und daher die Beratung fehlerhaft gewesen. Aber das Bond-Urteil hätte es nicht gegeben, weil ein Sparbuch eine gewisse Verzinsung, vor allem aber eine absolute Kapitalerhaltungsgarantie geboten hätte. Man kann also schon darüber nachdenken, ob Instrumente, die Kapitalerhalt bieten, von der „know your customer rule" ausgenommen bleiben sollten. Ich glaube, praktisch löst sich die Frage über das Risiko eines Haftungsprozesses. Wenn ein Versicherungsnehmer etwa vorbringt, die Verzinsung der Lebensversicherung sei zu niedrig, er verliere also durch die Inflation Kapital, dann ist es schon wegen der letztlich vergleichsweise geringeren Summen wenig attraktiv, Haftungsprozesse zu führen. Wenn andererseits eine Investition zum Kapitalverlust an sich führt, dann ist der Anleger womöglich in existentieller Bedrängnis und daher weit eher zur Prozessführung bereit.

Immerhin nimmt der Verordnungsvorschlag jedenfalls die reinen Risikoversicherungen aus. Wenn ich also eine Lebensversicherung abschließe, die keinen Fälligkeits- oder Rückkaufswert bietet, dann unterliegt sie nicht den Regeln für Anlageprodukte.

Dort, wo ein Kapitalverlustrisiko vorliegt, typischerweise bei der fonds- und indexgebundenen Lebensversicherung, wäre es m. E. lebensfremd zu sagen, wer sich „verspekuliert" hat, der lerne aus seinen Fehlern und gehe nächstes Mal woanders hin. Denn die Fälle, die wir zuletzt vor den Gerichten in Deutschland und auch anderswo gesehen haben, waren von existientieller Bedeutung für die betroffenen Kunden. Da haben Oma und Opa über Zuraten des Vermittlers z. B. ihre Ersparnisse in Höhe von 200.000 € investiert. Weil das Produkt so besonders gut war, hat man ihnen auch noch einen Kredit in

Höhe von weiteren 200.000 € erfolgreich vermittelt. Dieser sollte sich wegen der Verzinsung des angelegten Kaptials von selbst abzahlen, so dass Oma und Opa am Ende 400.000 € plus Verzinsung haben, obwohl nur 200.000 € eigenes Kapital investiert wurde. Dass diese Oma und Opa aus der Erfahrung, am Ende ohne Eigenkapital und mit 200.000 € Schulden dazusitzen, ihre (späten) Lehren ziehen werden, will ich nicht ausschließen, dass sie aber noch einmal woanders investieren, halte ich schon aus ökonomischen Gründen für vollkommen ausgeschlossen. Wer sein Kapital und noch Kredite mit Verlustrisiko investiert, für den gilt die „one shot rule": Entweder die Investition rechnet sich oder der Investor wird nicht wieder investieren können.

Was den Kausalitätsbeweis angeht, so denke auch ich, dass im Versicherungssektor wie anderswo keine echte Beweislastumkehr stattfinden, sondern ein Anscheinsbeweis zugunsten eines beratungsgerechten Verhaltens des Kunden greifen soll. Und ich glaube sogar, dass die Gerichte die Haltbarkeit des Anscheins im Einzelfall kritisch prüfen sollten. Denn im Prinzip kann heute ein Anleger oder Versicherungsnehmer mit Verweis auf irgendeine Unrichtigkeit in den Informationsschreiben sehr schnell eine Haftung herbeiführen. In der Realität fußt der Vertragsentschluss des Kunden aber meist nicht in den Informationsschriften, sondern in den mündlich vom Vermittler erteilten Auskünften und Ratschlägen. Nach einer solchen Beratung meint der Kunde, vollständig und richtig aufgeklärt worden zu sein. Es gibt keinen Grund, warum er dem Vermittler, der ihn womöglich stundenlang beraten hat, hinsichtlich der Vollständigkeit und Richtigkeit seiner Beratung misstrauen sollte. Es gibt schon gar keinen Grund, sich am Abend nach der Beratung mit Zigarre und Whiskeyglas auf der Couch niederzulassen, um statt schöngeistiger Literatur die Allgemeinen Versicherungsbedingungen, den Anlageprospekt, das Basisinformationsblatt oder sonst irgendwelche Informationsschriften zu studieren. Die meisten Kunden machen das nicht und ich meine zu Recht. Zweierlei würde ich daraus ableiten. Zunächst erscheint es lebensfremd, wenn ein Richter davon ausgeht, ein stundenlang beratener Kunde habe sich zur Investition entschlossen, weil er auf die Richtigkeit der schriftlich zur Verfügung gestellten Informationen vertraut habe. Wenn die Beratung stattgefunden hat, ist der psychologische Willensentschluss des Kunden regelmäßig auf diese zurückzuführen und in den seltensten Fällen auf die Informationsschriften. Der Anschein informationsgerechten Verhaltens ist hier m. E. leicht zu erschüttern. Umgekehrt halte ich es für falsch, wenn man einem solchen Kunden einen Mitverschuldensvorwurf macht, nur weil in den Schriften eine wesentliche Information enthalten ist, die der Vermittler in der Beratung nicht erwähnt oder verfälscht hat. M. E. muss kein Kunde seinem Vermittler strukturell misstrauen und daher seine Beratung stets vollständig überprüfen.

Die Kosten des Anlegerschutzes wurden ebenfalls angesprochen. Ja, auf sie wird natürlich im Gesetzgebungsverfahren immer wieder hingewiesen. Ich glaube nicht, dass der Staat gehalten ist, sich daran über Steuermittel zu beteiligen. Persönlich habe ich das Gefühl, dass Verbraucherschutz im Allgemeinen und Anlegerschutz im Besonderen mit Kosten verbunden sind, dass aber das Quantum dieser Kosten empirisch bisher kaum unterlegt und in aller Regel geringer ist, als es im Gesetzgebungsverfahren von Interessenvertretern immer wieder behauptet wird. Ich sehe zum Beispiel keine besonderen Klagen der Verbraucherschützer über wegen des Inkrafttretens der VVG-Reform 2008 gestiegene Preise. Aber ich habe die Frage eben auch meinerseits nicht empirisch untersucht und kann daher auch nur mutmaßen.

Das Provisionsverbot drängt sich als Instrument zur Vermeidung von Fehlanreizen des Maklers auf. Die rechtspolitische Frage, die sich stellt, lautet: Ist der Schritt zu radikal? Schneidet dieser Schritt so tief in eine seit dem 19. Jahrhundert bestehende Tradition ein, dass er so nicht vertretbar ist? Man muss ja auch die Bestandsinteressen der bestehenden Vermittler und die Vertriebsstrukturen der Versicherer berücksichtigen. Daher fragt es sich, ob man plötzlich und ohne Zwischenperiode vom Provisions- zum Provisionsverbotsmodell übergehen soll. Wäre eine Provisionsoffenlegung nicht der angemessenere, weil sanftere Weg zum Provisionsverbot? Aber da ist die Gegenthese sicher genauso vertretbar.

Christian, ja ich bin voll Deiner Meinung. Ich glaube auch, dass die Beratungspflichten von Versicherer und Versicherungsmakler im neuen VVG auf klassische Versicherungsprodukte gemünzt sind, durch ihre Flexibilität aber ohne weiteres als Grundlage für eine Pflicht „to know your customer" bei Versicherungsanlageprodukten herangezogen werden können. Du hast das ja, wenn ich es recht sehe, auch im Münchener Kommentar zu § 6 VVG so vertreten. Wenn also die Formulierung, wie sie steht, nicht so deutlich auf eine anleger- und objektgerechte Beratung hinweist, erlaubt sie wohl doch ein Verständnis in diesem Sinne. Ich habe indessen gewisse Zweifel, ob unter dem Regime der neuen bzw. künftigen Regelungen über Versicherungsanlageprodukte alle Einschränkungen, die § 6 VVG 2008 enthält, alle Qualifikationskriterien, die er kennt, etc. aufrechterhalten werden können. Da heißt es im geltenden VVG z. B., die Beratung habe „unter Berücksichtigung eines angemessenen Verhältnisses zwischen Beratungsaufwand und der vom Versicherungsnehmer zu zahlenden Prämie" zu erfolgen. Über diese und andere Einschränkungen der Beratungspflichten werden wir sprechen müssen.

Im Übrigen denke ich, dass die Pflicht zur Bestimmung und Angabe der Zielgruppe eines Versicherungsanlageprodukts das schärfere, mindestens das besser handhabbare Schwert ist. Es läuft letztlich auf etwas hinaus, das Kollege *Spindler* als Produkthaftung bei Anlageprodukten bezeichnet hat. Eine solche muss es ja mindestens in den Fällen geben, wo das Produkt an sich nicht geeignet ist, die selbstgesteckten Ziele zu erreichen. In den Fällen zu *Clerical Medical* etwa war es so, dass das investierte Kapital mit einer Mindestverzinsung von 8,5 % hätte verzinst werden müssen, damit die im Produkt angelegte Erfolgsrechnung aufgeht. Intern ging man aber offenbar von einer Maximalrendite von 6 % aus. Die Produkte waren also strukturell auf Anlegerverluste ausgerichtet. Ein solches Produkt dürfte aber gar keine Zielgruppe haben und ihr Vertrieb müsste an sich fehlerhaft sein. Dasselbe muss aber auch dann gelten, wenn ein Produkt für eine bestimmte Zielgruppe passt, ein geschädigter Anleger dieser aber nicht angehört.

Und zuletzt, lieber *Christian (Armbrüster)*, zur Zurücknahme der Beratungspflicht des Versicherers, wenn ein Makler ohnehin schon den Kunden berät. Dieser Ausschluss in § 6 Abs. 6 VVG hat etwas Richtiges, er leidet aber womöglich etwas an der sehr pauschalen Art, in der er die Frage regelt. Muss der Versicherer auch dann nicht haften, wenn er aufgrund ihm vorliegender Dokumente eine Fehlberatung des Maklers eindeutig erkennt? Kann er dann seinen Kunden ins „offene Messer" laufen lassen? Ich denke, die Rechtsprechung wird in geeigneten Fällen auch an § 6 Abs. 6 VVG 2008 vorbei weitere Pflichten des Versicherers nach § 242 BGB (Treu und Glauben) entwickeln. Dazu kommen tatsächliche Aspekte, wie etwa das Haftungsportfolio. Wir dürfen ja nicht davon ausgehen, dass es Makler gibt, die eine Haftung für den Kapitalverlust ihrer Kunden wegen Fehlberatung über Anlageprodukte auch stemmen können. Bei meinem Beispiel von zuvor, wo 400.000 € investiert und verloren wurden, handelt es sich ja gegebenenfalls nicht um einen Einzelfall, sondern häufig um Serienschäden. Die Summe der Schäden wird aber ein Makler nicht decken können, schon gar nicht mit der Mindestversicherungssumme. Eine Haftung des Versicherers ist hier für den Kunden schon wegen der regelmäßig vorhandenen „deep pockets" attraktiver.

Ist die laufende Beratung ein Thema? Mit Verbindlichkeit kann ich es nicht sagen, denn es liegt mir nur ein Vorschlag für eine IMD2-Richtlinie[1] vor. Die Prüfung der Eignung und Zweckmäßigkeit des Anlageprodukts findet danach vor Vertragsschluss statt. Eine über den Vertragsschluss hinausreichende Pflicht sehe ich da unmittelbar nicht. Das schließt aber wohl nicht aus,

---

1 Nunmehr die in der Druckfassung zum Vortrag sogenannte „IDD-Ratsposition" vom 28.10.2014.

dass aus Anlass einer weiteren Beratung auch das schon vermittelte Produkt nochmal geprüft werden muss. Aber eine direkte Parallelbestimmung zu § 6 Abs. 4 VVG sehe ich derzeit nicht.

Prof. Dr. Hans-Jürgen Ahrens, Osnabrück

Die Vermutung aufklärungsrichtigen Verhaltens ist angesprochen worden. Ich glaube nicht, dass die Dinge richtig gesehen worden sind. Die dogmatische Erklärung ist m. E. für das praktische Ergebnis völlig bedeutungslos. Ob ich das Ergebnis mit einem Anscheinsbeweis oder mit einer Beweislastumkehr erkläre, wirkt sich auf das Ergebnis des Haftungsprozesses nicht aus. Möglicherweise ist es für den Anbieter sogar viel günstiger, wenn eine Beweislastumkehr eintritt. Dann kann man mit sekundären Darlegungslasten dafür sorgen, dass der Anleger seine Vorstellungen in substantiierter Weise vortragen muss. Das erleichtert es dem Anbieter, darüber gegebenenfalls einen Beweis zu führen. Der Anscheinsbeweis ist also für den Anbieter nicht notwendigerweise günstiger.

Weiteres Problem ist, wie man mit denjenigen Fällen umgeht, in denen der Anleger Handlungsalternativen hat. Das bewegt die Rechtsprechung nicht nur im Kapitalmarktrecht, sondern auch in der Arzthaftung, der Anwaltshaftung oder der Steuerberaterhaftung. Auffallend ist, dass der XI. Zivilsenat hier eine andere Position einnimmt als der VI. Zivilsenat. Insofern muss ich Ihnen widersprechen, Frau *Lagenbucher*, wenn Sie von *der* Position des BGH sprechen. Es gibt zwar die Auffassung des XI. Zivilsenats, der seine frühere Rechtsprechung aufgegeben hat, so dass es nunmehr belanglos ist, zu ermitteln, wie sich der Anleger verhalten hätte, wenn ihm mehrere Handlungsalternativen zur Verfügung standen. Der XI. Senat hat seinen Rechtsprechungswandel mit Schutzzweckerwägungen zu erklären versucht und gesagt, es spiele keine Rolle, ob mehrere Handlungsmöglichkeiten bestanden hätten. Der VI. Zivilsenat hat in Kenntnis dieses Standpunktes an seiner Rechtsprechung festhalten wollen. Das führt zu einer nicht überzeugenden Diskrepanz. Der VI. Zivilsenat hat das Festhalten an seiner Position mit einer Differenzierung zwischen der Haftung auf vertraglicher Grundlage und der Haftung auf deliktischer Grundlage zu erklären versucht. Das ist kaum überzeugend. Wir haben es bei den verschiedenen Beklagten auf der Anbieterseite mit einer Gemengelage an Anspruchsgrundlagen zu tun. Die unmittelbaren Anbieter, in der Regel Gesellschaften, werden ausschließlich oder vorrangig aus Vertragshaftung in Anspruch genommen. Wenn diese Gesellschaften insolvent geworden sind, versuchen es die Anleger aus Delikt gegen die natürlichen Personen, die hinter diesen Gesellschaften stehen. Soll deshalb plötzlich das Ergebnis des Haftungsprozesses ein anderes sein, je nachdem, welchen Beklagten der Anleger in Anspruch nimmt?

Ich hatte vorhin angekündigt, auch noch zur Stellung der Anwälte etwas sagen zu wollen. Das soll eigentlich nur eine Anregung an Frau *Langenbucher* sein, in der schriftlichen Ausarbeitung zu der zum Teil dubiosen Rolle der Anlegeranwälte Stellung zu nehmen. Auf der einen Seite ist seit Langem zu beobachten, dass die Schriftsätze nach dem Copy-and-paste-Verfahren vervielfältigt werden. Wir haben im Gesellschaftsrechtsenat in Celle aus vereinzelten erstinstanzlichen Beweisaufnahmen entnommen, dass zum Teil kein einziges Gespräch zwischen Kapitalanlegeranwalt und Mandant stattgefunden hatte. Die Anwälte haben sich den Tatsachenvortrag also aus den Fingern gesaugt. Auch wenn natürlich eine gewissen Lebenserfahrung für den wiederkehrenden Ablauf von Anlegerberatungsgesprächen spricht, gehört aber doch ein Mindestmaß an anwaltlicher Sorgfalt dazu, dass über den Inhalt von Beratungsgesprächen nicht frei phantasiert wird. Man sollte, wenn sich herausstellt, dass der Sachvortrag frei erfunden ist, mit berufsrechtlichen Mitteln reagieren.

Die neueste Variante anwaltlichen Missbrauchs richtet sich gegen die Bestrebungen des Gesetzgebers, die Verfahren auf bestimmte Gerichtsstände zu konzentrieren. Das erfolgt mittels des neuen örtlichen Gerichtsstandes des § 32b ZPO. Immer dann, wenn auch der Emittent in Anspruch genommen wird, ist unter Beachtung weiterer Vorgaben des § 32b ZPO ein ausschließlicher Gerichtsstand gegeben. Inzwischen ist eine Aufteilung der Verfahren zu beobachten. Statt dass eine konzentrierte Verhandlung gegen alle in Betracht kommenden Beklagten durchgeführt wird, wird gegen den Emittenten in dessen Gerichtsstand und gegen die Berater in anderen Gerichtsständen geklagt. Damit werden Ressourcen der Justiz unangemessen in Anspruch genommen, und zwar getrieben von anwaltlichen Gebühreninteressen. Es wäre schön, wenn Sie, Frau *Langenbucher*, dazu in der schriftlichen Ausarbeitung etwas sagen würden.

Prof. Dr. Peter Reiff, Trier

Ich habe einige Anmerkungen zum Referat von Herrn *Heiss* zu machen. Der erste Punkt betrifft die Produktkontrolle. Er wurde ja schon von mehreren Personen angesprochen und Herr *Heiss* hat auch schon dazu repliziert. Ich möchte mal sagen, bei Versicherungsprodukten haben wir schon in gewisser Art eine Produktkontrolle. Die AGB-Inhaltskontrolle durch die Zivilgerichte ist nämlich in Anbetracht der produktkonstituierenden Funktion der AVB eine Qualitätskontrolle des Rechtsprodukts Versicherung im Interesse der Versicherungsnehmer. Wenn wir jetzt für das Versicherungsrecht sagen würden, wir wollen noch mehr Produktkontrolle, dann sind wir ganz schnell wieder in der Zeit vor 1994, denn wir hatten das natürlich früher. Das muss man schon klar sehen. Solange wir eine Vorabkontrolle und eine Vorabgenehmigung in allen Mitgliedstaaten hatten, gab es eine Produktkontrolle. Da konnte es bei den Versicherungsprodukten keine faulen Eier geben, jedenfalls keine ganz faulen. Man wollte das aus vielen Gründen dann aber nicht mehr. Und das ist noch nicht so lange her. Man muss jetzt aufpassen, dass man nicht in die Zeit vor der Regulierung zurückgeht. Also eine Re-Regulierung nach der Deregulierung macht.

Ein zweiter Punkt ist § 6 Abs. 6 VVG, wonach den Versicherer keine Beratungspflicht trifft, wenn die Versicherung von einem Makler vermittelt wird. Hier wurde als Beispiel für eine Ausnahme die „Clerical Medical"-Rechtsprechung des BGH angeführt. Ich habe den BGH etwas anders verstanden. Herr *Heiss* hat gesagt, das war ein Altfall vor Inkrafttreten des neuen VVG. Ich glaube, dass der BGH auch bei einem Neufall so entschieden hätte. Entscheidend war meiner Ansicht nach auch nicht, dass es sich um einen Strukturvertrieb handelte. Mir scheint, dass in den „Clerical Medical"-Fällen das Anlegen im Vordergrund steht und nicht das Versichern und dass deswegen ein Versicherungsmakler im Sinne des § 6 Abs. 6 VVG sozusagen gar nicht im Spiel ist. Und eigentlich hat mich jetzt die Replik von Herrn *Heiss* bestätigt. In der Tat, die Berufshaftpflichtversicherungen, sie decken die Risiken ab, die ein Versicherungsmakler eingeht. Das sind ganz andere Risiken als bei der reinen Anlage. Wenn ich für die Fondsprodukte, für die Inhalte hafte, dann ist das etwas ganz anderes als das typische Versicherungsmaklerrisiko. Ich glaube, das stand im Vordergrund. Also nicht Altfall, nicht Strukturvertrieb, sondern für die Anwendung des § 278 BGB war im Prinzip leitend, dass es hier um Anlageberatung und Anlagevermittlung ging. Es hieß ja auch ganz zu Beginn in der Gliederung von Herrn *Heiss*, diese Versicherungsanlageprodukte seien eine neue Kategorie. Und die neuen Rechtsakte, so habe ich es jedenfalls verstanden, die wollen Versicherungsanlageprodukte harmonisieren und mit reinnehmen. Und dann wäre es in der Tat so, dann müsste man die Deckungssummen usw. ganz anders berechnen. Das wäre ein anderes Risiko, das ein Berufshaftpflichtversicherer dann übernimmt.

Dritter Punkt: Die Kostenoffenlegung. Ich möchte hier ein ganz bisschen Wasser in den Wein gießen. Fehlanreize durch provisionsgetriebenen Vertrieb gibt es. Das ist natürlich mit Händen zu greifen. Die Überlegungen, dies abzustellen, sind plausibel. Nur ist fraglich, ob z. B. eine Honorarvermittlung nicht auch Fehlanreize setzen kann. Etwa, dass der Vermittler schlicht Zeit schindet. Also er vereinbart einen Stundensatz und er macht viel länger, als er bräuchte. Das wäre der eine Fehlanreiz. Oder dass er sich einfach keine Mühe mehr gibt, weil er sagt, ich verdiene nichts. Es gibt eine nicht repräsentative Untersuchung der FH Köln. Es wurden elf Testberatungen bei Versicherungsberatern von Verbraucherzentralen durchgeführt[1] – mit katastrophalem Ergebnis, richtig schlecht. Das heißt: So negativ die Provisionssteuerung auch aussieht, dass die Honorarvermittlung per se bessere Ergebnisse bringt, ist empirisch nicht bewiesen. Außerdem muss man sagen, die Vermittlerschaft ist schon heute überaltert. Sie geht, politisch gewollt, zahlenmäßig stark zurück. Viele Vermittler scheiden aus. Wir hatten in Deutschland immer sehr viele und haben natürlich noch immer viele Vermittler, aber wenn ich den Beruf immer unattraktiver mache, haben wir vielleicht irgendwann gar keinen Vertrieb mehr. Und ich gebe zu bedenken: Versicherungen werden verkauft. Sie werden nicht gekauft. Und sie werden auch von der nächsten Generation nicht ohne externen Anreiz im Internet gebucht werden. Nein, den Kunden muss man vertrieblich zum Vertragsschluss hinführen. Und wenn wir überhaupt niemand haben, der das macht, dann erleidet dieses soziale Gut, von dem Herr *Wandt* in seiner Wortmeldung gesprochen hat, einen Einschnitt. Und ich meine, natürlich ist es toll, wenn man die beste und preisgünstigste private Haftpflichtversicherung hat. Aber wenn ich einen Haftungsfall habe, dann bin ich viel besser dran, wenn ich die teuerste und schlechteste habe, als wenn ich gar keine hätte. Manchmal kann eben der schlecht Versicherte immer noch gut dran sein gegenüber dem, der überhaupt nicht versichert ist.

Und jetzt noch ein vierter Punkt zum Gesamtthema. Es lautet ja „Anlegerschutz durch Haftung". Es wurde heute viel gesprochen vom Verhältnis zum öffentlichen Recht. Und wir haben viel von den Vorzügen des öffentlichen Rechts gehört. Es gibt aber auch Nachteile. Und ein Hauptnachteil ist das Vollzugsdefizit. Wir stellen doch in weitem Umfang und überall fest, dass es Vollzugsdefizite gibt. Und dann wird ergänzend gerne auf das Privatrecht zurückgegriffen. Beispiel Umweltrecht. Die Behörden kommen nicht nach und dann wird es gerne gesehen, dass ein Nachbar gegen einen Emittenten klagt. Und diese Klage aus § 1004 BGB hat dann als Reflex den Schutz der Umwelt und aller anderen Nachbarn zur Folge. Weiteres Beispiel aus dem Bereich des Versicherungsvermittlerrechts. Vermittler brauchen seit 2007

---

1 *Gebert/Erdmann/Beenken*, Praxishandbuch Vermittlerrecht, 2013, Rn. 889 f.

nach § 34d GewO eine Erlaubnis der IHK. Jetzt gibt es Streitfälle. Also der Penny-Markt-Fall:[2] Penny verkauft eine Versicherungsbox und wenn man die dann „scharf schaltet" und sich anmeldet, dann ist man ein Jahr lang versichert. Und der Preis für die Box war schon die Prämie. Der Tchibo-Fall:[3] Tchibo hat auf seiner Webseite eine Versicherung angeboten. Dann wurde man von da zum Versicherer weitergeleitet, ohne dass man es gemerkt hat. Brauchten Penny und Tchibo eine Erlaubnis? Die BaFin hat nichts gemacht, die IHK hat nichts gemacht. Wer hat was gemacht? Der private Wettbewerber mit einer Wettbewerbsklage. Die haben das durchgesetzt vor dem LG Wiesbaden, vor dem BGH. Auch Krankenkassen haben vermittelt, und zwar private Krankenzusatzversicherungen.[4] Das dürfen sie nach § 194 Abs. 1a SGB V. Wer hat durchgesetzt, dass sie hierfür eine Erlaubnis brauchen? Ein privater Wettbewerbsverband. Die IHK hat nichts gemacht, die BaFin hat nichts gemacht. Also Vollzugsdefizite wo man hinschaut und deswegen brauchen wir, bei allem Respekt vor dem öffentlichen Recht, das Privatrecht.

Martin Lehmann, Karlsruhe

Ja, nach so vielen Professoren traut sich jetzt auch einmal ein Richter ans Mikrofon. Als Berichterstatter und als jemand, der an den „Clerical Medical"-Urteilen mitgewirkt hat, fühle ich mich herausgefordert, dazu noch ein paar Anmerkungen zu machen. Es gilt zwar der eherne Grundsatz: „Der Richter spricht durch sein Urteil und kommentiert es nicht." Deswegen werde ich auch der Versuchung widerstehen, hier in einem längeren Referat darzulegen, warum die Urteile richtig sind und die Kritik an ihnen unberechtigt ist. Sie können sich auch so denken, dass ich die Urteile verteidige. Aber ich möchte doch drei Anmerkungen machen zu drei Punkten, um nochmal zu präzisieren, was der BGH in diesem Urteil gesagt hat oder zumindest sagen wollte, wenn es denn nicht verständlich geworden ist, was er nicht gesagt hat, und schließlich kurz auf den Appell von Herrn *Wandt* eingehen, dass der Richter doch auch bei seinem Urteil die Dogmatik nicht aus dem Auge verlieren sollte.

Eine Vorbemerkung: Ich bin Ihnen ganz dankbar, Herr *Heiss*, für Ihre Klarstellung, dass wir es hier in diesen Urteilen mit altrechtlichen Fällen zu tun haben und dass von daher per se nicht alles, was dort gesagt worden ist, unbesehen auf die neue Rechtslage mit den neuen Beratungspflichten usw. übertragen werden kann.

---

2 LG Wiesbaden VersR 2008, 919.
3 BGH VersR 2014, 497 mit Anm. *Reiff*.
4 BGH VersR 2013, 1578.

Den ersten Punkt kann ich vielleicht auch ganz kurz abhaken. Sie haben es, wenn ich Sie richtig verstanden habe, beanstandet oder für unglücklich gehalten, dass wir nur von selbstständigen Vermittlern gesprochen haben und diese nicht auch als Versicherungsmakler gekennzeichnet oder gebrandmarkt haben oder wie immer Sie das verstehen. Dazu nur zwei ganz kurze Anmerkungen:

Was ist ein Versicherungsmakler? Der Begriff des Versicherungsmaklers ist natürlich auch belegt – mittlerweile jedenfalls – durch die Definition des § 34 der Gewerbeordnung. Versicherungsmakler ist danach, wer eine Erlaubnis als Versicherungsmakler nach dieser Vorschrift hat. Und die Vermittler, die hier tätig waren, entsprechen jedenfalls nicht dem klassischen Bild, das man automatisch vor Augen hat, wenn man an den Versicherungsmakler im Sinne des § 34 der Gewerbeordnung denkt. Wir haben hier ein ganz spezifisches Versicherungsprodukt, das vermittelt worden ist aus ganz anderen Vermittlerkreisen, das ja auch noch eingebunden war in unterschiedliche Anlagemodelle. In den Fällen, in denen wir Urteile gesprochen haben, war es der sogenannte Europlan. Es gibt daneben auch noch ein paar andere Modelle, in die diese Policen eingebunden waren, die aber typischerweise aus mehreren Anlagebausteinen bestanden und die im Paket vertrieben worden sind. Deshalb hätte allein schon die Bezeichnung Versicherungsmakler hier vielleicht ein unzutreffendes Bild vermittelt.

Der zweite Grund ist schlicht prozessualer Natur. Wir haben im Zivilprozess natürlich den Beibringungsgrundsatz. Und wir geben im Tatbestand das wieder, was die Parteien vorgetragen haben oder was nach der Beweisaufnahme festgestellt worden ist. Und wenn in den ganzen Akten nirgendwo der Begriff Versicherungsmakler auftaucht, dann gibt es auch keine Feststellung dazu, dass es sich um einen Makler im Sinne des § 34 GewO handelt. Jedenfalls spricht aus unserer Sicht nichts dagegen, wenn alle Parteien immer nur von selbstständigen Vermittlern sprechen, diese dann auch im Urteil genauso zu bezeichnen. Und ich glaube auch, dass das Bild, das der Leser dann vor Augen hat, vielleicht etwas realitätsnäher ist. Aber das nur am Rande, das sind Begrifflichkeiten in meinen Augen. Für die rechtlichen Konsequenzen ist das letztlich nicht entscheidend.

Was mir wichtig ist und uns bei diesen Urteilen wichtig war – und das ist der zweite Punkt –, ist die wirklich klare Unterscheidung zwischen Aufklärungspflichten sowie Aufklärungspflichtverletzungen und Beratungspflichten sowie Beratungspflichtverletzungen. Dass das wirklich zwei grundverschiedene Dinge sind, muss ich in diesem Kreis sicherlich nicht betonen.

Leider ist es so, das sehen wir in Anlageprozessen sehr häufig, dass das in anwaltlichen Schriftsätzen und manchmal auch in instanzgerichtlichen Entscheidungen munter durcheinandergeht – die Begriffe abwechselnd und synonym verwendet werden und gar nicht unterschieden wird zwischen Aufklärungspflichten sowie deren Verletzungen und Beratungspflichten. Die Beratungspflicht setzt natürlich einen Beratungsvertrag, hier einen Anlageberatungsvertrag, voraus.

Der BGH-Senat hat in diesem Fall gesagt: Den Versicherer treffen originäre Aufklärungspflichten bei diesem Produkt. Das mag man nun für richtig oder falsch halten. Aber mir ist es wichtig zu betonen, dass wir konsequent darauf geachtet haben, hier nur von Aufklärungspflichten und Aufklärungspflichtverletzungen zu sprechen. Ich hoffe, dass es uns an keiner Stelle durchgegangen ist, dass der Begriff Beratungspflichtverletzung nicht auftaucht in den Urteilen. Sollte es anders sein, wäre es ein Versehen. Aber ich meine, es ist auch nicht der Fall.

Diese Unterscheidung ist uns außerordentlich wichtig, weil das natürlich auch für die Zurechnung, die wir bejaht haben, entscheidend ist. Wir haben gesagt: Dieses spezifische Produkt, so wie es sich darstellt mit den ganzen Besonderheiten, mit der Kreditfinanzierung, mit dem Einmalbetrag, mit den geplanten regelmäßigen zugesagten Entnahmen und und und, in seiner Gesamtheit begründet eben Aufklärungspflichten des Produktanbieters, weil es sich um ein Kapitalanlageprodukt handelt.

Und die Zurechnung setzt natürlich voraus, dass derjenige, dessen Handeln zugerechnet werden soll, in diesem Pflichtenkreis tätig geworden ist. Dass den Versicherer in diesem Fall Anlageberatungspflichten getroffen hätten, das können Sie diesen Urteilen nicht entnehmen. Selbst wenn da auch noch ein Anlageberatungsvertrag zusätzlich hinzugekommen sein mag auf der Ebene zwischen dem Anleger und dem Vermittler, dann ist Letzterer insoweit jedenfalls nicht im Pflichtenkreis des Versicherers tätig geworden oder hat der Versicherer ihm nicht Aufgaben überlassen, die in seinem Pflichtenkreis lagen. Also: Diese Unterscheidung ist mir wichtig; die möchte ich betonen.

Und der dritte Punkt: Da sind wir bei der Kritik. Was ist in diesen Urteilen nicht geklärt worden? Verschiedentlich, nicht heute, aber an anderer Stelle habe ich sie schon gehört, die Besorgnis: Gilt denn das, was der BGH jetzt gesagt hat, für jeden Vertrieb fondsgebundener Lebensversicherungen, klassischer fondsgebundener Lebensversicherungen?

Eines können Sie diesen Urteilen sicher nicht entnehmen: dass in jedem Fall, in dem eine klassische herkömmliche fondsgebundene Lebensversicherung vertrieben wird, über die Informationspflichten nach der Anlage zum VAG hinaus entsprechende weitergehende Aufklärung gefordert wird. Das steht in den Urteilen nicht drin und das haben wir nicht gesagt.

Und jetzt sind wir natürlich bei dem Punkt, den Sie angesprochen haben, Herr *Wandt*: Wo ist denn die Grenze zwischen dem klassischen reinen Versicherungsprodukt und dem Anlageprodukt? Die Grenze ist in diesen Urteilen nicht trennscharf gezogen. Da gebe ich Ihnen absolut Recht. Das ist eine offene Frage. Also kapitalbildende Lebensversicherung einerseits, Anlageprodukt andererseits.

Und jetzt komme ich auch auf Ihren Appell und vielleicht auch auf die richterliche Mentalität oder Sichtweise allgemein zu sprechen. Wir haben natürlich bei unseren Entscheidungen – das sage ich jetzt mal ganz allgemein auch losgelöst von diesem Fall – die Dogmatik bei dem, was wir machen, im Auge. Wir haben das Ergebnis sicherlich auch im Auge. Natürlich kann man nicht nur ergebnisorientiert judizieren, man kann aber auch nicht umgekehrt die Augen vor dem Ergebnis verschließen – etwa wenn man mit reiner Dogmatik zu einem Ergebnis käme, das absolut unvertretbar ist, auf diesem Wege sich etwas anderes aber auch vertreten ließe. Also im Auge haben wir das immer.

Sie sagen, es sei nicht hinreichend artikuliert. Wir überlegen uns sicherlich in jedem Einzelfall, inwieweit man schon klipp und klar über den zu entscheidenden Fall hinaus Aussagen trifft. Das lässt sich allgemein nicht beantworten. Gedanken machen wir uns darüber immer.

Aber manchmal ist man sich eben sehr sicher zu sagen: So ist es. Da sind die Grenzen. Das kann man sagen. Auf der anderen Seite entscheidet ein Richter – egal in welcher Instanz – natürlich primär den Einzelfall. Und je höher die Unsicherheit ist, je nach der zu entscheidenden Sache – „Was kommt denn da wohl als Nächstes?" –, umso geringer die Neigung, sich für zukünftige Fälle schon festzulegen.

Und ich sage mal: Das ist in meinen Augen auch ein Stück der Aufgabenteilung zwischen Rechtsanwendungspraxis und Rechtswissenschaft. Wenn man also bereit ist, diesen ersten Schritt – das ist natürlich die Prämisse – mitzugehen, zu sagen, jedenfalls bei diesem Produkt gibt es besondere Aufklärungspflichten und bei der klassischen fondsgebundenen Lebensversicherung gibt es die Informationspflichten, die gesetzlich normiert sind, und damit ist es gut, dann stellt sich natürlich die Frage der Grenze. Und ich weiß, dass die noch nicht beantwortet ist. Aber das ist dann vielleicht auch Aufgabe der Rechtswissenschaft, wenn sie diesen ersten Schritt mitgeht, wiederum dabei behilflich zu sein, diese Grenzen zu finden und auszuloten, damit wir bei etwaigen zukünftigen Fällen dann auch wieder eine Hilfestellung haben. Insoweit also durchaus Aufgabenteilung.

Prof. Dr. Robert Koch, Hamburg

Anknüpfend an die Bemerkungen von Herrn *Canaris* und Herrn *Reiff* möchte ich ergänzend darauf hinweisen, dass es nicht Aufgabe der BaFin ist, im Rahmen der Versicherungsaufsicht die Belange eines individuellen Versicherten oder im Rahmen der Bankaufsicht die Belange einzelner Gläubiger zu schützen. Die BaFin greift bekanntlich nur ein, wenn ein Missstand im Versicherungs- oder Kredit- und Finanzdienstleistungswesen vorliegt. Pflichtverletzungen von Banken und Versicherungen, die nur einzelne Personen betreffen, begründen in der Regel keinen Missstand. Dies dürfte auch der Grund dafür sein, dass es keine verwaltungsgerichtlichen Urteile zum Anlegerschutz gibt. Hinzu kommt, dass die BaFin personell überhaupt nicht dazu in der Lage wäre, mit ihrem Eingriffsinstrumentarium einzelnen Personen bei der Durchsetzung ihrer Rechte Hilfestellung zu geben. Deshalb ist nicht das Aufsichtsrecht, sondern das Zivilrecht das geeignete Mittel zum Anlegerschutz. Und schließlich: Wollen wir den Anlegerschutz der Verwaltungsgerichtsbarkeit überlassen?

Prof. Dr. Christoph Brömmelmeyer, Frankfurt (Oder)

Ich schlage jetzt in die gleiche Kerbe wie Herr *Reiff* und Herr *Koch*. Frau *Langenbucher*, mich interessiert noch einmal das Thema der Haftung und die Rolle, die diese Haftung im Kontext von Public und Private Enforcement spielt. Ich würde gerne eine Parallele zum Kartellrecht ziehen und dann einige Fragen zum Kapitalmarktrecht stellen. Im Kartellrecht muss man im Grunde von Public Enforcement als Normalfall ausgehen. Es ist eigentlich immer die EU-Kommission und es sind die Kartellbehörden der Mitgliedstaaten gewesen, die die Kartellverbote durchgesetzt haben. Und dann kam irgendwann der EuGH und hat in einer ganzen Kaskade von Entscheidungen das Private Enforcement etabliert. Es kam als erstes die Entscheidung „Courage vs. Crehan", dann kam „Manfredi". Das ist eine Entscheidung, die sehr schön zum *Karlsruher Forum* passt, weil sie ein Kartell von Kfz-

Haftpflichtversicherern betraf. Dann kam das Urteil „Donauchemie" usw. Es gibt eine ganze Reihe von Entscheidungen. Und das Prinzip ist eigentlich immer das Gleiche. Die „praktische Wirksamkeit" (effet utile) der europäischen Wettbewerbsregeln, so in etwa formuliert der EuGH, verlangt es, dass jedermann Ersatz des Schadens verlangen kann, der ihm durch irgendeine Form von Kartellverstoß entsteht. Das ist, würde ich sagen, die gefestigte Rechtsprechung. Jetzt gibt es im europäischen Kartellrecht einen Konflikt, den es im Kapitalmarktrecht in dieser Form offenbar nicht gibt, Im Kartellrecht kommt es nämlich zu Reibungsverlusten zwischen Public und Private Enforcement: Die Kartellbehörden sind mit Blick auf Private Enforcement skeptisch, weil die effektive Haftung auf Schadensersatz die Kronzeugenregelung und damit die Effektivität des Public Enforcement gefährdet. Mögliche Kronzeugen könnten sich ja sagen, wir verzichten lieber darauf, ein Kartell ans Messer zu liefern, weil wir anschließend mit einem Haftungsrisiko rechnen müssen, das wir nicht seriös abschätzen können. Das gilt vor allem dann, wenn die Kartellgeschädigten später Einblick in die Ermittlungsakten der Kartellbehörden und die von dem Kronzeugen freiwillig an die Kartellbehörden herausgegebenen Dokumente nehmen können. Wenn wir dieses Problem im Kapitalmarktrecht nicht hätten, dann würde ich jetzt genau so denken wie beispielsweise Sie, Herr *Reiff*: Was spricht eigentlich dagegen, dass wir über die privatrechtliche Haftung die Effektivität des Kapitalmarktrechts erhöhen?

Jetzt würde ich gerne noch eine zweite Frage anschließen. Der EuGH sagt dann, erneut bezogen auf das Kartellrecht, die Details der Haftungsregime überlasse ich den Mitgliedstaaten, das will ich eigentlich nicht im Einzelnen richterrechtlich regeln. Sie haben das ja auch angesprochen. Es gibt zwar die Formel von Äquivalenz und Effektivität. Aber wie man das im Einzelnen umsetzt, das sollen bitte die Mitgliedstaaten selbst entscheiden. Effektivität, d. h., die Mitgliedstaaten dürfen die Durchsetzung von Schadensersatzansprüchen nicht unmöglich machen oder wesentlich erschweren. Die Kommission hat daraus jetzt einen Richtlinienvorschlag gemacht – vom 11.6.2013 – über die Einführung von Regeln für Schadensersatzklagen bei Kartellverstößen, die, wenn sie denn umgesetzt wird, zu tiefgreifenden Eingriffen in das Prozessrecht, aber auch in das materielle Recht der Mitgliedstaaten führt. Da gibt es detailreiche Regeln z. B. zur Beweislast, zum Thema Gesamtschuld, zum Thema Kausalität usw. Soweit das Kartellrecht. Jetzt kommt der große Bruch: Im Kapitalmarktrecht findet sich nichts von alledem. Stattdessen gibt es eine Entscheidung des EuGH vom 19.12.2013, die Sie, glaube ich, auch schon angesprochen haben, da steht, dass die Mitgliedstaaten im Kapitalmarktrecht einen weiten Spielraum bei der Wahl der

Sanktionen haben. Und ich habe mich gefragt, warum eigentlich? Worin liegen die qualitativen Unterschiede zwischen dem Kartell- und dem Kapitalmarktrecht, die ein so vollständig unterschiedliches Herangehen an die Frage der Haftung rechtfertigen? Das gilt insbesondere im Hinblick darauf, dass es im Kapitalmarktecht noch nicht einmal das Problem der Reibungsverluste bei der Kronzeugenregelung gibt. Und wenn man das jetzt noch auf die Spitze treibt, könnte man Folgendes sagen: Sie haben in Ihrem Referat Defizite der Haftungsregelung im Kapitalmarktrecht angesprochen. Sie haben insoweit über die haftungsbegründende Kausalität gesprochen und über die Haftungsausfüllung. Könnte man, als europäischer Gesetzgeber, jetzt auf die Idee kommen, zu sagen, na ja, dann müssen wir das jetzt eben harmonisieren, d. h. einheitlich und effektiv für die gesamte Europäische Union regeln, und läge das nicht unter Umständen im Interesse des Binnenmarktes sogar nahe? Schließlich könnte man sagen: Dann, wenn es unterschiedliche Haftungsregime in den unterschiedlichen Kapitalmarktrechten der Mitgliedstaaten gibt, entstehen Wettbewerbsverzerrungen, die im Interesse eines „level playing field" beseitigt werden müssen.

Dr. Natascha Sasserath-Alberti, Berlin

Als Vertreterin des Gesamtverbands der Deutschen Versicherungswirtschaft möchte ich meine Beobachtungen zu aktuellen politischen Entwicklungen in der Verbraucherpolitik in Deutschland und Europa in diese wissenschaftliche Diskussion einbringen. Der Ansatz des diesjährigen *Karlsruher Forums*, das Thema umfassend unter öffentlich- und zivilrechtlichen Aspekten vertieft zu beleuchten, ist zukunftsweisend und wichtig. Richtig ist, dass die aufsichtsrechtlichen Anforderungen zunehmend auch die Wertungen im Zivilrecht beeinflussen. Wichtig ist auch, dass der Austausch zwischen den Disziplinen keine Einbahnstraße ist. Gerade das Zivilrecht kann bei der politischen Bewertung eines gerechten Interessenausgleichs zwischen Verbraucher- und Unternehmensschutz im Finanzbereich einen wichtigen Beitrag leisten.

Der Verbraucherbegriff ist im Umbruch. Unter Verweis auf die Verbraucherforschung wird in der Politik der „mündige Verbraucher" in Frage gestellt. Als Folge der Finanzmarktkrise wird zum Schutze der Verbraucher zunehmend in die Gestaltungsfreiheit der Unternehmen regulatorisch eingegriffen. Kritiker sprechen von übertriebenem staatlichem Protektionismus. Im Kern geht es weiterhin um die Frage, wie viel Eigenverantwortung dem Verbraucher im Finanzbereich zugemutet werden kann. Wann ist er überfordert, welche Hilfestellungen müssen ihm etwa durch entsprechende Produktinformationspflichten bzw. individuelle Beratungshinweise gegeben werden und wann ist ein Versicherungsprodukt so gefährlich, dass es vom Markt genommen werden muss? Diese Wertungen werden nachjustiert. Aktuell gibt es gerade auf europäischer Ebene eine Vielzahl von Vorschlägen für neue aufsichtsrechtliche Vorschriften für Wohlverhaltens- und Beratungspflichten der Vermittler und Unternehmen (IMD 2) sowie Produktinformationspflichten (PRIPs). Prof. *Helmut Heiss* hat in seinem Referat die Überlegungen vorgestellt. Der kollektive Verbraucherschutz der Aufsicht in Deutschland wie Europa wird gestärkt. Auch die europäische Versicherungsaufsichtsbehörde hat die Befugnis, Warnungen und Produktverbote auszusprechen (vgl. Art. 9 Abs. 3 und Abs. 5 EIOPA-V). Was allerdings bislang noch fehlt, sind materielle Kriterien, in welchen Fällen solche einschneidenden Maßnahmen gerechtfertigt sind. Der EuGH hat in seinem Urteil zur Befugnis der ESMA zu Leerverkaufsverboten (EuGH v. 22. 1. 2014, Rs. C 270/12) klare Eingriffskriterien gefordert. Anders als bei entsprechenden Maßnahmen der BaFin fehlt allerdings auf europäischer Ebene zum Schutze der Unternehmen bislang ein europäisches Verwaltungsverfahrensrecht. Da die Entwicklung eines solchen in naher Zukunft nicht zu erwarten ist, wäre es sinnvoll, dass weiterhin primär die nationalen Aufsichtsbehörden als operative, sachnähere Aufsicht bei potentiellen Missständen warnen bzw. Produkte vom Markt nehmen können. EIOPA hat es in der Hand, die BaFin auf entsprechende Entwicklungen hinzuweisen und als *ultima ratio* unmittelbar tätig zu werden.

Hinweisen möchte ich abschließend auf eine neue Entwicklung, die Auswirkungen auf das öffentliche Recht wie Zivilrecht hat. Ausgehend von der gemeinsamen Initiative der drei Aufsichtsbehörden sollen spezielle Governance-Regeln für die interne Produktentwicklung in den Unternehmen entwickelt werden (JC-2013-77, Joint Position of the European Supervisory Authorities on Manufacturers´ Product Oversight & Governance Processes). Zu erwarten ist, dass in sehr detaillierten Vorschriften vorgegeben werden wird, wie ein Versicherungsprodukt nach Auffassung der Aufsicht auszusehen hat bzw. welche präventiven Vorsichtsmaßnahmen zu treffen sind. Neben Verfahrensvorschriften (z. B. Durchführung von Wirkungsstudien) sollen auch materielle Bewertungskriterien einfließen. Zu befürchten ist, dass nicht hinreichend nach dem Gefährlichkeitsgrad differenziert werden wird und die Verfahrensvorschriften pauschal für die Entwicklung von Produkten vorgegeben werden. Die Regeln werden sowohl auf den zivilrechtlichen Sorgfalts- bzw. Haftungsmaßstab Einfluss haben als auch Maßstab für ein behördliches Einschreiten sein. Die Unternehmen alleine auf das Prinzip der Selbsteinschätzung zu verweisen, ohne gesetzgeberische Wertungen vorzunehmen, wäre eine einseitige Verantwortungszuweisung. Die fehlende regulatorische Konkretisierung der entscheidenden Wertungsmaßstäbe führt zu einer Erhöhung der Kosten ohne nennenswerte Verbesserungen im Verbraucherschutz.

Vor diesem Hintergrund ist es sehr wichtig, dieser Entwicklung gemeinsam die erforderliche Aufmerksamkeit zu schenken. Die Rollen von Aufsicht, Zivilgerichten und Eigenverantwortung der Unternehmen im Verbraucherschutz müssen neu diskutiert werden. Mit ihrer umfangreichen Rechtsprechung und wissenschaftlichen Forschung kann die Zivilrechtswissenschaft einen wichtigen Beitrag dazu leisten, wie ein angemessener Interessenausgleich zwischen dem Schutz der Verbraucher und der Freiheit der Unternehmen im Wettbewerb gefunden werden kann.

Prof. Dr. Helmut Heiss, Zürich

Lieber *Peter (Reiff)*, Du hast einige sehr wichtige Punkte angesprochen. Einer betrifft den Rechtszustand vor 1994, als Produkte von der Aufsichtsbehörde vorab geprüft wurden. Das ist ein Zustand, den niemand wieder herbeiwünscht, ich glaube auch die Anlegerschützer in Brüssel nicht. Das war daher auch nicht gemeint, wenn ich von einem Produktgenehmigungsverfahren gesprochen habe. Vielmehr hat das Unternehmen selbst eine Qualitätskontrolle einzuführen, bevor es mit einem Produkt am Markt auftritt. Dann kann es aber durchaus adäquat sein, wenn im Gefolge der Verwirklichung von Kapitalverlustrisiken die Aufsichtsbehörde prüft, welches interne Genehmigungsverfahren ein Produkt durchlaufen hat? Dabei könnte sie womöglich auch prüfen, ob die zugrunde gelegten Annahmen zutreffend und überzeugend waren. Waren sie dies nicht, dann hätte ich auch nichts dagegen, dass Anlegerschutzanwälte diese Informationen abrufen und darauf gestützt für ihre individuellen Anleger Prozesse führen. Mit einer Standardisierung der Produkte durch Behörden hat das nichts zu tun. Ich halte den Ansatz eben gerade deshalb für fruchtbringend, weil er effektiveren Anlegerschutz mit sich bringt, ohne die Produktvielfalt einzuengen.

Zum Thema *Clerical Medical* sagst Du zu Recht, das war keine herkömmliche Versicherungsberatung, es war eben eine Anlageberatung klassischer Prägung. Ja natürlich, und natürlich war das, so denke ich, Anlass für den BGH, seine ans Anlagerecht angelehnte Entscheidung zu fällen. Für die Lösung des Zurechnungsproblems mag auch das größere Haftungsportfolio des Versicherers eine Rolle gespielt haben. Daran hat sich mit Einführung des § 6 VVG grundsätzlich nichts geändert. Es ist ja nach wie vor so, dass Versicherungsmakler, wenn sie fondsgebundene Versicherungen vertreiben, (auch) Anlageberatung betreiben. Neu ist aber § 6 Abs. 6 VVG, der die Beratungspflicht des Versicherers nunmehr ausdrücklich zurück nimmt, wenn eine Maklerberatung stattfindet, und zwar auch bei fondsgebundenen Lebensversicherungen. Insofern besteht mindestens auf erstes Hinsehen ein gewisser Widerspruch zwischen der aktuellen Rechtsprechung zu den Altfällen und dem VVG 2008, das für neue Fälle gilt. Darauf wollte ich eben hinweisen: Warum schuldet der Versicherer in den Altfällen bei Maklerberatung nach wie vor Beratung, wenn § 6 Abs. 6 VVG dieselbe Pflicht ausdrücklich zurücknimmt? Und wie rechtfertigt sich in diesen Fällen die Zurechnung des Maklerverschuldens? Das sind Fragen, die man eben beantworten muss, und *Clerical Medical* tut das m. E. nicht. Ich komme darauf im Rahmen der Antwort auf Herrn *Lehmann* nochmal zurück.

Du *(Reiff)* meinst, die Honorarberatung mache es nicht besser. In der Tat nimmt sie zwar die (Fehl-)Steuerung des Versicherungsmaklers durch den Versicherer zurück, garantiert aber keine stets objektive und zutreffende Beratung. In Österreich gab es wohl bereits einen skandalösen Fall der Honorarberatung, bei dem die Honorarsätze wesentlich höher waren als die typischen Provisionen der Makler. Auch die Beratung war schlecht, weil Produkte vertrieben wurden, die von vornherein nicht geeignet waren, ihren Zweck zu erreichen. Möglich war all dies auch ohne Provisionierung durch intransparente Gestaltungen. Also in der Tat, wenn man glaubt, der Gesetzgeber dreht an der Stellschraube der Provisionsregulierung und es stellt sich von selbst ein paradiesischer Zustand ein, das wäre wirklich naiv.

Dann habe ich das Bild vom Dreißigjährigen Krieg gebraucht, weil ich die Diskussion des Provisionsverbots nur noch kurz und deshalb mit ironischem Unterton angesprochen habe. Dass das Bild vom Dreißigjährigen Krieg rhetorisch etwas überhöht ist, gebe ich gerne zu, aber die Branche selbst gibt m. E. durchaus Anlass zu solchen Überhöhungen. Auf einem Maklersymposium wurde letztlich wieder das Aussterben des Maklertums im Falle von Provisionsverbot oder Provisionsoffenlegung beklagt. Auf Nachfrage aus dem Publikum, dass dies ja wohl nicht für Industriemakler gelten könne, meinten Interessenvertreter, auch diese würden wegen Nachwuchsmangels gänzlich aussterben. So viel Weltuntergangsstimmung und Herzschmerz habe ich selten in einer Branche gefunden. Das Klagen der Branche macht auch skeptisch. Man spürt, dass die Provision kein Nebenthema ist, sondern den Kern des Problems ausmacht. Gerade das Wehklagen im Angesicht der möglichen Abschaffung zeigt auf seine Weise, dass die Behauptung von den

Fehlanreizen insbesondere bei besonderen Provisionsformen wie bspw. Staffelprovisionen etwas für sich hat. Dann kann es nicht überraschen, wenn der Gesetzgeber mindestens versucht, hier Hand anzulegen. Der Umkehrschluss, das habe ich schon betont, dass ein Honorarsystem bestmögliche Beratung sichert, ist damit freilich nicht begründet. Sonst dürfte es bspw. nie Anwaltshaftungsprozesse wegen Fehlberatung von Klienten geben, weil Anwälte von ihren Klienten bezahlt werden. Es geht um graduelle Unterschiede.

Schließlich teile ich die Sorgen über ein Vollzugsdefizit, das Du *(Reiff)* ebenso angesprochen hast wie Kollege *Koch*. Die Bedenken werden noch dadurch verstärkt, dass für die Vermittleraufsicht keine Fachaufsichtsbehörde zuständig ist. Das ist bspw. in der Schweiz anders. Dort werden Vermittler von der Finanzmarktaufsicht beaufsichtigt. Das scheint mir wesentlich, auch wenn die FinMa selbst darüber klagt, weil sie zu wenig Personal dafür hat. In Zusammenhang mit dem Thema des Vollzugsdefizits ist auch die Anmerkung von Herrn *Koch* zu sehen, wonach die BaFin nur einschreite, wenn am Markt strukturelle Missbräuche zu beobachten sind, aber natürlich nicht, wenn im Einzelfall ein Versicherer vergisst, z. B. die Informationsschriften auszuhändigen. Das stimmt und deswegen ist in der Tat der Gleichlauf von Aufsichts- und Privatrecht gerade bei diesen Pflichten nochmals zu überdenken. Für eine privatrechtliche Drittwirkung von Aufsichtsrecht ist es m. E. nämlich von fundamentaler Bedeutung, welchen konkreten Inhalt eine aufsichtsrechtliche Pflicht hat. Gerade bei Informations- und Beratungspflichten geht es doch um Pflichten, die unmittelbar dem einzelnen Kunden gegenüber zu erfüllen sind und die bei jedem einzelnen unmittelbar und bisweilen existenziellen Schaden erzeugen, wenn sie nicht eingehalten werden. Dass man bei dieser Ausgangslage sagt, das Fehlen privatrechtlicher Sanktionen entspreche dem altdeutschen System der Trennung von öffentlichem und Privatrecht und man müsse hier im Sanktionsgefüge verharren, bereitet mir bei funktionalem Rechtsdenken ein schlechtes Gefühl.

Herr *Lehmann*, ich bin sehr dankbar, dass Sie sich zum Urteil entgegen dem richterlichen Grundsatz, die eigene Entscheidung nicht zu kommentieren, geäußert haben. Es ist nämlich häufig schwierig, Urteile zu lesen, wenn man kein volles Aktenstudium vollziehen kann. Ich glaube aber, dass wir in unseren Positionen zu den Urteilen in *Clerical Medical* gar nicht weit auseinanderliegen. Ich habe auch meinerseits nur gesagt, dass ich den Duktus der Begründung kritisiere. Ich habe es indessen überhaupt nicht kritisiert, dass der BGH den betreffenden Vermittler nicht als Versicherungsmakler bezeichnet hat. Im Gegenteil, ich glaube, dass darin Potential für eine solide Begründung der Zurechnung steckt. Hätte der BGH den Vermittler als Makler bezeichnet, dann hätte ich gesagt, ja wie kann es denn sein, dass ein Gericht das Verhalten eines Maklers nicht seinem Kunden, sondern der Gegenseite, dem Versicherer, zurechnet? Wo der BGH den Vermittler aber als „selbständigen" Strukturvertrieb beschrieben hat, mag man das „selbständig" nur als unternehmerisch tätig, aber nicht als unabhängig verstehen und so zu einer Zurechnung kommen. Tatsächlich gibt die Entscheidung m. E. auch Anlass zur Prüfung bestehender Maklervereinbarungen, denn vielfach liest man darin, der Makler übernehme es für den Versicherer, dessen Produkt(e) zu vertreiben. Solche und weitere Formulierungen sind bisweilen dazu in der Lage, Boden für eine Verschuldenszurechnung zu schaffen.

Zweitens haben Sie zu Recht darauf hingewiesen, der BGH habe dem Versicherer keine Beratungspflichten auferlegt, sondern nur Aufklärungspflichten. Das habe ich auch mit großem Interesse gelesen. Und ich denke oder hoffe eigentlich auch, das hier nicht anders vorgetragen zu haben. Der BGH hat den Versicherer eben nicht mit einer Bank, die auf Grundlage eines Beratungsvertrags berät, gleichgestellt, sondern den Versicherer zu umfassender Aufklärung seines Kunden verpflichtet. Dazu nur zwei Anmerkungen. Einen Beratungsvertrag braucht es jedenfalls dann nicht, wenn das Gesetz selbst, wie im neuen § 6 VVG geschehen, eine Beratungspflicht vorsieht. Wenn der BGH nach altem Recht davon ausgeht, der Versicherer schulde „nur" umfassende Aufklärung, so bleibt diese Pflicht hinter der Maklerpflicht zur unabhängigen Beratung zurück. Dann stellt sich natürlich umso mehr die Frage, ob nicht diese Aufklärungspflichten des Versicherers, so wie es das neue Recht nach § 6 Abs. 6 VVG sagt, zurückzunehmen sind, wenn ein Makler den Kunden berät. Das heißt, die eigentliche Frage, die sich der BGH m. E. hätte stellen sollen, wird auch nicht dadurch beantwortet, dass der BGH nur von Aufklärungs- und nicht von Beratungspflichten spricht.

Am Ende sagen Sie, Herr *Lehmann*, der BGH habe nirgendwo in seiner Entscheidung gesagt, es gibt weiter reichende Informationspflichten als nach „Anlage VAG". Das ist in der Tat so, denn in der Entscheidung geht es überhaupt nicht um Informationspflichten, also um die standardisiert und in Textform zu erteilenden Informationen, sondern um Aufklärungspflichten, die nur anlassbezogen geschuldet sind. Und ich sehe hier überhaupt keinen Konflikt und sicherlich auch keinen Konflikt mit den Informationspflichten nach europäischem Richtlinienrecht. Meine Frage war ausschließlich, ob es eine Aufklärungspflicht des Versicherers tatsächlich auch in Fällen geben kann, in denen unabhängige Makler am Werk sind? Da habe ich meine Zweifel auch für Altfälle. Aber noch einmal, vieles spricht dafür, dass dieser Altfall, den der BGH entschieden hat, tatsächlich keine allzu unabhängigen Makler betroffen hat.

Prof. Dr. Katja Langenbucher, Frankfurt am Main

Diskussionsbeitrag Herr *Ahrens*: Danke für die Präzisierung mit Blick auf die sekundäre Darlegungslast.

Diskussionsbeitrag Herr *Koch*: Eventuell habe ich Sie missverstanden – in der Tat setzt selbstverständlich etwa die BaFin nicht die Rechte einzelner Anleger durch. Es geht mir deshalb keinesfalls darum, die Kompensationsfunktion des Haftungsrechts beschneiden zu wollen oder diese gar durch ein öffentliches Vollzugsinteresse zu ersetzen. Fokus meines Referats war die ganz andere Frage, ob sozusagen umgekehrt private Haftungsklagen eine bessere Steuerungsfunktion als behördliches Vorgehen erreichen. So mag man beispielsweise die neueren Versuche der Kommission, kollektive Klageverfahren zu stärken, einordnen. Kollektive Klagedurchsetzungsmechanismen mag man eben auch mit Blick auf private Normdurchsetzung stärken wollen.

Diskussionsbeitrag Herr *Brömmelmeyer*: Auch hier darf ich noch einmal betonen, dass es in meinem Referat nicht etwa um Beschneidung privater Haftung, sondern nur um einen Vergleich ging, welche Sanktionen effektiver wirken. Mein Blick auf die private Haftung war sozusagen dogmatisch emotionslos und rein instrumentell: Was leisten die vorhandenen Anspruchsgrundlagen derzeit? Für Deutschland war meine Einschätzung derzeit skeptisch. Das soll nicht heißen, dass Rechtsfortbildungsbedarf abzulehnen ist oder gar die Kompensation privater Haftung beschränkt werden muss. Ganz offen stehe ich Ihrem Vorschlag gegenüber, in diesem Bereich europarechtlich noch stärker zu harmonisieren.

Ihre kartellrechtliche Frage muss ich leider mangels Kompetenz unbeantwortet lassen. Auf der Grundlage Ihrer Ausführungen bestünde in der Tat ein Wertungswiderspruch. Zu fragen wäre etwa, ob dasselbe Vollzugsdefizit, welches im Kartellrecht zu privaten Ansprüchen geführt hat, auch im Kapitalmarktrecht besteht. Zu diskutieren wäre auch darüber, ob die Art der Folgeprobleme vergleichbar ist.

Zum Diskussionsbeitrag von Frau *Sasserath-Alberti*: Vielen Dank für den Hinweis auf die Vorteile öffentlich-rechtlicher Normsetzung, die Sie hervorgehoben haben. Interessant ist auch Ihre Einschätzung eines Verbraucherschutzmandats, das man möglicherweise auch auf deutscher Ebene zu erwarten hat.

Ihren Ausführungen zu Produktverboten stimme ich im Wesentlichen zu. Lassen Sie mich noch einmal betonen, dass Produktverbote einen vollständigen Paradigmenwechsel weg vom marktrational-optimistischen Anlegerleitbild darstellen würden. Über die Probleme der Produktkontrolle haben wir schon gesprochen. Was die Produktkontrolle im Unternehmen betrifft, wird entscheidend sein, wie diese sanktioniert wird. In diese Kategorie fällt beispielsweise das interne Rating, bei welchem eine bestimmte Funktion in die Bank hineinverlagert, aber aufsichtsbehördlich überprüft wird. Immerhin besteht hier nicht selten ein Anreizgleichklang zwischen Bank und Aufsichtsbehörde. Ob man davon auch bei der Produktkontrolle ausgehen kann, scheint mir nicht evident zu sein. Zu diskutieren wäre deshalb über nachlaufende Anreize, etwa die Erleichterung von Schadensersatzklagen, wenn Defizite der internen Kontrolle deutlich werden.

Prof. Dr. Claus-Wilhelm Canaris, München

Erlauben Sie mir bitte, zwei Sätze in sozusagen eigener Sache hinzuzufügen. Ich möchte, Herr *Ahrens*, zu Ihren Ausführungen noch eine Bemerkung machen. Ich fühle mich durch Ihren Diskussionsbeitrag mittelbar angesprochen; insofern verzeihen Sie mir bitte, dass ich Ihre Gedanken ergänzen und etwas modifizieren möchte. Ich habe mich nämlich mit der Problematik des aufklärungsrichtigen Verhaltens und der damit verbundenen Beweislastumkehr in der Festschrift für *Hadding* vor nicht allzu langer Zeit ausführlich befasst. Ich gebe Ihnen weitgehend Recht in einem Teil Ihrer Aussage. Sie haben nämlich gesagt, es sei gleichgültig, welche Einordnung man hier vornimmt – ob Vermutung, also Umkehr der Beweislast, oder Anscheinsbeweis. Das trifft für die Rechtsfolgenseite wohl in der Tat zumindest im Ergebnis zu. Insbesondere danke ich Ihnen für den klärenden Hinweis darauf, dass den Anleger nunmehr die sekundäre Darlegungslast trifft. Das ist wichtig, weil es natürlich die Schärfe oder Härte dieser Beweislastumkehr mildert. Nicht einverstanden wäre ich dagegen mit Ihrem Satz, soweit es die Tatbestandsseite und die *ratio legis* angeht. Denn die Vermutung und die Beweislastumkehr kann man nach meiner Überzeugung nur wertungsmäßig begründen. Man muss dann also sagen, der Schutzzweck dieser oder jener Pflicht erfordere als Ergänzung eine Umkehrung der Beweislast, damit die Pflicht nicht praktisch nahezu völlig leerläuft. Beim Anscheinsbeweis ist das natürlich anders, da geht es halt doch primär um Wahrscheinlichkeiten. Es ist zum einen ein Gebot der Methodenehrlichkeit, dass man hier klar trennt, und das kann zum anderen natürlich auch zu praktischen Unterschieden führen. Mit den Schutzpflichten kann man nämlich unter Umständen praktisch viel mehr bewirken als mit Wahrscheinlichkeiten; denn wo keine Wahrscheinlichkeiten sind, lassen sie sich nun mal nicht substituieren, während die Schutzpflichten natürlich bei näherem Nachdenken vielleicht weiter gehen könnten, als man es bisher gedacht hat.

Prof. Dr. Dr. h. c. Ewoud Hondius, Utrecht

Zum diesjährigen Thema des *Karlsruher Forums* möchte ich aus niederländischer Sicht drei ergänzende Bemerkungen machen.

Die erste Bemerkung ist, dass es im Bereich des Anlegerschutzes im Westen, womit hier die Niederlande gemeint sind, nichts oder kaum etwas Neues zu berichten gibt. Wie in Deutschland wächst in den Niederlanden die Zahl der Anlegerschutzbestimmungen – europäische oder niederländische, zivilrechtliche oder öffentlich-rechtliche, staatliche oder selbstregulierende usw. – noch immer. Ebenso wächst auch der Schutz der Anleger.[1] Letzteres führt dazu, dass es oft schwierig ist festzustellen, welche Normen zur Zeit der fehlgegangenen Beratung, die oft vor 20 oder 30 Jahren stattgefunden hat, in Geltung waren. Streitigkeiten darüber werden meistens im Verfahren vor der Schlichtungsstelle des Beschwerdeinstituts für finanzielle Dienstleistungen abgehandelt (*Klachtendient financiële dienstverlening: Kifid*). Das ist ein billiges Verfahren für „Bagatellverfahren" (Klagen mit Streitwert bis 100.000 €!) – die Kosten betragen 50 € für den Kläger, ohne das Risiko, dass im Falle des Unterliegens die Kosten des Unternehmers gezahlt werden müssen. Oft wird in solchen Altfällen von der Schlichtungsstelle eine Lösung gewählt, die den eingetretenen Verlust zwischen beiden Parteien aufteilt, also, wie von Herrn *Grigoleit* vorgeschlagen, vom Alles-oder-nichts-Ansatz abweicht.[2] Die wachsende Zahl von Gesetzesbestimmungen hat leider dazu geführt, dass die Qualität dieser Bestimmungen, insbesondere derjenigen im öffentlich-rechtlichen Bereich, schlecht ist. Aus dem Generalreferat von Frau *Langenbucher* habe ich diese Probleme nicht herausgehört und daher gehe ich davon aus, dass die deutschen Bestimmungen qualitativ hochwertig sind.

Soeben habe ich über individuelle Schäden und Anlegerschutz gesprochen. Jetzt komme ich zu den Massenschäden. Dazu kennt das niederländische Recht eine Sonderregelung, die sich als erfolgreich erwiesen hat – das Ge-

---

1 D. Busch, C.J.M. Klaassen, T.M.C. Arons (Hrsg.), Aansprakelijkheid in de financiële sector, Deventer 2013.
2 Der Verfasser verfügt als Mitglied dieser Schlichtungsstelle über viele Beispiele solcher Urteile.

setz zur kollektiven Abwicklung von Massenschäden. Dieses Gesetz, das in das *Burgerlijk Wetboek* inkorporiert worden ist, wird heutzutage auch für den Anlegerschutz genutzt, obwohl das eigentlich nicht beabsichtigt war. Das Gesetz wurde erlassen, um den DES-Geschädigten zu helfen.[3] DES ist ein Medikament, das von 1948 bis1975 zur Vermeidung von Fehlgeburten verschrieben wurde. Leider verursachte es – oft nach Jahrzehnten – bei manchen Frauen, die die Tabletten genommen hatten, Krebs. Das erste Problem war, dass nach dieser Zeit oft nicht mehr zu ermitteln war, von welchem Hersteller die Tabletten stammten. Der *Hoge Raad* hat dann zur Überraschung von manchen Juristen beschlossen, dass alle beklagten Unternehmer Gesamtschuldner sind.[4] Diese Lösung steht im Kontrast zu derjenigen in den Vereinigten Staaten, wo in *Sindell vs. Abbott Laboratories* nur eine *Market Share Liability* angenommen wurde.[5] Die Lösung des niederländischen Urteils ist später auch in Frankreich akzeptiert worden,[6] aber nicht in Deutschland.[7]

Jetzt kommen wir aber wieder zum Thema des Anlegerschutzes. Auf der Grundlage des DES-Urteils des *Hoge Raad* schlossen Hersteller und Verbraucherverbände einen Vergleich. Das Problem der massenhaften Verfahren war jedoch damit noch nicht gelöst. Viele individuelle Klagen einzelner Geschädigter bedrohten den Vergleich. Die Vergleichsparteien baten daher den Gesetzgeber um Hilfe. Der Gesetzgeber kam zu Hilfe, wollte aber kein „Einzelfallgesetz" einführen. Deshalb wurde das neue Gesetz auch auf andere Fälle von Massenschäden angewandt. Bald traten weitere Fälle auf, insbesondere, wie gesagt, im Bereich des Anlegerschutzes.

Wie sieht dieses Gesetz aus? Das Gesetz wurde, wie manche Neuregelungen,[8] in das *Burgerlijk Wetboek* inkorporiert. Die wichtigsten Bestimmungen lauten wie folgt:[9]

---

3 Dazu *Andreas Mom*, Kollektiver Rechtsschutz in den Niederlanden, Diss. Konstanz, Tübingen 2011, S. 322 ff.
4 Hoge Raad 9. Oktober 1992, Nederlandse Jurisprudentie 1994, 535 (B. c. Bayer)
5 Sindell v. Abbott Laboratories, 26 Cal 3d 588 (1980).
6 *Florence G'Sell*, DES Daughters Cases: Cour de Cassation 24 September 2009 and 24 January 2010 and CA Paris 26 October 2012, European Review of Private Law 2013, S. 587-590.
7 *Thomas Thiede*, Defective Pharmaceuticals and Indeterminate Tortfeasors: A German Law Perspective on DES-Daughters Scenarios, European Review of Private Law 2013, S. 617-624.
8 Wie zum Beispiel das Gesetz zum medizinischen Behandlungsvertrag, worüber wir im letzten Jahr gesprochen haben: Egon Lorenz (Hrsg.), Karlsruher Forum 2013: Patientenrechte und Arzthaftung, Verlag Versicherungswirtschaft, Karlsruhe 2014.
9 Die deutsche Übersetzung ist der Dissertation von *Andreas Mom* a.a.O. (Fn. 3) S. 456-457 entnommen.

Artikel 7:907 Absatz 1 des Burgerlijk Wetboek:

1. Ein Vertrag, der den Ersatz eines Schadens zum Gegenstand hat, der durch ein Ereignis (...) verursacht worden ist und durch eine Stiftung oder einen Verein mit voller Rechtsfähigkeit mit einer oder mehreren anderen Parteien abgeschlossen ist, die sich durch diesen Vertrag zum Ersatz dieses Schadens verpflichtet haben, kann durch den Richter auf gemeinsamen Antrag der vertragschließenden Parteien für die Geschädigten verbindlich erklärt werden (...).

2. Der Vertrag hat auf jeden Fall zu enthalten:

(...)

(b) eine so genau wie mögliche Angabe der Personenzahl der Gruppe (...).

3. Der Richter weist den Antrag ab, falls

(b) die Höhe des zuerkannten Schadenersatzes unbillig ist (...).

(...)

(f) die Stiftung oder der Verein (...) nicht hinreichend repräsentativ ist;

Artikel 7:908 des Burgerlijk Wetboek:

1. Sobald dem Antrag auf eine Verbindlichkeitserklärung unwiderruflich stattgegeben worden ist, hat der (...) Vertrag zwischen den Parteien und den Ersatzberechtigten die Folgen eines Feststellungsvertrages.

2. Die Verbindlichkeitserklärung hat keine Folgen hinsichtlich eines Ersatzberechtigten, der innerhalb einer (...) Frist von mindestens drei Monaten (...) zum Ausdruck gebracht hat, nicht gebunden sein zu wollen.

Es ist das OLG Amsterdam, das in diesen Sachen als einziges Gericht zuständig ist. Bemerkenswert ist insbesondere das Opt-out-Prinzip, das in Europa noch nicht populär ist.

Der weitaus berühmteste Fall nach dem DES-Urteil ist das Dexia-Urteil.[10] Wie in Deutschland hat es am Ende des letzten Jahrhunderts in den Niederlanden einen rasanten Anstieg der Aktienkurse gegeben. Dies hat dazu geführt, dass Banken sogenannte Aktien-Leasingverträge verkauften.[11] Dabei

---

10 Folgendes ist grundsätzlich wieder der Dissertation von *Andreas Mom* a.a.O. (Fn. 3) S. 300-309 entnommen,
11 Eigentlich waren es zuerst Verbraucher, die sich diese Möglichkeit ausgedacht und diesen Gedanken den Banken verkauft haben.

kauft der Kunde ein Aktienpaket; die Bank finanziert den Kauf mit einem Darlehen. Die Anlage wird als Sicherheit für das Darlehen benutzt. Solange an der Börse die Kurse steigen, führt dies zu hohen Gewinnen, etwa zur sogenannten *Gewinnverdreifachung*. Niemand hatte damit gerechnet, dass Kurse auch sinken können und dass ein Aktien-Leasingvertrag statt zu einer Gewinnverdreifachung zu einer Verlustverdreifachung führen kann. Die Verbraucher haben dafür die Banken wegen fehlerhafter Beratung auf Schadensersatz verklagt. Mehrere Verbände mit mehr als hunderttausend Mitgliedern sind dazu gebildet worden. Diese Verbände haben mit den Banken unter Vermittlung des ehemaligen Präsidenten der Europäische Zentralbank, *Wim Duisenberg*, einen Vergleich geschlossen, der am 25. 1. 2007 von Hof Amsterdam für verbindlich erklärt worden ist.

Aus deutscher Sicht ist interessant, dass diese Möglichkeit auch für Vergleiche mit Auslandsbezug offensteht. Das OLG Amsterdam hat nur ein geringes Maß an Inlandsberührung für notwendig gehalten. Ein Beispiel ist das Converium-Urteil über eine schweizerische Versicherungsgesellschaft. In diesem Fall bildeten niederländische Geschädigte nur 2 % der Kläger.[12] Im deutschen Schrifttum ist diese Entwicklung nicht unbeachtet geblieben.[13]

Grundsätzlich stimme ich den Referenten und Herrn *Ahrens* zu, dass Informationsverpflichtungen in diesem Bereich oft kaum nützen. Dies bedeutet aber nicht immer, dass solche Verpflichtungen keinen Sinn haben. Ein Beispiel ist der Fall, in dem ein Professor für römisches Recht, der in Amsterdam wohnt und einen Lehrstuhl in Rotterdam hat, tagtäglich mit dem Hochgeschwindigkeitszug nach Rotterdam fährt und dafür einen Zuschlag zahlt. Als er einmal nichts zu tun hatte, las er die AGB des Eisenbahnunternehmens. Zu seiner Überraschung fand er in den AGB ein Verbot von Zuschlägen. Als er das Eisenbahnunternehmen darauf aufmerksam machte, wurde ihm zugesagt, den ganzen Betrag zurückzubekommen, vorausgesetzt er unterschreibe eine Geheimhaltungserklärung. Dies verweigerte mein Kollege: Stattdessen gab er eine Pressekonferenz und das Unternehmen musste allen Reisenden den Zuschlag zurückbezahlen. So zeigt sich, dass sich das römische Recht noch immer lohnt, aber auch, dass die Mitteilung von AGB, auch falls es nur einen Leser gibt, doch Sinn haben könnte.

---

12 *M.H. ten Wolde, N. Peters,* De (on)bevoegdheid van het Gerechtshof Amsterdam in WCAM-zaken, NTBR 2013, S. 3-12.
13 *Axel Halfmeier,* Recognition of a WCAM Settlement in Germany, NiPR 2013, S. 176-184.*

Prof. Dr. Torsten Iversen, Aarhus

Das diesjährige Thema – „Anlegerschutz durch Haftung nach deutschem und europäischem Kapitalmarktrecht" – ist auch aus dänischer Sicht ein interessantes und anregendes. Die grundlegenden Gesetzesbestimmungen sind in Deutschland und Dänemark gleich, da es sich ja um ein Gebiet handelt, auf dem der EU-Gesetzgeber sehr aktiv gewesen ist.

Die Unterscheidungen, die im deutschen Recht gemacht werden, sind auch dem dänischen Recht bekannt. Die Unterscheidung zwischen Aufklärungs- und Beratungspflichten z. B. durfte in Dänemark auch als eingearbeitet gelten. Grundsätzlich wird im dänischen Kapitalmarktrecht auch zwischen Emissionshaftung auf der einen Seite und Haftung für sonstige fehlerhafte Börseninformation auf der anderen Seite unterschieden, d. h. zwischen dem primären und dem sekundären Markt. Fragen über Beratungsfehler oder fehlende Aufklärung von beispielsweise Interessenkonflikten werden normalerweise nicht unter der Überschrift „Kapitalmarktrecht", sondern unter dem Titel „Haftung für finanzielle Beratung" behandelt. Die MiFID-Regeln sind natürlich längst ins dänische Recht eingeführt worden, und über diese Regeln selbst werde ich keine Worte verlieren. Dagegen sollte erwähnt werden, dass viele Fälle dieser Art nicht vor die ordentlichen Gerichte kommen, sondern von einer anderen Klageinstanz entschieden werden. Diese Instanz heißt *Pengeinstitutankenævnet* und besteht aus fünf Mitgliedern, zwei von der Verbraucherseite, zwei von den Geldinstituten und einem Vorsitzenden (einem Richter aus dem Obersten Gerichtshof).

Im Lichte der Finanzkrise und deren Ausläufer hat man überlegt, ob die Gesetzgebung zugunsten von „Verbraucherinvestoren" und zulasten der beratenden Kreditinstitute geändert werden solle. Auch in Dänemark hat es spektakuläre Fälle gegeben, wo ganz gewöhnlichen Leuten schwerverständliche Produkte mit Zinsen*swaps* oder sogenannte *strukturierte Produkte* angeboten worden sind. Von Februar 2014 liegt ein Bericht des Ausschusses über Haftung bei Beratung über finanzielle Produkte vor. Der Tenor des Berichtes ist, dass größere Reveländerungen nicht benötigt werden. Die schon vorliegenden Regeln sollten dagegen eingehalten werden.

Der Oberste Gerichtshof Dänemarks entschied 2012 einen Fall, in dem eine Bank (D) von einer Kundin (A) eine Vollmacht erhalten hatte, in Obligationen (Anleihen) zu investieren, indem A betont hatte, dass sie möglichst risikofreie Investitionen wünsche. D kaufte danach Unternehmensanleihen ein, so dass am Ende 68 % von A's Wertpapieren aus solchen bestanden. Der Oberste Gerichtshof entschied, dass D nicht generell davon ausgeschlossen sei, in Unternehmensanleihen zu investieren. D habe aber einen sehr erheblichen Teil in Wertpapiere investiert, die nachrangigen Darlehen der kleinen und mittleren Banken zugrunde lagen, was A eine Gefahr von Verlusten ausgesetzt habe, die mit ihrem Risikoprofil nicht im Einklang sei. A sei daher berechtigt, Entschädigung zu verlangen. Der Umfang dieser wurde auf Grundlage eines richterlichen Ermessens festgelegt. Im Anschluss daran sprach der Oberste Gerichtshof aus, dass D, die selbst an der Emission der Unternehmensanleihen der Banken teilgenommen habe, verpflichtet gewesen sei, A in Kenntnis von einem möglichen Interessenkonflikt zu setzen, bevor D diese Anleihen für A ankaufte.

Wenden wir uns dem Kapitalmarktrecht zu. Es gibt aus Dänemark ein paar hochprofilierte Entscheidungen aus den letzten ungefähr zehn Jahren. In diesem Zusammenhang sind sie nur ganz kurz darzustellen:

Im ersten Fall (Nordisk Fjer)[1] ging es um eine Gesellschaft (NF), die im September/Oktober 1989 mit der Bank (B) als Emissionsbank Wandelanleihen in Höhe von 75 Millionen DKK angeboten hatte. Nachdem NF im November 1990 ihre Zahlungen einstellte und im März 1991 in Konkurs fiel, machte A, der für etwa 500.000 DKK Schuldverschreibungen gekauft hatte, einen Schadensersatzanspruch gegen B geltend. A behauptete, B habe gewusst oder habe wissen müssen, dass die Bilanzauskünfte von NF, die im Emissionsprospekt gegeben seien, kein richtiges Bild von der ökonomischen Stellung der Gesellschaft gaben. Beim Obersten Gerichtshof hatte die Klage keinen Erfolg. Obwohl B – wie andere auch – gefunden habe, dass die Bilanzen in gewissen Hinsichten kritisiert werden könnten, habe B laut dem Obersten Gerichtshof keinen Grund gehabt zu verdächtigen, dass die Bilanzen, wogegen die Wirtschaftsprüfer keine Vorbehalte gemacht hätten und die ein Eigenkapital von etwa 780 Millionen DKK auswiesen, so irreführend seien, dass es Anlass gegeben hätte, an der Solvenz von NF zu zweifeln. Nach einer Gesamtbeurteilung der Umstände gebe es somit keine ausreichende Grundlage, B eine Schadensersatzpflicht aufzuerlegen.

Im zweiten Fall (Hafnia)[2] ging es um den totalen Zusammenbruch eines großen Versicherungskonzerns. Die Gesellschaft H bot in einem Prospekt von 16. Juni 1992 die Zeichnung von Aktien zum Kurs 105 an. Bei der Aktienzeichnung, die zwischen dem 7. und dem 20. Juli 1992 stattfand und die von der Emissionsbank (E) garantiert war, erhielt H neues Kapital in Höhe von 1,9 Milliarden DKK. Am 19. August 1992 stellte H ihre Zahlungen ein und fiel später in Konkurs. A, der im Zeichnungszeitraum für 22.500 DKK Aktien gekauft hatte,

1 Ugeskrift for Retsvæsen 2001.398 H.
2 Ugeskrift for Retsvæsen 2002.2067 H.

und B, der unmittelbar nach Ablauf dieses Zeitraums für 6.000 DKK Aktien gekauft hatte, erhoben 1997 eine Klage gegen u. a. E mit dem Anspruch auf Schadensersatz, indem sie geltend machten, dass der Prospekt nicht rechtweisend gewesen sei. Bei dem See- und Handelsgericht in Kopenhagen wurde u. a. E Schadensersatzpflicht auferlegt, aber der Oberste Gerichtshof kam nach einer Gesamtbeurteilung der Umstände zu einem anderen Ergebnis und sprach alle Beklagten von Schadensersatzpflicht frei. Der Oberste Gerichtshof führte aus, dass es aus dem Prospekt hervorging, dass der Zweck der Emission die Lösung von ernsten ökonomischen Problemen sei, die daraus entstanden seien, dass H zwei andere Versicherungsgesellschaften gekauft habe, deren Aktienkurse inzwischen gefallen seien, wogegen die Zinsen der von H aufgenommenen Kredite angestiegen waren. Aus dem Prospekt ging weiter hervor, dass das Eigenkapital von H innerhalb des ersten Halbjahrs 1992 um etwa 3,5 Milliarden DKK abgenommen habe und dass das Eigenkapital am Anfang der Emission mit etwa 400 Millionen DKK negativ sei. Ein Investor müsse sich deshalb darüber im Klaren sein, dass weitere wesentliche Rückgänge der Aktienkurse die Existenz von H auch nach der Kapitalerhöhung würden bedrohen können. Die Kritik, die an gewisse Punkte des Prospekts gerichtet werden könne, sei im Vergleich damit nicht von entscheidender Bedeutung.

Im dritten Fall (Trelleborg)[3] fiel das Urteil 2013. Hier ging es um eine Sparkasse, die im März 2007 in eine Bank (B) umgewandelt wurde. In diesem Zusammenhang wurde allen Garanten – darunter A (die Gruppe, die später die Klage erhob) – in einem von B ausgearbeiteten Prospekt angeboten, dass sie ihr Grundkapital in Aktien wandeln konnten, dass sie das Kapital bar einlösen konnten oder dass sie das Grundkapital für fünf Jahre auf unveränderte Bedingungen einstehen lassen konnten. Im Januar 2008 wurde B durch Fusion von einer anderen Bank (S) übernommen und A, die im März 2007 ihr Garantenkapital in Aktien gewandelt hatte, wurde zu einem Kurs zwangseingelöst, der wesentlich niedriger als der damalige war. Der Oberste Gerichtshof stellte fest, dass der Prospekt mangelhaft gewesen sei. Im Prospekt wurde ausgesagt, dass B keine Sicherheiten geleistet hatte, was falsch war, da zwei Konten mit insgesamt 300 Millionen DKK verpfändet waren. Aus dem Prospekt ging nicht hervor, dass diese Verpfändung zur Folge hatte, dass B ihre Verträge über Seniordarlehen ausländischer Geldinstitute verletzt hatte und dass diese somit gekündigt werden konnten. Nach einer Gesamtbeurteilung seien diese Mängel wesentlich, und B sei für A's Verlust schadensersatzpflichtig.

Während die Haftungsfrage auf dem primären Markt (Stichwort: Prospekthaftung) somit einigermaßen klare Konturen hat, ist es zweifelhaft, wie sich

---

[3] Ugeskrift for Retsvæsen 2013.1107 H.

die Frage auf dem sekundären Markt (Stichwort: falsche Börsenauskünfte) stellt. Die Theorie über *fraud on the market* hat in Skandinavien sowohl Fürsprecher[4] als auch Gegner,[5] ebenso wie es vermittelnde Positionen gibt.[6] Diese Frage wurde in zwei Fällen den dänischen Gerichten vorgelegt. In beiden Fällen ging es um dieselbe Gesellschaft (Commercial Leasing) und eine Börsenmitteilung fälschlichen Inhalts unmittelbar *nach Ablauf der Zeichnungsfrist bei einer Aktienemission.*

1989/1990 wurde eine Emission von Aktien in der neu gegründeten Gesellschaft S, die die Muttergesellschaft in einem Finanzkonzern F sein sollte, durch das Kreditinstitut B vorgenommen. Die Emission war von B garantiert. Als die Zeichnungsfrist am 31. Januar 1990 auslief, waren nur knapp 44 % der angebotenen Aktien verkauft worden. Zwischen B und der Leitung von F wurde daraufhin vereinbart, dass eine neu gegründete Gesellschaft, die nur für diesen Zweck etabliert wurde, die restlichen Aktien zum Kurs 280 kaufen sollte, was von B finanziert wurde. Am 1. Februar 1990 erließ B eine Börsenmitteilung, wonach die Emission überzeichnet sei. Im Laufe der nächsten drei Jahre fiel der Börsenkurs auf 0, und im März 1996 gab es Presseberichte, wonach die Emission 1990 fehlgeschlagen sei, was B durch ihre unrichtige Börsenmitteilung zu verbergen versucht habe.

In dem ersten dieser Fälle (Commercial Holding, Fall 1)[7] sprach das See- und Handelsgericht in Kopenhagen B von einer Schadensersatzpflicht gegenüber einem Investor (H) frei. Das Gericht führte aus, dass B im Ausgangspunkt für ihre unrichtige Börsenmitteilung verantwortlich sei. Eine richtige Mitteilung hätte aber einen Verkaufsdruck ausgelöst, und die daraus folgenden Verluste könnte H nicht ersetzt verlangen. Die Börsenmitteilung vom 1. Februar 1990 sei nur eine von mehreren Auskünften über die Gesellschaft, und ihre Bedeutung würde im Laufe der Zeit abnehmen. 1990 und 1991 brachten weitere schlechte Nachrichten über die Gesellschaft, und H habe seine Aktieninvestition zu einem früheren Zeitpunkt überlegen können. Den Verlust, den er in Folge seines fortgesetzten Besitzes der Aktien erlitten habe, könne er nicht ersetzt verlangen.

In dem zweiten dieser Fälle (Commercial Holding, Fall 2)[8] hatte ein Aktionär (A) sein Recht zur Vorzeichnung ausgenutzt und für 728.000 DKK

---

4   Vgl. vor allem *Per Samuelsson*, Information och ansvar (1991).
5   Vgl. z. B. *Erik Werlauff*, Børsret (1997) S. 177.
6   Vgl. *Paul Krüger Andersen* und *Nis Jul Clausen*, Børsretten II (2011) S. 83. Auch *Erik Werlauff* a.a.O.(Fn. 5) scheint heute seine frühere Skepsis weithin aufgegeben zu haben.
7   Ugeskrift for Retsvæsen 2000.920 SH.
8   Ugeskrift for Retsvæsen 2000.2176 H.

Aktien erworben, was einem Durchschnittskurs von 280 entsprach. Der Oberste Gerichtshof stellte fest, dass B gegenüber A schadensersatzpflichtig sei, da B für die irreführende Information verantwortlich war. Ein Beweiszweifel solle dabei B nicht zugute kommen, sondern als Ausgangspunkt sei anzunehmen, dass ein Investor seine Aktien bei richtiger Information hätte sofort verkaufen wollen. (Als vermutlicher Verkaufspreis wurde dabei der Emissionskurs angewandt.) Das Vertrauen, das B mit der Börsenmitteilung geschaffen habe, könne jedoch nur bis zum Erscheinen der Jahresbilanz im Mai 1991 als ursächlich angesehen werden. Den danach eintretenden Kursverlust (unter Kurs 130) könne A deshalb nicht von B ersetzt verlangen, und A erhielt einen Schadensersatz von 390.000 DKK.

Dr. Emmanuela Truli, Athen

Der Großteil der Schadensersatzansprüche, die in den letzten Jahren die Obersten Gerichte Griechenlands beschäftigt haben und die von Anlegern erhoben wurden,[1] fallen meistens in drei Kategorien: Erstens sind es Schadensersatzansprüche wegen unzureichender Aufklärung, zweitens Ansprüche wegen unerlaubter Handlungen von Gehilfen, die einem Anleger Schaden (meistens durch Betrug und Veruntreuung von Geldern) verursacht haben, und drittens Haftungsansprüche gegen den Entschädigungsfonds infolge von Insolvenz von Wertpapierfirmen. Im Gegensatz dazu scheint es aus den letzten Jahren keine Entscheidungen über Prospekthaftung zu geben.

Hinsichtlich der ersten oben genannten Kategorie, also der Verantwortung für den Schaden von Investoren aufgrund unzureichender Aufklärung über die Merkmale eines bestimmten Anlageproduktes und seine Risiken, stellte der Oberste Gerichtshof (Areopag) im Jahr 2013 hinsichtlich des Stands vor dem Inkrafttreten des MiFID in zwei Entscheidungen (mit fortlaufender Nummerierung) klar, dass die Verletzung der entsprechenden Aufklärungspflichten zu einer deliktischen Haftung der Anbieter von Anlageberatung führen kann. Insbesondere die Entscheidung Nr. 1738/2013 des Aeropags bestätigt, dass der Anleger, der nicht über eine wesentliche Klausel aufge-

---

[1] Die Verwaltungsgerichte haben sich sporadisch auch mit Fällen von Marktmanipulation und Insiderhandel auseinandergesetzt, s. Entscheidung des Staatsrats (Oberstes Verwaltungsgericht) Nr. 1841/2011 und des Verwaltungsberufungsgerichts in Athen Nr. 259/2011, aber ohne entsprechende Ersatzansprüche von Anlegern. Für die Anerkennung eines Schadensersatzanspruchs von Verbrauchern im Falle von Marktmanipulation s. *G. Triantafyllakis*, Anlegerschutz des Verbrauchers wegen Marktmissbrauch (Manipulation) (auf Griechisch). Über die Schwierigkeit des Nachweises von Schaden und Schadensursache in Fällen von Insiderinformation s. *V. Tountopoulos*, Private Durchsetzung des Insiderrechts? RIW 2013, 33 ff.

klärt wurde, nach der ein langjähriger Pfandbrief aufhört Zinsen zu bringen, wenn der Zinnsatz Euribor von einem festgelegten Wert abweicht, ein Recht auf Schadensersatz hat. Diese Entscheidung ist von besonderem Interesse, und zwar aus zwei Gründen. Erstens, weil das Gericht anerkannt hat, dass das Verhalten der Bank, das den Grundsätzen des Verhaltenskodex von Wertpapierunternehmen[2] widersprach, rechtswidrig im Sinne des Deliktsrechts ist (also in den Anwendungsbereich der Artikel 914 ff. des griechischen Zivilgesetzbuchs fällt). Es soll hier darauf hingewiesen werden, dass somit das Gericht seine Position änderte, denn andere Senate in etwaigen einschlägigen Beschlüssen des Jahres 2010 waren zum Gegenschluss gekommen, nämlich, dass bei Verletzung von Aufklärungspflichten die Anleger keine deliktsrechtlichen,[3] sondern nur vertragliche Ansprüche[4] erheben konnten.

Zweitens ist es interessant, dass der Areopag die Entscheidung des Berufungsgerichts, das die Klage abgewiesen hatte, aufhob, und zwar mit der Begründung, dass die unerlaubte Handlung der Bank keinen kausalen Bezug zu der Verletzung der Aufklärungspflicht hatte, da der Kläger vorzeitig und auf eigene Initiative seine Anlage kündigte. Das Berufungsgericht hielt demnach den Zinsverlust als nicht mit dem Kapitalverlust verbunden. Das

---

[2] Der Verhaltenskodex fand Anwendung während der gefragten Zeit. Er wurde durch den einzigen Artikel der Entscheidung des Finanzministers Nr. 12263/β. 500/11-4-1997 (Gesetzblatt B / 340/24-4-1997), der nach Zulassung von Artikel 7 § 1 Gesetz 2396/1996 ausgegeben ist, ratifiziert (und dessen Artikel 1-31 schon seit dem 1.11 2007 in Folge von Artikel 85 des Gesetzes 3606/2007 aufgehoben sind). Das anschließend verabschiedete Gesetz 3606/2007, das von Gesetz 3756/2009 geändert wurde, setzte in das griechische Rechtssystem die EU-Richtlinie 2004/39/EG (die als MiFID bekannt ist und ihrerseits die Richtlinie 93/22/EWG ersetzte) um.

[3] S. Entscheidungen des Areopags Nr. 1605/2010, Nomiko Vima 2011, 981, Epitheorisi Emporikou Dikaiou 2011, 411; Nr. 446/2010, Chrimotistiriako Dikaio 2010, 231. S. auch Entscheidung des Areopags Nr. 335/2010, Chrimatistiriako Dikaio 2010, 238. Interessanterweise sprachen die Gerichte der ersten Instanz (s. z. B. die Entscheidung des Erstinstanzgerichts von Thessaloniki Nr. 19932/2009) den geschädigten Anlegern die deliktsrechtlichen Ansprüche von Artikel 914 ff. des griechischen Zivilgesetzbuches (und auch von Artikel 8, über die Haftung des Anbieters von Dienstleistungen, des Gesetzes 2251/1994 über Verbraucherschutz) in den Lehman-Brothers-Fällen zu, s. auch *E. Alexandridou*, Anlageprodukte von Lehman Brothers und die Abdeckung der Verluste der Investoren, Deltio Epichiriseon kai Etairion 2010, 132 ff. (auf Griechisch); *D. Liappis*, Anlegerentschädigung und Kapitalmarktrecht, 2012, S. 3 f., 189 f. (auf Griechisch). S. aber auch die Entscheidung des Erstinstanzgerichts Athen Nr. 299/2012, Deltio Epichiriseon kai Etairion 2012, 483, wo das Gericht die Gewährung von Schadensersatz an den Kläger ablehnte mit der Begründung, dass a) der Anleger, der (regelmäßig) in Risikoprodukte von großem Wert investiert, nicht als Verbraucher geschützt wird, b) die Insolvenz von Lehman Brothers auch für die Banken ein unvorhergesehenes Ereignis gewesen sei, welches der Angeklagte nicht hätte wissen können. Das Gericht lehnte im übrigen das Vorbringen der Klägerin ab, dass der Vorschlag des Angeklagten, die Wertpapiere zu 70 % ihres Nominalwertes zu übernehmen, ein Geständnis seinerseits war oder die Anerkennung seiner Schuld, nachdem der Vorschlag im Rahmen der Geschäftsbeziehung und der guten Zusammenarbeit der Parteien stattfand und einen expliziten Ausschluss der Verantwortung oder Haftung des Beklagten enthielt.

[4] S. auch Entscheidung des Areopags Nr. 995/2010, Epitheorisi Emborikou Dikaiou 2011, 641. Gegen die Anerkennung eines deliktsrechtlichen Anspruchs s. *D. Liappis* a.a.O. (Fn. 3) S. 202 ff.

Kassationsgericht verneinte diese Schlussfolgerung und ging stattdessen davon aus, dass die Pfandbriefe komplexe Bankprodukte sind und daher eine erhöhte Verpflichtung besteht, die Anleger über das Risiko aufzuklären, und dass die schuldhafte Verletzung dieser Pflicht, kausal, nach den allgemeinen Regeln der Lebenserfahrung (Erfahrungssätze) zum Verlust der Anleger führte, nachdem der Kläger in Übereinstimmung mit seinem Anlegerprofil nicht in diese Anleihe investiert hätte, wenn er über diese Klausel informiert worden wäre.[5]

Die unmittelbar nächste Entscheidung Nr. 1739/2013 des Obersten Gerichtshofs bezieht sich auf einen Pfandbrief mit den genau gleichen Eigenschaften. Das Urteil bestätigte nochmals, dass eine Anlage mit einer Klausel über die Wandlung der Investition zu einer langjährigen zinslosen Investition „besonders riskant" war und demnach der Aufklärungsmangel[6] die Bank für den illegalen, unrechtmäßigen und ursächlich verbundenen Schaden des Klägers verantwortlich machte.

Das Gericht wies auch den Einwand des Mitverschuldens ab, den die Bank gegen die Anlegerin erhob wegen ihrer Entscheidung, ihre Investition zu liquidieren und 30 % ihres Kapitals zu verlieren. Die Anlegerin hätte, so die Bank, trotz Zinslosigkeit der Anlage die Liquidierung der Investition unterlassen und ihr Kapital nach fast zehn Jahren zinsfrei, aber in voller Höhe zurückbekommen können. Das Gericht verneinte die Einrede mit der Begründung, die Bank hätte selber der Klägerin diese Möglichkeit als eine von drei (unvorteilhaften) Optionen vorgeschlagen. Man fragt sich allerdings, was das Gericht gesagt hätte, wenn die Bank in ihrem Brief an die Anlegerin sie nicht über die Option der Liquidierung informiert hätte.[7]

---

[5] Das Gericht entnahm die Verletzung der Aufklärungspflicht der Tatsache, dass die internen Anweisungen an die Bankmitarbeiter zur Zeit der Vermarktung der Anlage nicht auf die Risiken der Klausel hinwiesen.

[6] Die Klägerin hatte sogar auf den Anlageantrag eine handschriftliche Notiz darüber angeführt, dass ihr trotz Anforderung die Bedingungen des Produkts nicht geliefert wurden.

[7] Gewiss, unter Berücksichtigung der Fakten dieser Entscheidung hat das Gericht zu Recht den Einwand des Mitverschuldens des Anlegers durch die Liquidierung der Investition, auf die sich die Bank berief, während sie selber die Anlegerin über diese Möglichkeit informiert hatte und somit sozusagen ein „venire contra factum proprium" stellte, abgewiesen. Es sollte wohl aber auch in der Zukunft eine solche Einrede abweisen (und somit die Angemessenheit der Liquidation anerkennen, so dass der Anleger nicht zwingend von der Verwendung seines Geldes für Jahre ohne Zinsen ausgeschlossen wird), selbst wenn die Banken künftig den Anlegern die Wahl der Auflösung, die wiederum zu einem Verlust an Anlegerkapital führt, verschweigen. Dementsprechend ist von Interesse die Frage, ob das Gericht dem Anleger bei einer Einhaltung der zinslosen Investition seinen entgangenen Gewinn (die Zinsen) zugesprochen hätte.

Hinsichtlich der zweiten Kategorie von Schadensersatzansprüchen von Anlegern[8] hat das Oberste Gericht in den letzten Jahren eine Reihe von Fällen entschieden bezüglich der Gehilfenhaftung[9] von Wertpapier- und Fondsgesellschaften,[10] Banken[11] und Versicherungen[12] wegen Unterschlagung von Anlagegeldern seitens ihrer Mitarbeiter.

In der Mehrzahl dieser Fälle stimmte das Gericht den Ansprüchen der Anleger auf Grundlage der Gehilfenhaftung[13] (die in Griechenland im Gegensatz zu Deutschland verschuldensunabhängig ist)[14] der entsprechenden Unternehmen zu. Dabei sei es nicht notwendig, dass der Gehilfe Arbeitnehmer[15] des Unternehmens ist (um als Gehilfe qualifiziert zu werden). Er soll allerdings laut dem Gericht ein Mitarbeiter sein, der unter der Auftraggabe und den Anweisungen des Unternehmens die Aufgabe bekommen hat, Anlageprodukte zu vermarkten; auch soll das schädigende Verhalten des Mitarbei-

8   S. Entscheidung des Areogpags Nr. 252/2013, Nr. 1443/2012; Nr. 1376/2011, Episkopisi Emborikou Dikaiou 2011, 989, Epitheorisi Emborikou Dikaiou 2012, 100; Nr. 291/2011, Deltio Epichiriseon kai Etairion 2011, 922; Nr. 9/2011, Deltio Epichiriseon kai Etairion 2011, 698, Dikaiosini 2011, 389, Epitheorisi Emborikou Dikaiou 2011, 639; Nr. 337/2010, Chronika Idiotikou Dikaiou 2011, 179, Epitheorisi Emborikou Dikaiou 2011, 148, Nomiko Vima 2011, 101; Nr. 331/2010, Chronika Idiotikou Dikaiou 2010, 241.
9   S. aber auch die Entscheidung des Areopags Nr. 802/2013, ein Fall über die Haftung eines Wertpapierunternehmens für den Schaden, den ein Investor erlitten hat durch den Verkauf seiner Portfolioanteile ohne seinen Auftrag.
10 So die Entscheidungen des Areopags Nr. 252/2013; Nr. 9/2011, Deltio Epichiriseon kai Etairion 2011, 698, Dikaiosini 2011, 389, Epitheorisi Emborikou Dikaiou 2011, 639; Nr. 1376/2011, Episkopisi Emborikou Dikaiou 2011, 989, Epitheorisi Emborikou Dikaiou 2012, 100 (die auch klarstellt, dass die entsprechenden Ansprüche aus unerlaubter Handlung eine fünfjährige Verjährungsfrist haben und keine jährliche, wie die Ansprüche aus dem Vertrag für Wertpapierdienstleistungen) und Nr. 331/2010, Chronika Idiotikou Dikaiou 2010, 241.
11 So die Entscheidung des Areopags Nr. 1443/2012.
12 S. Areopag Nr. 291/2011, Deltio Epichiriseon kai Etairion 2011, 922; Nr. 9/2011, Deltio Epichiriseon kai Etairion 2011, 698, Dikaiosini 2011, 389, Epitheorisi Emborikou Dikaiou 2011, 639 (wobei das Gericht entschied, dass die Bestimmungen über Gehilfenhaftung keine Anwendung fanden, weil der Beklagte ein Agent der Versicherungsgesellschaft nur für die Vermittlung von Versicherungsprodukten sei, also nicht von Anlageprodukten, die Gegenstand der Klage waren). S. auch Areopag Nr. 337/2010, Chronika Idiotikou Dikaiou 2011, 179, Epitheorisi Emborikou Dikaiou 2011, 148, Nomiko Vima 2011, 101.
13 S. aber auch Areopag Nr. 337/2010, Chronika Idiotikou Dikaiou 2011, 179, Epitheorisi Emborikou Dikaiou 2011, 148, Nomiko Vima 2011, 101, in der das Gericht Schadensersatz zugesprochen hat, aber ein Mitverschulden des Anlegers anerkannte. Laut dem Gericht hätte der Anleger, wäre er vorsichtiger in den entsprechenden Geschäften gewesen, seinen Schaden verringern oder vermeiden können, deshalb musste auch die Höhe der Entschädigung um 30 % gekürzt werden. Der Einwand des Mitverschuldens (und somit eine Kürzung des Ersatzes um 20 %) wurde auch in Areopag Nr. 802/2013 für die verspätete Kündigung (trotz der Einstellung des Erhalts von Informationsbriefen) des Auftragsvertrags angenommen.
14 S. statt anderen *M. Stathopoulos* in: Georgiadis/Stathopoulos (Hrsg.), Zivilgesetzbuchkommentar, Art. 922, Rn. 3 (auf Griechisch).
15 S. Areopag Nr. 291/2011, Deltio Epichiriseon kai Etairion 2011, 922; Nr. 337/2010, Chronika Idiotikou Dikaiou 2011, 179, Epitheorisi Emborikou Dikaiou 2011, 148, Nombiko Vima 2011, 101.

ters in kausalem Zusammenhang mit den Aufgaben, die der Beauftragte ihm anvertraute, stehen und darf ihnen nicht fremd sein.[16]

Vor kurzem bestätigte das Gericht auch, dass außer der Gehilfenhaftung der Wertpapiergesellschaft auch individuelle Verantwortung der gesetzlichen Vertreter in Frage kommen kann, wenn sie fahrlässig in Bezug auf die Überwachung der Geschäftsstellenleiter einer Filiale des Unternehmens gehandelt haben und diese Fahrlässigkeit dem Leiter ermöglichte, die Unterschlagung des Investorgeldes zu begehen.[17]

Was schließlich die dritte Kategorie von Fällen angeht, mussten die Obersten Gerichte des Landes oft Rechtsfragen im Rahmen der Entschädigung von Anlegern aus dem Entschädigungsfonds klären.[18] Von den relevanten Entscheidungen besonders markant ist eine Entscheidung des Plenums des Aeropags vom Jahr 2013,[19] nach der die Einreichung von Kapital zum Zweck des Managements und Investitionen mit garantierten Renditen, die nicht mit Transaktionsdienstleistungen in Bezug auf Finanzinstrumente verbunden sind, nicht als Dienstleistungen im Sinne des Gesetzes 2533/1997 (das die Bestimmungen der Richtlinie 97/9/EG in nationales Recht umsetzte) anerkannte mit der Folge, dass der Anleger im Falle eines Konkurses des

---

16 S. Areopag Nr. 9/2011, Deltio Epichiriseon kai Etairion 2011, 698, Dikaiosini 2011, 389, Epitheorisi Emborikou Dikaiou 2011, 639, in der das Gericht (eventuell wegen fehlender Kausalität) die beklagte Versicherungsgesellschaft freisprach, deren Agent das Geld des Klägers veruntreute, weil sich die Agentur nur auf Versicherungs- und keine Finanzprodukte erstreckte. Das Gericht verneinte auch die Haftung der Investmentfondsgesellschaft, weil die unerlaubte Handlung des Veruntreuers „*in keinem kausalen Zusammenhang mit den Aufgaben, die er ihr gegenüber als Vermittler von Investmentfonds übernommen hatte, stand, ihr fremd war; auf jeden Fall nichts mit der Beauftragung und den Anweisungen der Investmentfondsgesellschaft zu tun hatte und sogar das Geld mit dem falschen Versprechen erhalten wurde, dass es in Aktien und nicht in Investmentfonds investiert werden würde*". Weitgehend über die Bedingungen der Gehilfenhaftung s. auch Areopag Nr. 337/2010, Chronika Idiotikou Dikaiou 2011, 148, Nomiko Vima 2011, 101. S. auch *I. Karakosta*, Umfang der Haftung des Versicherungsberaters und Investor Mitverschulden (Meinung), Efarmoges Astikou Dikaiou 2013, 2 ff. (auf Griechisch).
17 S. Areopag Nr. 252/2013 mit Verweis auf Areopag Nr. 1071/2009; Nr. 748/2008, Deltio AE & EPE 2011, 165, Elliniki Dikaiosini 2011, 147 (Zusammenfassung); Nr. 1398/2007 und Nr. 846/2003, Epitheorisi Emborikou Dikaiou 2003, 839.
18 S. Areopag Nr. 11/2013, Nr. 373/2012, Epitheorisi Emborikou Dikaiou 2012, 397, Deltio Epichiriseon kai Etairion 2012, 786; Nr. 926/2011; Nr. 631/2011, Deltio Epichiriseon kai Etairion 2011, 1258, Nomiko Vima 2012, 598; Nr. 533/2011, Deltio Epichiriseon kai Etairion 2011, 1265; Nr. 534/2011, Chronika Idiotikou Dikaiou 2012, 205; Nr. 993/2010, Deltio Epichiriseon kai Etairion 2010, 1068, Epitheorisi Emborikou Dikaiou 2011, 153, Chronika Idiotikou Dikaiou 2011, 365, Nomiko Vima 2010, 2319.
19 Mit Verweis von einem Senat des Areopags, weil die Entscheidung Nr. 373/2012 (mit Kommentar von *S. Rigakos*, Deltio Epichiriseon kai Etairion 2012, 403, auf Griechisch) mit Mehrheit von nur einer Stimme entschieden wurde.

Wertpapierunternehmens keinen Anspruch auf Entschädigung gegen den Fonds[20] geltend machen kann. Das Gericht wies auch einen Antrag für die Ersuchung einer Vorabentscheidung an den EuGH hinsichtlich der Umsetzung der Richtlinie in nationales Recht ab, und zwar bezüglich der Frage, inwieweit die nationalen Bestimmungen mit den Grundsätzen der Wirksamkeit und Verhältnismäßigkeit des EU-Rechts in Einklang sind.

Die Entscheidung des Plenums des Aeropags ist eher überraschend, denn sie scheint in der Tat das Ziel der Richtlinie 97/9/EG und auch des Gesetzes 2533/1997 über den Schutz der Investoren vor der Insolvenz von Wertpapierfirmen zu ignorieren und kontrastiert mit der früheren Feststellung eines Senats desselben Gerichts, dass der Geltungsbereich des Gesetzes 2533/1997 enger als der Schutzbereich der Richtlinie 97/9/EG ist und daher die Bestimmungen des Gesetzes im Licht der Richtlinie Anwendung finden müssen, eine Schlussfolgerung, die von der Theorie begrüßt worden war.[21]

---

20 S. Areopag Nr. 11/2013.
21 S. Areopag Nr. 533/2011, Deltio Epichiriseon kai Etairion 2011/1265, kommentiert (auf Griechisch) von *M. Peraki*, Deltio Epichiriseon kai Etairion 2011, 1270. S. auch Areopag 631/2011, Deltio Epichiriseon kai Etairion 2011, 1258, Nomiko Vima 2012, 598. S. aber auch Areopag Nr. 993/2010, Chronika Idiotikou Dikaiou 2011, 365, Epitheorisi Emborikou Dikaiou 2011, 153 (mit Kommentierung [auf Griechisch] von *Chr. Tarnanidou*, Epitheorisi Emborikou Dikaiou 2011, 158 ff.).

Schriftenreihe der Zeitschrift Versicherungsrecht (VersR-Schriftenreihe)

Herausgegeben von Prof. Dr. Egon Lorenz,
Universität Mannheim, Fakultät für Rechtswissenschaft und Volkswirtschaftslehre

Bisher erschienen:

1 Arzthaftungsrecht
Leitfaden für die Praxis, inkl. CD-ROM
Wolfgang Frahm et al.
5. Auflage
2013, 79,– €, 978-3-89952-667-7

2 *Karlsruher Forum 1996*
Schutz der Persönlichkeit
Dieter Grimm, Peter Schwerdtner
1997, 19,– €, 978-3-88487-593-3

3 *Karlsruher Forum 1997*
Das Recht der Allgemeinen Geschäftsbedingungen nach der Umsetzung der EG-Richtlinie über mißbräuchliche Klauseln in Verbraucherverträgen
Peter Ulmer, Ulrich Hübner
1998, 21,50 €, 978-3-88487-628-2

4 Repräsentantenhaftung des Versicherungsnehmers in Deutschland und Österreich
Rolf Cyrus
1998, 24,– €, 978-3-88487-599-5

5 Die Zwangsliquidation von Versicherungsunternehmen
Peter Henning
1998, 24,– €, 978-3-88487-705-0

6 *Karlsruher Forum 1998*
Einbeziehung Dritter in den Vertrag
Johannes Köndgen, Walter Bayer
1999, 25,– €, 978-3-88487-758-6

7 *Karlsruher Forum 1999*
Haftungsbeschränkungen
Gottfried Schiemann
1999, 22,50 €, 978-3-88487-800-2

8 Entwicklungen und Trends in der privaten Berufsunfähigkeits-Zusatzversicherung in Deutschland, Österreich und der Schweiz
Günter Oster
1999, 28,– €, 978-3-88487-781-4

9 Versicherungsgemeinschaften im europäischen Kartellrecht
Jens-Peter Kreiling
1999, 24,– €, 978-3-88487-785-2

10 Internationales Versicherungsvertragsrecht
Urs Peter Gruber
1999, 37,– €, 978-3-88487-780-7

11 Der Verantwortliche Aktuar in der Lebensversicherung
Georg Hartwig Schroer
2000, 34,– €, 978-3-88487-826-2

12 Anteilseignerkontrolle im Versicherungs- und Kreditwirtschaftsrecht
Jörn Hirschmann
2000, 29,80 €, 978-3-88487-888-0

13 Rechtliche Aspekte zum Versicherungsgeschäft im Internet
Kent Leverenz
2001, 35,– €, 978-3-88487-904-7

14 *Karlsruher Forum 2000*
Aufklärungspflichten
Ulrich Huber, Heinrich Dörner
2001, 29,70 €, 978-3-88487-942-9

15 Verbraucherschutz durch Berufsregelungen für Versicherungsvermittler
Christopher Mensching
2002, 37,– €, 978-3-88487-958-0

16 Pensionsfonds – Versorgungseinrichtung und Finanzsituation
Ralf Nöcker
2003, 44,– €, 978-3-89952-020-0

17 Die Verteilung des Schadens bei Mitverantwortlichkeit des Geschädigten in Nebentäterfällen
Albrecht von Sonntag
2003, 32,– €, 978-3-89952-003-3

18 Arbeitsunfälle von Unternehmern
Martin Kock
2003, 32,– €, 978-3-89952-010-1

19 Versicherungsschutz gegen Erpressungen
Gabriele Schneider
2003, 45,– €, 978-3-89952-026-2

20 *Karlsruher Forum 2002*
Schuldrechtsmodernisierung
Claus-Wilhelm Canaris, Manfred Wolf
2003, 32,– €, 978-3-89952-048-4

21 Verfassungsrechtliche Probleme des Privatversicherungsrechts
Wolf-Rüdiger Schenke
2003, 24,90 €, 978-3-89952-070-5

22 Die gesetzliche Empfangsvollmacht des Versicherungsvertreters und ihre Beschränkung
Thomas Münkel
2003, 46,– €, 978-3-89952-082-8

23 Die Abgrenzung des Versicherungsvertreters vom Versicherungsmakler
Sven Deckers
2004, 35,– €, 978-3-89952-089-7

24 Die Rechtswirkungen der Versicherung für fremde Rechnung unter besonderer Berücksichtigung des Innenverhältnisses zwischen Versichertem und Versicherungsnehmer
Nicole Nießen
2004, 35,– €, 978-3-89952-125-2

25 Abschlussbericht der Kommission zur Reform des Versicherungsvertragsrechts vom 19. April 2004
2004, 52,– €, 978-3-89952-137-5

26 *Karlsruher Forum 2003*
Das Zweite Gesetz zur Änderung schadensersatzrechtlicher Vorschriften
Christian von Bar, Dirk Looschelders
2004, 24,90 €, 978-3-89952-151-1

27 Die Zusammenarbeit der Versicherungsaufsichtsbehörden in der Europäischen Gemeinschaft
Andreas Zens
2005, 43,– €, 978-3-89952-167-2

28 Die Haftpflichtversicherung des Internet-Nutzers
Hermann Stockmeier
2005, 29,80 €, 978-3-89952-179-5

29 Die vorvertraglichen Pflichten des Versicherers
Johanna Miettinen
2005, 42,– €, 978-3-89952-185-6

30 Corporate Governance im Versicherungsverein a. G.
Holger Fahl
2005, 39,– €, 978-3-89952-183-2

31 *Karlsruher Forum 2004*
Haftung wegen Diskriminierung nach derzeitigem und zukünftigem Recht
Eduard Picker, Manfred Wandt
2005, 34,– €, 978-3-89952-199-3

32 Lebensversicherung und erbrechtliche Ausgleichsansprüche
Bodo Hasse
2005, 29,80 €, 978-3-89952-222-8

33 Die einjährige Ausschlussfrist bei Invaliditätsleistungen gem. § 7 I (1) Abs. 2 AUB 88 / 94 und die Einbindung des Arztes
Falk P. E. Dümichen
2006, 42,– €, 978-3-89952-227-3

34 *Karlsruher Forum 2005*
Schuldrechtsmodernisierung – Erfahrungen seit dem 1. Januar 2002
Stephan Lorenz, Peter Reiff
2006, 35,– €, 978-3-89952-243-3

35 *Karlsruher Forum 2006*
Schadensersatz – Zwecke, Inhalte, Grenzen
Gerhard Wagner
2006, 35,– €, 978-3-89952-298-3

36 Die Richtlinie 2001/17/EG
über die Sanierung und Liquidation
von Versicherungsunternehmen und
ihre Umsetzung ins deutsche Recht
Claus Männle
2007, 37,– €, 978-3-89952-308-9

37 Voraussetzungen und Auswirkungen
der Zurechnung von Wissen und
Wissenserklärungen im allgemeinen
Privatrecht und im Privatversicherungsrecht
Christina Bruns
2007, 37,– €, 978-3-89952-324-9

38 Der grobe Behandlungsfehler in der
gerichtlichen Praxis
Axel Hausch
2007, 59,– €, 978-3-89952-333-1

39 *Karlsruher Forum 2007*
Folgenzurechnung im Schadensersatzrecht: Gründe und Grenzen
Andreas Spickhoff,
Christian Armbrüster
2008, 35,– €, 978-3-89952-328-7

40 Vertragsschluss nach der VVG-Reform
Kent Leverenz
2008, 39,– €, 978-3-89952-376-8

41 Die Grenzen der Inhaltskontrolle
Allgemeiner Versicherungsbedingungen
Nina Adelmann
2008, 39,– €, 978-3-89952-415-4

42 *Karlsruher Forum 2008*
Beweislast
Hans-Jürgen Ahrens, Petra Pohlmann
2009, 39,– €, 978-3-89952-401-7

43 *Karlsruher Forum 2009*
Managerhaftung
Mathias Habersack,
Ansgar Staudinger
2010, 35,– €, 978-3-89952-462-8

44 *Karlsruher Forum 2010*
Haftung und Versicherung
im IT-Bereich
Gerald Spindler, Robert Koch
2011, 39,– €, 978-3-89952-588-5

45 Die Versicherung und Rückversicherung von Pharmarisiken in nationaler
und internationaler Beziehung
Jan Ehling
2011, 59,– €, 978-3-89952-587-8

46 Beratungsgrundlage und
Empfehlungspflicht beim Vertrieb
von Finanzprodukten
Johannes Schmidt
2011, 59,– €, 978-3-89952-592-2

47 *Karlsruher Forum 2011*
Verbraucherschutz – Entwicklungen
und Grenzen
Herbert Roth, Oliver Brand
2012, 39,– €, 978-3-89952-619-6

48 Der Rückkaufswert von
Lebensversicherungen
Andreas Schumacher
2012, 64,– €, 978-3-89952-676-9

49 Versicherungs-Vergütungsverordnung
– Aufsichtsrechtliche Vergütungsvorgaben zwischen Arbeits- und
Gesellschaftsrecht
Sebastian Sammet
2012, 69,– €, 978-3-86298-720-9

50 *Karlsruher Forum 2012:*
Beseitigung und Schadensersatz
Thomas Pfeiffer,
Christoph Brömmelmeyer
2013, 32,– €, 978-3-86298-674-5

51 Der Sonderbeauftragte der Bundesanstalt für Finanzdienstleistungsaufsicht im Versicherungssektor
Jürgen Bürkle
2013, 69,– €, 978-3-89952-572-4

52 Karlsruher Forum 2013:
Patientenrechte und Arzthaftung
Christian Katzenmaier,
Helmut Schirmer
2014, 44,– €, 978-3-89952-753-7

53 Aktiva in der Versicherungsbilanz
Jonas Baier
2014, 69,– €, 978-3-89952-799-5

54 Die Besonderen Altersvorsorgeverträge des privaten Rentenversicherungsrechts und ihr Schutz vor Gläubigern
in Österreich und Deutschland
Albert Prahl
2014, 75,– €, 978-3-89952-531-1

Bestellungen sind zu richten an:
Verlag Versicherungswirtschaft GmbH
Klosestraße 20–24, 76137 Karlsruhe
Telefax Vertrieb 0721 3509-201
E-Mail vertrieb@vvw.de
www.vvw.de